KB214547

평신도를 위한
신학 이야기

평신도를 위한 신학 이야기

지은이 · 양창삼
초판 1쇄 찍은 날 · 2003년 11월 20일
초판 1쇄 펴낸 날 · 2003년 11월 25일
펴낸이 · 김승태
출판본부장 · 김춘태
편집 · 최지영, 이연희, 이영림
표지디자인 · 이쥴희
등록번호 · 제2-1349호(1992. 3. 31)
펴낸곳 · 예영커뮤니케이션
　　　　110-616 서울 광화문우체국 사서함 1661
　　　　유통사업부 T. (02)766-7912 F. (02)766-8934
　　　　출판사업부 T. (02)766-8931 F. (02)766-8934
　　　　E-mail : jeyoungedit@chollian.net

ISBN　89-8350-290-8 (03230)

값　10,000원

■ 잘못 만들어진 책은 언제든지 교환해 드립니다.

평신도를 위한
신학 이야기

양창삼 지음

예영커뮤니케이션

머리말

많은 사람들이 기독교에 관심을 가지고 교회를 방문한다. 그들은 하나님께 예배를 드리고 성도들과 교제를 나눈다. 그러나 대부분의 교회는 그들이 신앙적으로 의문을 갖는 문제에 대해서는 침묵하게 한다. 심지어 믿음이 없기 때문에 그런 생각을 하게 되는 것이라고 지적하기도 한다. 사람들은 언제나 호기심이 많다. 이것이 바로 인간이 가진 지적 탐구력이다. 하지만 그들의 지적 탐구력을 긍정적으로 평가하면서 모든 의문에 시원하게 답해 줄 상대를 만난다는 것은 그리 쉬운 일이 아니다.

이 책은 그들이 던진 질문들에 귀를 기울여 주고 싶은 마음으로 만들었다. 그렇다고 이 책이 모든 질문에 대해 확실한 답을 주는 것은 아니다. 다만 이 책을 통해 답을 얻기 위해 함께 노력하고 그 과정에서의 기쁨을 나눌 수 있기를 바라는 것이다.

기독교에 대해서 안다는 것과 그리스도인답게 산다는 것은 엄연히 다르다. 모든 그리스도인은 단지 기독교에 대해서 아는 차원을 떠나 신앙생활에 걸림이 되는 점들을 파악하고 이에 바르게 대응하면서, 궁극적으로 이 땅에 하나님의 나라가 임하도록 노력해야 할 책임이 있다. 이러한 적극성을 하나님은 기뻐하실 것이다.

이를 위해서 우리는 우리가 믿는 것에 대해 좀 더 확고히 할 필요가 있다. 그렇지 않으면 방황하고 미혹되기 쉽다. 혼돈의 시대에는 더욱 그렇다. 우리는 잘못된 길을 가려는 성도들을 바르게 일깨우고 그들에게 진정으로 자유로운 그리스도인의 삶이 무엇인가를 보여 주어야 한다. 이 책은 그것을 위한 작은 시도에 불과하다. 그러나 혼돈과 어둠의 동굴을 뚫을 수 있는 작은 불빛들이 모이고 또 모이면 언젠가는 밝은 세상을 볼 수 있게 될 것이다.

이 책은 5부로 나뉘어 있다. 1부에서는 잘못된 세계관을 살펴보고 이를 기독교적 입장에서 바로잡고자 하였다. 2부에서는 그리스도인이란 무엇이며, 특히 하나님의 뜻과 그 나라를 구하는 것이 얼마나 중요한가를 밝혔다. 3부에서는 하나님과 이웃에 대한 우리의 관계를 정립하는 문제를 다루었고, 4부에서는 믿음과 영적 성숙에 관한 문제를, 그리고 5부에서는 교회와 신학의 문제를 다루었다.

이 책은 독자로 하여금 무엇보다 기독교 세계관을 바르게 확립하고, 그리스도인으로서의 삶의 태도를 견고히 세우게 하는 데 목적이 있다. 또한 하나님과 이웃의 관계를 새롭게 하고, 믿음과 영성을 튼튼히 세우며, 거친 세속화의 흐름 속에서 그리스도의 정신을 세워나가는 데 도움을 주고자 한다. 더불어 독자들이 영성, 영생, 거듭남, 휴거, 이단, 현대 신학 등 이해하기 어려운 몇 가지 개념을 정리해 봄으로써 우리가 하나님 앞에 어떻게 서야 하는가를 생각하는 계기가 되었으면 한다.

이 일에 동참한 예영커뮤니케이션 식구들에게 감사하고, 이 작업을 통해 일어나는 모든 영광을 오직 하나님께 돌린다. 끝으로 칼빈처럼 "나의 심장까지도 즉시 그리고 신실하게 주님께 드리나이다."라고 고백할 수 있는 여러분이 되기를 기도한다.

2003년
양창삼

제1부
신학, 시대와 맞서다

제1장 삶은 이미 예정되어 있다
- 운명론

1. 운명 중심의 삶

운명론은 인간 역사상 가장 오래된 삶의 태도 가운데 하나이다. 이것은 모든 사건은 미리 정해진 운명에 의하여 필연적으로 일어난다고 믿는 사상이다. 우리의 삶 속에서 일어나는 크고 작은 모든 일들은 운명의 신이나 비이성적인 우주의 운행과 같은 맹목적인 힘에 의해서 필연적으로 그리고 예측할 수 없을 만큼 제멋대로 발생한다는 것이다. 이런 의미에서 운명론은 기독교와는 전적으로 배치된다. 상당수의 그리스도인들이 운명을 섭리와 동일시하는데 우리는 이를 확실히 구별할 필요가 있다. 섭리란 모든 사건들이 하나님의 뜻에 의해 지배됨을 가리키며, 이러한 하나님의 뜻은 선하고 이성적이라는 점에서 운명과 다르다.

운명론은 특히 동양의 종교에서 나타난다. 그러나 동양 사람들에게만 국한되는 것은 아니다. 기독교를 배척하는 서구인들은 흔히 거의 무의식 중에 숙명론자들이 된다. 히틀러도 운명이라는 말을 즐겨 사용하곤 했다고 한다. 군인들은 전쟁터에서 숙명적으로 자기를 관통하도록 정해진 총탄에 대해서 말하기도 한다.

2. 운명론의 근거

운명론의 특징은 인간의 운명이 냉혹하고도 비인격적인 절대적 힘에 의하여 지배된다는 데 있다. 운명론자들은 인간의 자유 의지가 전적으로 배제된 어떤 힘에 의해 삶이 결정된다고 보았다. 그 힘은 자연의 질서와 법칙을 가리킨다. 물질 세계는 이 힘의 지배를 받게 된다는 것이다.

희랍 비극의 주인공들은 한결같이 운명의 신에 의하여 정해진 생의 코스를 따라 비극적인 종착점을 향하여 걸어간다. 스토아 학파는 원인과 결과의 연쇄 작용에 의해 인간의 운명이 결정된다는 견해를 가지고 있다. 인과 법칙을 강조하는 것이다. 이 견해에 의하면, 우연 또는 자연 법칙이 원인이 되고 그 원인에서 결과가 필연적으로 발생하여 인간의 운명을 지배한다. 인간이 제아무리 발버둥을 치더라도 이 냉혹한 인과 법칙의 사슬에서 벗어날 수 없다. 이들에게 있어서 인간의 운명은 인과 법칙의 힘에 의해 좌우될 뿐이다. 스토아 학파에 따르면 모든 것이 이성적 법칙에 따르지만, 신의 의지가 그 법칙에 종속되는가의 문제나 인간의 자유가 부정되는지의 여부는 확실치 않다. 점성술적 운명론은 인간의 운명을 천체의 운행과 연결시킨다. 세계와 인간의 운명은 천체와 상응하는 관계를 가진다고 믿으면서 해, 달, 별 등의 운행을 관찰하고 이를 역학 관계로 풀이하고자 한다. 니체는 권력 의지에 의해 인간의 운명은 달라진다고 주장하기도 했다.

3. 운명론과 기독교의 예정론은 어떻게 다른가?

이러한 운명론은 기독교의 예정론과 어떻게 다른가? 기독교는 궁극적으로 하나님의 예정에 따라 모든 것이 이루어진다고 믿는 점에서 운명론의 결정적 사고와 유사할 수 있다. 그러나 그 내용에는 분명한 차이가 있다. 예정론은 하나님의 뜻을 절대시하지만 운명론은 운명을 절대시한다. 그 차이는 다음과 같다.

1) 운명론의 신이나 자연은 비인격적이며 맹목적이고 우연적이지만, 예정론의 하나님은 전지전능하시고 인격적이시다.

2) 운명론은 인간의 운명이 결정됨에 있어서 정신적인 동기가 결핍되지만, 예정론은 일정한 동기와 목적이 있다.

3) 운명론은 어떤 일이 일어나는 방법이 정해져 있지 않지만, 예정론은 목적을 달성함에 있어서 필요한 최선의 방법까지도 하나님께서 미리 정하시고 섭리하신다.

4) 운명론에서 인간의 자유는 전적으로 배제되지만, 예정론에서는 하나님의 예정과 인간의 자유가 모순 없이 성립된다. 인간이 하나님의 뜻에 순종하려는 내적 동기에 의하여 스스로의 인격적 결단을 통해 그 길을 선택할 때 그것은 자유로운 행위이며, 하나님은 이를 통하여 자신의 예정을 성취시키신다. 하나님의 예정 안에서의 자유가 바로 성경이 말하는 진정한 자유이다.

하나님의 예정이 인간의 구원에 관계될 때 그것은 이중적 성격을 띠게 된다. 칼빈에 따르면 예정은 하나님의 영원한 결정을 말한다. 영원한 생명이 어떤 사람에게 예정되었다면 영원한 저주가 다른 사람에게 정해져 있기 때문이다. 이렇게 생각할 때 인간의 운명은 영원 전부터 이미 예정되어 있음을 알 수 있다. 그러나 여기서 한 가지 명심해야 할 것은 영원한 저주가 정해진 사람 역시 자신의 내적 동기와 자유로운 결단에 의하여 자기에게 정해진 저주의 길로 나간다는 사실이다. 만일 영원한 생명으로 선택되지 않은 사람이 자신의 인격적 결단에 의하여 진정으로 생명의 길로 나가기를 원한다면 그는 사실상 구원받은 자이며 따라서 구원받을 수 있다. 하나님은 결코 인간을 비인격적인 존재로 다루지 않으신다. 운명론은 하나님의 인격과 인간의 자유를 배격하는 비성경적 사상이다.

4. 운명론은 우리에게 패배감을 심어 준다

운명론에 빠진 사람들은 자신의 운명을 숙명적으로 받아들인다. 농경 시대의 사람들은 농민으로서 그러했고, 봉건 시대에도 그러했으며, 누군가에게 지배를 당하는 민족들은 특히 더욱 그러했다. 운명론은 우리의 마음속에 패배주의를 심어 준다. 인간은 자기가 어찌할 수 없는 힘 앞에서 무력감을 느낀다. 취업을 하지 못하는 사람은 직장과 사회 앞에 무력감을 느끼고, 피압박자는 강자의 힘 앞에 무력감을 느낀다. 그러면서 주어진 상황을 운명처럼 받아들인다. 모든 것이 운명이라고 생각하는 사람들이 기대할 수 있는 것은 운, 곧 요행뿐이다. 그래서 사람들은 도박을 하고, 복권을 사며, 사주를 본다. 명당을 찾고 택일을 하는 것도 그것이 인생에 직접적으로 작용한다고 보기 때문이다. 일의 결과가 잘되든 잘못되든 모든 것을 운명으로 돌린다. 운명에 대해서 인간이 할 수 있는 일은 너무나 작고 무가치하다.

특히 한국인의 의식 속에는 민족적 자기 비하와 패배주의가 더욱 강하게 작용하고 있다. 같은 한국인의 추악한 모습을 접하게 될 때면 "한국인은 어쩔 수 없어."라고 말한다. 운명적 사고 방식은 이처럼 패배주의적 삶의 태도를 먼저 가르쳐 준다.

자신을 운명에 맡기고 사는 사람에게는 소망이 없다. 운명론은 절망의 철학이며 개인의 책임을 은폐시켜 버린다. 이런 의미에서 운명론은 매우 위험한 철학이 아닐 수 없다.

5. 운명론, 어떻게 극복해야 하는가?

운명에 모든 것을 맡기는 사람, 마치 화투장을 쥐고 있는 도박꾼처럼 삶을 운의 연속으로 생각하는 사람에게는 소망이 없다. 인간은 더 이상 운명의 노예로 남아 있어서는 안 된다. 인간은 생각하고 그 생각에 따라 결정하며 살아갈 수 있는 의지적 존재이다. 하나님은 우리에게 삶의 의지를 주셨다. 하나님이 주신 이 의지를 묻어 놓은 채 모든 것을 운명에 맡기고 수동적으로 살아간다는 것은 그리스도인으로서의 올바른 삶이 아니다.

운명은 삶에 대한 모든 의욕을 앗아간다. 희망이 보이지 않는데 일을 해서 무슨 소용이 있느냐는 것이다. 자신의 모든 의욕을 운명에 내어 줄 경우 우리의 삶은 비참해질 수밖에 없다. 우리는 그리스도인으로서의 삶을 적극적이고 의욕적으로 살아야 한다. 하나님이 원하시고 기뻐하시는 삶은 바로 운명적 패배주의로부터 벗어난 삶이다. 그리스도의 사람은 생각과 행동을 포함한 모든 일에 긍정적이어야 한다. 보다 높은 차원의 이상을 가지고 현재의 어려움을 애써 극복하는 사람이 되어야 한다. 운명은 사람으로 하여금 삶을 쉽게 포기하고 좌절하게 만든다. 지금의 어려움을 극복하기보다 쉽게 좌절하도록 한다. 그리고 자신의 모든 것을 운명으로 돌리고 물러서게 한다. 결국 이것은 인간을 파괴하려는 사단의 사역이 아닐 수 없다. 그러나 하나님은 우리를 좌절의 자리에서 일으키신다. 그리고 우리가 더 이상 사단의 종이 아니라 하나님의 종으로 살아가기를 바라신다.

제2장 악한 것이 세상을 다스린다
- 악 지배론

갈수록 악해져 가는 세상은, 세상을 지배하는 것이 선이 아니라 악일 것이라는 생각을 갖게 한다. 이런 생각을 '악 지배론' 이라 한다. 그러면 세상을 이대로 내버려 둘 것인가? 결코 그럴 수 없다. 그리스도인은 궁극적으로 선을 지향한다. 다양하게 해석되는 선에 대한 정의 중에서도 우리는 성경이 말하는 선을 추구할 필요가 있다.

선을 사상 체계의 중심으로 삼은 플라톤이나 아리스토텔레스는 선의 본실석인 형상이 학문의 궁극적 목표라고 하였나. 그러나 이들이 찾고 있는 '지고선'(至高善, summum bonum)이 본질적으로 아무리 고상하다 할지라도, 성경이 목표하는 바 선의 근거가 되시고 살아 계시며 인격적이신 하나님께로 인도해 주는 일은 하지 못한다. 성경은 선의 본체이신 하나님을 바라고 그분이 제시하는 길을 따르도록 권고하고 있다. 그러므로 그리스도인들이 선택해야 하는 길은 명확하다.

1. 선과 악에 관한 여러 견해들

선과 악은 어떻게 창조되었는가? 이것은 여러 철학자들의 끈질긴 관심거리가 되어 왔다. 여러 주장 가운데, 선악이 하나님에 의해 창조되었

다는 주장과 선한 세상이 인간의 잘못에 의해 악하게 되었다는 주장이
큰 흐름을 차지하고 있다.

1) 악은 창조되었다

악이 창조되었다고 주장하는 학자들은 플라토, 말시온 등이 있다. 플
라토는 조물주에 의해 창조된 악은 치명적이고 파괴적이며 불경건한 허
구와 같다고 말한다. 말시온(Marcion)은 플라토 철학에서 나오는 조물
주는 구약의 하나님과 같이 우주를 만드신 하나님이며 이 조물주가 악도
창조했다고 주장했다.

2) 악은 창조되지 않았다

로렌즈, 리겐트, 죠키즈, 칼 바르트 등은 악의 창조를 반대한다. 로렌
즈(Konrad Lorenz)는 생존을 위한 자연적 투쟁이라는 생물학적 관점에
서 선악의 문제에 접근하였다. 그는 동물계에서 이른바 '악' 이라는 것을
발견한다. 쥐는 멸종에 이르기까지 총체적인 전쟁을 치른다. 이에 비해
인간은 적응과 부적응의 차원에서 이 문제를 다룬다. 하나님은 악을 포
함하여 모든 것을 지으신 이는 아니다. 오직 선한 것만을 지으신 분이다.
윌리엄 리겐트(William LeGant)에 따르면, 인간은 하나님에게서 나왔
으므로 본질적으로 영적인 존재이며 타락의 존재가 아니다. 또한 하나님
에 의해 창조되었으므로 인간의 실수는 악에 있지 않고 잘못에 있다. 죠
키즈(Jakob Jocz)에 따르면 악은 신비, 즉 비합리적인 영역에 속한다. 죄
는 인간이 고의적으로 악과 동맹을 맺는 것이다. 그리고 악한 사람은 하
나님을 대적하는 자이며 하나님으로부터 도망쳐 나온 자이다. 칼 바르트
(Karl Barth)는 악을 '다스 니힉티게' (das Nichtige)로 본다. '다스 니힉
티게' 는 단순히 무(nothingness)를 가리키는 것이 아니라 니힐(Nihil)의

부정적 성격, 곧 혼돈을 나타낸다. 그에 따르면 인간은 선한 존재로 창조되었으나 '다스 니힉티게'에 의해 위협을 당한다. 인간은 혼돈이라는 비존재(nonbeing)의 위험에 항상 처해 있다. 그러나 니힐은 하나님으로부터 소외된 일이지 하나님께서 본래 의도하신 일은 아니다. 그러므로 '다스 니힉티게'는 악의 결과로 일시 성세를 보이는 유령적 현실(phantom reality), 허세(pseudo-power), 불가능한 가능성(impossible possibility)일 뿐이다. 그 세계는 모두 괴물과 같은 왕국이요 니힐의 깊은 혼돈만이 있을 뿐이다. 그러므로 죄는 존재론적 불가능성(ontological impossibility)이다.

3) '모든 것이 선한 것은 아니다'는 주장과 '선악은 따질 것이 못된다'는 주장

어거스틴은 '프리바시오 보니'(privatio boni) 개념을 통해 "우주에 있는 모든 것이 다 선한 것은 아니다"라는 견해를 폈다. 또한 선악은 따질 것이 못된다고 했다. 융(C. G. Jung)은 인간은 선하다거나 하나님은 본질적으로 선하시다는 주장을 거부한다. 그에 따르면 하나님은 선이나 악과는 무관하기 때문에 행동에 대해 도덕적인 판단을 내릴 필요도 없다. 따라서 선과 악 사이에 갈등이 있을 수 없다.

2. 하나님과 선

우리가 '하나님은 선하시다'라고 할 때 그 선하심은 사람에게 적용되는 정도의 선함을 의미하지 않는다. 그것은 최고의 선함을 의미한다. 하나님의 선하심은 진실과 공의와 사랑으로 나타난다. 성경은 진실과 공의의 하나님을 선포함으로써 하나님의 선하심을 적극적으로 설명한다. 또한 하나님은 본질적으로 선하신 분이며 그분의 구속적 사랑이 이를 증거하고 있다고 말한다. 이것은 관념적인 사고를 통해서 얻을 수 있는 것이 아니고, 공의로운 심판으로 인해 죄인 된 우리가 하나님의 은혜로 변화되었음을 깨닫고 믿는 사람만이 얻을 수 있는 결론이다.

하나님은 근원적으로 선하시다. 그렇다고 이 선함이 하나님에게만 적용되는 것은 아니다. 인간은 하나님의 형상을 갖고 있기 때문에 그 선하심을 본받아 선을 추구해야 할 의무를 가지고 있다. 그러므로 하나님의 선이 인간의 모든 삶 속에 나타나야 하는 것은 당연하다.

3. 창조와 선악의 문제

구약에 나타난 히브리어 '톱'(top)은 '선한' 이라는 뜻을 가지고 있다. 이 단어의 원래의 뜻은 '상쾌한' 이며 윤리적인 의미는 나중에 더해진 것으로 알려진다. '선한' 이란 단어는 이 밖에도 성경에서 매우 다양하게 쓰이고 있다. 윤리적으로 '정직한' 이라는 의미로도 사용되고(신 6:18), '은혜' 또는 '복' 이라는 의미로도 사용되었다(욥 2:10). 신약의 '아가도스'(agathos)와 '칼로스'(kalos)도 전적으로 윤리적인 의미로만 사용되지는 않았다.

창세기 1장 마지막 절에는 이렇게 쓰여있다. "하나님이 그 지으신 모든 것을 보시니 보시기에 심히 좋았더라"(창 1:31). "좋았더라"(good)는 단순히 유용하다거나 유쾌하다는 차원을 벗어난 선의 개념에 속한다. 이것은 하나님의 창조 목적과 뜻이 바로 선에 있음을 보여 준다. 창조를 가리켜 혼돈에 대한 질서의 승리라 함은 이 때문이다. 이에 비해 악은 악마나 사탄에 의해 선의 적극적인 힘이 파괴되는 것을 말한다. 사탄은 하나님의 뜻에 따라 창조된 영적 질서의 세계에 대해 반역하는 모습을 보인다. 악은 한마디로 하나님의 뜻을 거역하는 것이다.

4. 타락한 천사와 선악의 문제

윌리엄스(N. Williams)에 따르면 악의 문제는 창조 이전 영적 세계에서 타락한 천사들이 소유한 보편적 악으로서 일종의 신화에 속할 수도 있다. 그는 타락한 천사나 루시퍼의 타락과 같은 예들을 신화적 표현이라 하였다. 그는 악의 계속성과 동질성을 설명하기 위해서는 창조 이전의 전체적인 삶-세력이 가지고 있는 부패한 모습을 살펴볼 필요가 있다고 주장했다(Williams, 1980: 520-22).

그는 말씀-영혼과 삶-세력을 개념적으로 구분하고 있다.

- 말씀-영혼이란 선하신 하나님에 의해 창조된 생명으로 자유 의지를 가지고 있다.
- 삶-세력은 자연과 인간 속에 있는 타락한 면을 나타낸다.

그는 선악의 문제는 형이상학적 차원에서 다루어져야 한다고 보았다. 하나님은 본질상 전능하심에 비해 악은 환상적이기 때문이다. 성경은 타락한 천사와 그에 의해 생겨난 악이 인간에게 작용하는 것을 신화가 아닌 사실로 묘사하고 있다. 그럼에도 불구하고 사람들이 사실적 묘사를 신화적 묘사로 바꾸고자 하는 것은 선악의 문제가 보이지 않는 영적인 차원의 문제로 인식되기 때문이다. 더욱이 천사나 사탄과 같은 영적 존재에 대한 우리의 철저하지 못한 인식이 신화적 인식을 더욱 가능하게 만든다. 악을 환상적인 것으로 보려는 것도 이 때문이다. 그러므로 우리는 타락한 천사와 선악에 대한 인식에 있어서 하나님, 사탄, 그리고 사람과의 영적인 관계를 보다 확실히 할 필요가 있다.

5. 성경의 권고, "선을 구하라"

선은 전적으로 하나님의 절대적인 가치이다. 따라서 성경은 이 선이 우리 속에서 적극적으로 나타나도록 권고하고 있다. 그 보기를 들면 다음과 같다.

- 빛의 열매로서의 선: 바울은 "빛의 열매는 모든 착함과 의로움과 진실함에 있느니라"고 말함으로써 선의 근원을 빛에 두었다(엡 5:9).
- 선을 잃은 결과: 호세아는 "이스라엘이 이미 선을 잃어버렸으니 대적이 저를 따를 것이라"고 말하였다(호 8:3). 이것은 선을 떠난 삶의 결과가 어떠할 것인가를 보여 준다.
- 선을 구하라: 아모스는 "너희는 살기 위하여 선을 구하고 악을 구하지 말지어다"라고 우리에게 권고하고 있다(암 5:14).

6. 선과 행동

선함(goodness)은 성령의 열매 가운데 하나이다. 갈라디아서 5장 22절은 이를 "양선"이라 부른다. 예수님은 자신을 가리켜 선한 목자라 하셨다. 선은 행동이다. '선하다'(being good)는 것은 선한 삶을 살라(doing good)는 것이다. 선한 삶을 살지 않은 사람에게 선하다고 말할 수 없다.

"우리는 그의 만드신 바라 그리스도 예수 안에서 선한 일을 위하여 지으심을 받은 자니 이 일은 하나님이 전에 예비하사 우리로 그 가운데서 행하게 하려 하심이니라"(엡 2:10)

이 말씀은 우리가 이 땅에서 해야 할 일이 무엇인가를 분명하게 가르쳐 준다. 그러나 실상 우리는 선한 삶을 살지 못하고 있다.

그 이유를 여러 가지 측면에서 알 수 있다.

- 인간은 죄로 인해 본성적으로 선한 삶을 살지 못하도록 태어났다. 인간의 역사는 인간이 얼마나 비인간적이고 폭력적인가를 보여 준다. 이런 역사를 반전시키고 우리가 이 땅에서 보다 선하게 살기 위해서는 주님의 도우심이 필요하다.
- 자녀의 습성을 보아서도 알 수 있다. 부모는 자녀에게 나쁜 짓을 하지 않도록 가르친다. 그러나 자녀는 계속적으로 거짓말을 한다.
- 우리 자신의 마음을 보면 알 수 있다. 우리는 선을 행하기보다 악을 행하기를 즐긴다.

이러한 본성을 가진 우리가 선을 행하겠다고 하는 것은 혁명적인 일이 아닐 수 없다. 선함은 우리에게서 나오는 것이 아니라 하나님이 우리에게 주시는 좋은 선물이다.

"너희 안에서 행하시는 이는 하나님이시니 자기의 기쁘신 뜻을 위하여 너희로 소원을 두고 행하게 하시나니"(빌 2:13).

"자기의 기쁘신 뜻"은 하나님이 기뻐하시는 선한 뜻을 의미한다. 하나님은 자신이 기뻐하시는 선한 뜻을 이루기 위해 우리에게 소원을 두시고 그 뜻을 행하도록 하신다. 우리에게 선을 행하고자 하는 새로운 욕구를 주시고, 선을 행하기 위한 힘을 주신다. 그러나 선을 행하기 위해 우리에게 필요한 것이 있다. 그것을 채우도록 날마다 배우고 노력해야 한다. 무엇을 어떻게 배워야 하는가?

• 성경을 통달한다

"모든 성경은 하나님의 감동으로 된 것으로 교훈과 책망과 바르게 함과 의로 교육하기에 유익하니 이는 사람으로 온전케 하며 모든 선한 일을 행하기에 온전케 하려 함이니라"(딤후 3:16-17)

성경은 우리의 삶에서 무엇이 진실이고 무엇이 잘못된 것인가를 가르쳐 줄 뿐 아니라 우리에게 올바른 일, 선한 일을 행하도록 힘과 도움을 준다.

• 우리 마음을 지킨다

"눈은 마음의 등불이니 그러므로 네 눈이 성하면 온 몸이 밝을 것이요 눈이 나쁘면 온몸이 어두울 것이니 그러므로 네게 있는 빛이 어두우면 그 어두움이 얼마나 하겠느뇨"(마 6:22-23)

눈은 마음의 등불이다. 우리 눈이 성하면, 곧 선하면 온 몸이 밝은 빛을 받아 거룩한 삶을 살게 된다. 하지만 우리 눈이 죄악과 더러운 욕망으로 어두우면 우리는 영적으로 깊은 어두움 속에 빠지게 된다.

• 바르게 살겠다는 결심을 가진다

"사랑하는 자여 악한 것을 본받지 말고 선한 것을 본받으라 선을 행하는 자는 하나님께 속하고 악을 행하는 자는 하나님을 뵈옵지 못하였느니라"(요삼 1:11)

악을 본받지 말고 선을 본받아야 한다.

• 다른 성도와 함께 한다

"서로 돌아보아 사랑과 선행을 격려하며 모이기를 폐하는 어떤 사람들의 습관과 같이 하지 말고 오직 권하여 그 날이 가까움을 볼수록 더욱 그리하자"(히 10:24-25)

그리스도인은 모여서 사랑하고 선행을 하도록 서로를 격려해야 한다. "우리가 선을 행하되 낙심하지 말지니 피곤하지 아니하면 때가 이르매

거두리라"(갈 6:9)

선을 행하면서 낙심하지 말자. 우리가 포기하지 않고 계속 선을 행하면 곡식을 거둘 때가 반드시 올 것이다.

우리는 온도계가 되지 말고 온도조절장치가 되어야 한다. 온도계는 지금의 온도를 나타내는 기록 장치에 불과하지만 온도조절장치는 적합한 온도에 이르도록 조절할 수 있다. 우리도 선행을 함에 있어서 단순한 온도계가 아닌 온도조절장치가 되어서 자신뿐만 아니라 다른 사람까지도 선행에 이를 수 있도록 해야 한다.

7. 선악의 문제와 우리의 선택

모든 인간은 매순간 선과 악 중 무엇인가를 선택하며 살아야 한다. 그것은 최초의 인간이 선악과를 따먹은 이후 계속되어 온 문제이기도 하다.

선과 악은 어디에서 왔는가? 철학자들은 이 문제를 아직도 끝나지 않은 논쟁거리로 간주하고 있다. 그러나 성경은 악의 근원은 인간의 잘못된 선택 때문이라고 단호하게 말한다. 선택을 잘못했기 때문에 고난이 따르게 된 것이다. 그러나 인간으로서는 해결할 능력이 없다는 것을 아신 하나님은 예수 그리스도를 이 땅에 보내시어 그 값을 치르게 하시고, 우리를 하나님의 나라, 곧 선과 빛의 세계로 인도해 주셨다.

선악과는 아담에게만 있는 것이 아니라 지금 우리 앞에도 놓여 있다. 우리는 매순간의 의로운 결단을 통해 그 과실에 대한 유혹으로부터 자유로워져야 한다. 성경은 모든 인간에게 선을 택하라고 강력하게 권고하고 있다. 선의 세계가 바로 하나님의 세계이기 때문이다. 이 세계를 벗어나는 것은 바로 어두운 세계로의 진입이자 악의 입으로 들어가는 것이다.

아모스 선지자의 외침처럼 우리가 살고자 한다면 선을 택하고 그 길을 걸어야 한다.

도움말
Consult a document

〈악과 나의 의지〉

　우리가 악한 행동을 하게 됨은 우리의 자유 의지 때문이요, 우리가 그 행동의 결과로 고난을 당하게 됨은 하나님의 공정한 심판 때문이라는 말을 들었습니다. 그것을 이해해 보려고 노력했지만 명확히 이해되지 않았습니다.

　그러나 한 가지 사실이 나를 주님의 빛으로 인도해 주었습니다. 그것은 내가 살아있음을 확실히 알고 있는 것과 마찬가지로 내가 의지를 지니고 있음을 확실히 알고 있다는 사실이었습니다. 그러므로 내가 무엇을 하려고 원하든 원하지 않든 간에 의지의 주체는 다름 아닌 나 자신이라는 사실을 확실히 알게 되었습니다. 나는 이제야 바로 여기에 내 죄악의 원인이 있음을 알게 되었습니다(Augustine, 1960).

제3장 하나님은 세상에 간섭하지 않는다
- 이신론

16-17세기의 신·구교 전쟁이 끝나고 절대주의 국가가 대두되면서, 교회는 정치로부터 후퇴하고 사람들은 교회의 영향력으로부터 벗어나려는 문화 운동을 싹틔우기 시작했다. 계몽사조(Enlightenment)가 바로 그것이다. 계몽사조는 일종의 지적 반동 운동으로, 지금까지 교회가 지켜 온 초자연적인 세계관을 버리고 이성 중심의 새로운 세계관과 인생관을 가지려는 사상 운동을 말한다. 이 운동은 지성주의에 바탕을 두고 있으며 현세 문화를 낙관하고 그것을 즐기려는 경향으로 발전했다. 이신론(理神論, deism)은 계몽사조에서 나타난 당시의 대표적인 세계관으로, 현대 자유주의 신학 특히 이성적 합리주의 신학에 크게 영향을 주었다.

현대 문화를 낙관하고 이를 즐기고자 하는 세계관이 우리 주변에 자리를 잡으면서, 그리고 인간의 이성을 앞세우고자 하는 풍조가 강해지면서 점차 자연신론에 입각한 사상들이 싹트고 있다. 이것은 우리의 기존 신앙을 쉽게 무너뜨릴 수 있는 또 다른 도전 세력이다. 그러면 자연신론은 무엇이며 그 문제는 무엇인가를 성경의 입장에서 논의해 보자.

1. 이신론이란 무엇인가

이신론은 초연신론(超然神論), 또는 자연신론이라 불린다. 이것은 유신론, 다신론, 범신론과 구별된다. 이 사상은 인격적 신이신 하나님께서 우주를 창조하시기는 했지만 그 후로는 간섭하지 않으신다는 가정에 기초를 두고 있다. 즉, 하나님이 우주를 창조하신 직후에 물러나셔서 스스로 발전하도록 버려 두셨으며, 우주는 자체적으로 활동하고 있다는 것이다. 이 사상은 17세기 중엽부터 18세기 중엽까지 주로 영국에서 주창되었던 이성주의적 자연종교에 바탕을 두고 있다.

역사적으로 볼 때 이신론의 시조는 허버트 경(Lord Herbert of Cherbury: 1583-1648)이다. 그는 자신의 저서 『진리』(De Veritate)에서, 여러 종교들을 살펴본 후 이를 축소하면 인간의 모든 종교적 욕구에 답을 줄 수 있는 단일 종교를 만들 수 있다고 말한다. 또한 초자연적 특별 계시도 필요하지 않다고 주장한다.

그가 제안한 단일 종교는 다음과 같은 성격을 가지고 있다. 이것을 가리켜 흔히 '허버트 경의 5개조'라 한다.

- 우주의 창조주이자 통치자이신 인격적 하나님이 존재하신다
- 인간에게는 하나님을 의뢰하며 예배할 의무가 있다
- 인간에게는 윤리적인 행동을 해야 할 의무가 있다
- 죄를 회개할 필요가 있다
- 이 세상에서와 죽은 후의 세상에서 하나님으로부터 보상과 형벌이 있음을 믿는 것이 다

허버트 경에 이어 여러 학자들이 같은 길을 따랐다. 쉐프테스버리 경

(Lord Schaftesbury)은 계시와 영감을 광신이라고 선언했고, 틴달 (Matthew Tindal)은 특별 계시는 불필요하고 불가능하며 증명할 수도 없다고 말했다.

흄(David Hume)의 『자연종교에 관한 대화』(Dialogues on Natural Religion)는 이신론 및 무신론을 지지하는 글로서 유명하다. 그는 실증주의 및 인식론적 경험주의에 입각하여 경험 세계를 초월한 사실은 학적으로 용납될 수 없다고 주장했다. 존 로크(J. Locke)는 계시의 개념을 부정하지는 않았지만 인간의 이성으로 계시를 판단해야 한다고 주장했다 (Copleston, 1961: 162-163). 이러한 운동은 화란에서도 일어났다. 데카르트(R. Descartes)의 '나는 생각한다. 고로 나는 존재한다'(cogito, ergo sum)는 명제는, 신에 대한 인식도 자기 인식에서 출발해야 한다는 것을 강조하는 것으로 사실상 인간의 이성을 내세운 것이다. 프랑스의 경우, 보댕(J. Bodin)은 자연신론적 경향을 띠었고, 볼테르(Voltaire)도 신앙과 이성을 분리시킴으로써 이러한 경향을 나타냈다.

이신론은 초자연적인 특별 계시를 믿지 않을 뿐 아니라 이런 계시를 하나님으로부터 받았다는 계시종교에 대항하여 자연종교를 주장하고 있다. 따라서 자연종교는 사실상 우주를 창조하고 그것으로 하여금 자체적인 움직임을 시작할 수 있도록 하며, 인간들이 이 땅에 살아가면서 지켜야 할 도덕률을 만드신 하나님을 믿는 것 외에 다른 내용이 없다.

이신론자들은 일반적으로 하나님께서는 자연 질서에 직접적으로 간섭하지 않으신다고 말한다. 그들이 인격적 하나님의 섭리를 말한다 해도 삼위일체, 성육신, 성경의 신적 권위, 속죄, 기적, 이스라엘과 교회의 특별한 선택, 초자연적인 구속 역사는 부인한다(Schlegel, 1989).

다음은 이신론자들의 주장을 요약한 것이다(Sire, 1988; 사이어, 1995: 62-70).

- 제1원인인 초월적 하나님이 우주를 창조하셨으나 스스로 운행하도록 버려 두셨다. 따라서 하나님은 내재하지도 않으시고 완전한 인격도 아니시며, 인간사의 주권자도, 섭리자도 아니시다.
- 하나님이 창조하신 우주는 폐쇄 체계 안에서 인과율의 일치제로 창조되었기 때문에 결정론적인 성격을 지닌다. 따라서 어떠한 기적도 일어날 수 없다.
- 인간은 비록 인격체이지만 우주라는 기계의 한 부품이다.
- 우주, 곧 이 세상은 타락했거나 비정상적인 상태에 있는 것이 아니라 정상적인 상태에 있다. 인간은 우주를 알 수 있고 우주를 연구함으로써 하나님이 어떠한 분인지를 확실히 알 수 있다.
- 윤리는 일반 계시에 국한된다. 우주는 정상이기 때문에 무엇이 옳은가를 보여 준다.
- 창조 시 역사의 과정이 정해졌기 때문에 역사는 직선적이다.

2. 이신론의 모순과 불합리

이신론은 다음과 같은 모순과 불합리를 가지고 있다.

1) 이신론자들은 특별 계시를 부정하고 자연신학만을 긍정하면서도 자기들은 기독교 전통 안에 있다고 말한다. 허버트 경은 하나님의 특별 계시를 부정하면서도 자기의 간구에 하나님이 표적으로 응답하셨다고 주장한다. 그가 특별 계시를 반박하는 책을 펴내는 일을 격려해 주는 의미에서 하나님께 하늘로부터의 표적을 간구했을 때 하나님께서는 '하늘로부터 온화하고 높은 소리'로 응답해 주셨다고 말한다. 이 주장은 그가 스스로 얼마만큼 모순에 빠져 있는가를 보여 준다.

2) 이신론은 우주를 이미 존재하는 자연의 힘에 의해 그 운동을 영속

하는 기계로 본다. 그러나 에너지의 발생과 소멸, 그리고 자연의 여러 가지 변이 현상을 말하는 현대의 과학자들은 우주가 기계적으로 움직인다는 것을 믿을 수 없는 것으로 보고 있다. 하나님의 의지가 작용하지 않고서는 자연의 활동과 보전이 불가능한 것이다. 그런데 이신론은 하나님이 우주를 창조하신 후에 더 이상 간섭하지 않으신다고 말한다. 이것은 합리를 추구하는 그들이 사실상 합리적이지 못하다는 것을 보여 준다.

3) 이신론은 하나님께서 우주의 만사와 만물을 간섭하신다는 것은 너무나 세밀하고 번거로운 일이어서 하나님께 무거운 짐이 될 것이라고 생각한다. 이것은 하나님의 존엄하심을 지나치게 집중하여 그분의 편재·전지·전능을 부인하는 결과를 초래하였다. 편재·전지·전능하신 하나님께는 우주의 모든 만물을 간섭하시는 일이 결코 무거운 짐이 될지 않는다.

4) 하나님이 우주를 간섭하지 않으신다는 것은 세계 역사와 인간의 개인적 경험에 나타난 모든 섭리적 사실과 충돌한다. 역사에 대한 하나님의 인도와 심판, 개인의 삶에서 체험하게 되는 선에 대한 상과 악에 대한 벌, 신자들의 영적 경험에 대한 하나님의 사역 등은 신앙의 안목에서 결코 무시될 수 없다. 사람들은 하나님의 피조물일 뿐 아니라 그분을 힘입어 살며 움직이고 있다는 것을 인식하지 않으면 안 된다(행 17:28).

3. 성경에 나타난 이신론

이신론자들은 이성에 입각한 합리주의를 표방하고 있다. 그들은 스토아적 자연법 사상에 바탕을 두고 있다. 성경에도 이신론자들의 모습이 나타나 있다. 베드로후서 3장 4절을 보면 말세에 기롱하는 자들이 와서 "주의 강림하신다는 약속이 어디 있느뇨 조상들이 잔 후로부터 만물이

처음 창조할 때와 같이 그냥 있다"고 말한다.

그러나 베드로는 다음과 같이 강조한다.

"사랑하는 자들아 주께는 하루가 천년 같고 천년이 하루 같은 이 한 가지를 잊지 말라 주의 약속은 어떤 이의 더디다고 생각하는 것 같이 더딘 것이 아니라 오직 너희를 대하여 오래 참으사 아무도 멸망하지 않고 다 회개하기에 이르기를 원하시느니라 그러나 주의 날이 도적 같이 오리니 그 날에는 하늘이 큰 소리로 떠나가고 체질이 뜨거운 불에 풀어지고 땅과 그 중에 있는 모든 일이 드러나리로다"(벧후 3:8-10).

4. 이신론에 대한 반대 운동

이신론은 한마디로 엄청난 영향력을 가진 자유주의 사상이다. 이 사상은 영국 교계를 흔들어 놓았고, 세계적으로 자유주의 신학 사상에 크게 영향을 주었다. 이 운동이 교계로부터 인정을 받고 있지 못하고 있는 것은 성경의 가르침과 크게 어긋나기 때문이다. 만일 이 운동이 교계로부터 인정을 받았다면 지금의 기독교는 붕괴하고 말았을 것이다.

따라서 이신론에 반대하는 주장도 많이 나왔다. 이 가운데는 계시 종교를 옹호하는 변증 노력이 많았다.

- 핼리버튼(Thomas Halyburton)은 1714년 『자연종교의 불충분성과 계시 종교의 필연성』(Natual Religion Insufficient and Revealed Necessary)이라는 저서를 통해 허버트 경의 5개조를 반박하고 자연종교는 죄로부터의 참된 구속을 알지 못한다고 주장했다.
- 코니비어(J. Conybeare)도 틴달의 글을 비판하고 계시종교를 강하게 변호했다.

• 버틀러(J. Butler) 감독은 『자연 과정에 따른 자연종교와 계시종교의 분석』(Analogy of Religions, Natural and Revealed, to the Course of Nature)을 통해 먼저 자연종교가 기독교의 근본 진리를 포함하고 있다는 것을 제시한 후에 계시종교를 논의하면서 초자연적 특별 계시의 개연성을 암시하는 여러 가지 유추를 내놓았다.

버틀러는 자연과 역사 속에서 계시종교의 특수한 진리들을 연상시키는 현상들이 나타나고 있다는 것을 제시하고 설명하였다. 그는 계시종교를 반대하는 것은 자연과 역사 속에서 우리가 분명히 관찰할 수 있는 것조차 반대하는 결과를 낳고 있다고 말함으로써 계시종교의 당위성을 입증하였다. 버틀러 감독의 책은 대학에서 200년 이상 종교철학의 교재로 사용되었다.

5. 우리 속에 이신론적 사고는 없는가?

이신론은 반성경적이다. 이신론자들 가운데는 일부는 종교보다 도덕을 강조하고, 성경보다 중국 문화를 이상화하고 동경하는 모습까지 보이기도 했다. 독일의 볼프(C. Wollf)는 공자를 숭배할 것을 주장함으로써 물의를 빗기도 했다. 인간이 자신의 이성을 내세우고 성경과 교회의 가르침을 외면할 때 어떠한 모습을 갖게 되는지를 우리는 계몽사조 속에서 찾아 볼 수 있다. 그러면서도 그들은 자신을 그리스도인이라 말한다.

현대를 사는 많은 그리스도인들 가운데 교회는 나가지만 하나님을 믿을 수 없다고 말하는 사람들이 있다. 그들은 교회를 여러 가지 좋은 도덕적 가르침을 주는 곳 이상으로 생각지 않으려 한다. 자신은 교회에 나가지 않으면서 자녀나 배우자가 교회에 출석하는 것을 허용하는 사람들에게서 이러한 성향은 더 강하게 나타난다. 자기의 이성을 내세우는 사람들을 상대로 복음을 전하는 것은 매우 어렵다. 자기의 이성이 모든 판단의 기준이 되기 때문이다. 우리는 하나님 앞에 더욱 겸손해야 한다. 인간의 모든 이성을 뛰어넘으시는 하나님 앞에서 자신의 이성만을 고집한 채 그분이 우리 가운데 뜻을 세우고 역사하며 섭리하신다는 것을 믿지 않으려 하는 것은 한마디로 교만이요 죄이다.

도움말
Consult a document

〈알렉산더 포프의 시 "인간에 대하여"〉

모든 사람은 자기 위치를 버리고
하늘로 치닫고 있네
이성의 교만 속에 우리의 과오가 있네
교만은 언제나 복 받은 자의 자리를 탐내고 있네
인간은 천사의 자리를
천사는 하나님의 자리를
질서의 법 뒤엎기만 바래도
그것은 영원한 원인을 거역하는 죄라네

제4장 하나님 아닌 것을 섬겨라
- 우상

1. 성경의 우상 숭배 금지

십계명 중 제2계명은 우상 숭배를 철저히 금하고 있다. 이 계명은 인간이 우상 숭배와 관련해 어떤 것들을 해서는 안 되는지를 설명해 준다. 우상 숭배는 주로 두 가지 형태를 취한다.

- 어떤 물체나 형상으로 표현되고 그 속에 신성이 구현된 것으로 생각하는 거짓 신을 숭배하는 것(사 44:6-10).
- 어떤 형태로도 표현될 수 없는 여호와 하나님을 형상화하여 경배하는 것(호 8:5-6, 10:5).

이를 비추어 볼 때 수목 숭배(dendrolatry), 돌 숭배 (litholatry), 죽은 자 숭배(necrolatry), 동물 숭배(zoolatry)는 물론 파시즘, 나치즘, 공산주의 같이 집단적으로 인간 권력을 숭배하는 레비아탄(Leviathan) 숭배까지도 우상 숭배에 속한다. 우상 숭배에 관한 정확한 히브리어 단어는 없지만 우상으로 번역되고 있는 대부분의 단어들은 경멸과 혐오의 뜻을 내포하면서 우상 숭배를 정죄한다.

고고학적으로 볼 때 인간이 만든 형상을 숭배하는 최초의 시도는 남부 러시아 초원 지대에서 찾아볼 수 있으며, 이는 모신(母神) 형태를 취하고 있다. 형상 숭배는 그곳으로부터 고대 근동 종교들과 함께 다른 지역들로 퍼져나간 것으로 간주된다. 대부분의 신들은 생명과 다산을 인격화한 것들이다.

구약시대에 있어서 '비옥한 초생달 지대'의 종교는 주로 자연의 힘을 통치하는 영들을 숭배하는 것이었다. 예를 들어, 사람들은 바알과 아세라와 같은 상징적인 대상이나 우상이 자연 만물과 연결되어 있다고 생각하고, 그 영들을 통해 인간이 바라는 것을 이루고자 한 것이다. 성경에 나타난 우상 숭배의 첫 경우는 라헬이 아버지의 드라빔을 훔친 것에서 나타난다. 드라빔은 가족 신의 형상으로 바빌로니아에서 사용되었고 라헬과 함께 가나안으로 옮겨졌다. 이스라엘은 애굽에 머무는 동안에도 그 땅의 우상들로 더럽혀졌다. 애굽의 우상들은 주로 생명의 공급원인 나일 강, 태양, 황소, 암소, 고양이, 악어 등이었는데, 하나님께서 애굽에 재앙을 내리실 때 이들에게도 재앙이 내려졌다. 또한 이스라엘 백성들이 시내 산에서 아론을 설득하여 금송아지 우상을 만든 것은 그들이 얼마나 애굽 우상에 깊은 영향을 받았는가를 보여 준다.

하나님은 이스라엘 백성들이 가나안 땅을 유업으로 받을 때 우상을 파괴할 것을 명령하셨다. 우상 숭배자들은 우상에 대해 번제·분향·헌주하거나 땅의 첫 소산과 십일조를 바친다. 우상에게 입을 맞추기도 하고 그 앞에 부복하거나 찬양하기도 한다. 때로 자신의 몸을 상하게 하거나 어린이를 제물로 바치기도 하고, 혼음과 같은 비도덕적인 일을 하기도 한다. 하나님은 이스라엘 백성에게 우상 숭배 행위를 철저히 금지시키셨다. 성경은 하나님은 한 분뿐이심을 분명히 하고 있다. 또한 십계명을 통해 하나님과 우리의 관계를 밝히고 거짓 신을 섬기는 것은 종교적 음행이며 그 종국은 죽음임을 분명히 하고 있다.

하나님은 질투하는 분이시다(출 24:14) . 그 이유는 하나님이 인간의 유일한 창조주이시므로 우리의 경배를 독점적으로 받으실 유일한 분이시며 그것을 우상에게 돌릴 경우 마땅히 질투하실 수밖에 없기 때문이다(사 45:5, 21-23).

"너는 나 외에 다른 신을 두지 말라"는 제1계명에서 "나 외에"란 '나와 대립시켜'(over against), '나에 덧붙여'(in addition to)라는 뜻을 담고 있다. 우상은 하나님과 반대되므로 이것들을 하나님과 대립되도록 경배하거나 덧붙여 경쟁적 대상으로 두어서는 안 된다. 하나님의 피조물인 동물이나 식물 그리고 그 형상들이 하나님과 비교되고 경배를 받는 것은 있을 수 없는 일이다. 그러한 우상들은 파괴 대상이 된다. 또한 여호와의 형상을 만들지 말아야 한다는 것은 여호와가 자연보다 더욱 위대하실 뿐 아니라 자연에 구속되지 않으신 분이라는 것을 나타낸다. 우상은 혐오와 경멸의 대상이며, 결코 예배의 대상이 될 수 없다.

신약의 경우, 사도행전 7장 41절을 제외하고는 우상에 대한 강조를 별로 하지 않으며 강조를 하더라도 그것이 상징하는 신에 국한되어 있다. 에베소서 5장 5절, 골로새서 3장 5절은 어떤 대상이 하나님보다 더 큰 소원이 되었다는 것이 아니라 그 만들어진 대상이 창조주의 자리를 빼앗는다는 것을 강조하고 있다.

기독교 역사는 참된 신이신 하나님과 여러 우상 사이의 전투로 규정되고 있다. 칼빈의 표현대로 인간의 마음은 우상의 영원한 공장이다. 이때 우상이란 단지 돌로 만든 형상에 국한된 것이 아니다. 그것은 분산된 충성이고 잘못 위치한 신앙이기도 하다.

2. 우상과 반(反)우상

기독교는 무엇보다 신관의 문제에 있어서 다른 종교와 크게 대립되고 있다. 이에 대해 먼저 역사적으로 살펴보기로 한다.

1) 수메르의 이방 신

고대 수메르인들은 신들이 신정 정치를 하면서 도성들을 건설하였고 인간에게 문화를 안겨 주었으며, 도성이 번창하자 떠나 버렸고 통치권은 왕에게 돌아가 백성들은 왕을 경외하며 살게 되었다고 믿었다. 이러한 종교관이 풍미하고 수메르에 도시화가 한창일 때 아브라함이 도시의 상징인 우르를 버리고 하나님의 명령에 따라 "내가 지시할 땅"(창 12:1)으로 갔던 것은 고무적인 일이었다. 그것은 하나님의 재발견이었던 것이다.

2) 로마 황제 숭배와 이단 사상

로마시대에는 황제 숭배를 강요함으로써 하나님과 가이사 사이의 문제가 야기되었다. 폴리갑(Polycarp, AD.80-165)은 가이사의 종교를 거부한 이유 때문에 순교 당했다.

영지주의 철학이 교회 안에 침투하여 피조물은 악이며 하나님은 악의 창조자라는 가르침, 그리고 예수 그리스도는 인간이 아니었다는 가르침으로 인해 교회와 세상 사상과의 사이에 투쟁이 일었다. 또한 동방의 신비주의적 종교가 들어와 교회는 이단과 우상 문제를 해결하기 위하여 종교 회의를 열어야 했다.

3) 기독교의 부패

중세기 십자군 활동 시기에 교회는 다른 신들을 섬기는 사람들의 영혼을 구원하기 위해 그들을 반드시 개종시켜야 한다고 생각했다. 또 다른 종교는 존재할 권리조차 없다고 생각했다. 교회는 이단자들을 고문하고 화형에 처할 것을 국가에 의뢰했다.

종교개혁 시기에 교황들은 부패하였다. 예를 들어 교황 레오 10세는 하나님이 준 교황권을 즐기기 위한 도구로 사용했다. 결국 가이사의 종교와 교황의 종교가 유사하게 된 것이다. 그러나 모든 종교가 우상 숭배자로 여기는 모슬렘 교도들에게 사랑을 보인 아시시의 프란시스(Francis Assisi)와 같은 대조적인 경우도 있었다.

4) 이성과 세속주의

이성이 강조된 시기에 니체는 하나님의 죽음을 선포했다. 불신앙과 세속주의가 모습을 드러낸 것이다. 기독교는 현재 다른 종교와의 관계뿐 아니라 기독교에 정면으로 도전하는 인간의 사고방식에 대하여 어떻게 대처할 것인지를 모색해야 하는 아주 중요한 시기에 처해 있다.

3. 우리에게 우상은 없는가?

우리에게 우상이 없다고 말한다면 그것은 큰 착각이다. 우리는 현재 다양한 모습의 우상들을 가지고 있다.

베이컨(F. Bacon)에 따르면 인간은 네 종류의 우상을 가지고 있다.

- 첫째는 인종주의와 같은 종족의 우상이다
- 둘째는 자족과 고립이라는 동굴의 우상이다
- 셋째는 양심을 달래고 정신을 우둔하게 하며 육체를 만족시키는 말과 물건을 매매하는 시장의 우상이다

- 넷째는 여왕과 같은 섹스와 왕 같은 남성미를 새로운 여신과 남신으로 바꾸어 놓는 극장의 우상이다.

현대적 우상의 모습을 살펴보면 다음과 같다.

1) 문화적 우상 숭배

중간사 시대에 안티오커스 4세는 유대교 박멸과 유대인의 헬라화를 위해 예루살렘 성전을 약탈하고 제단 위에 제우스 신단을 건립함으로써 마카비 전쟁이 일어나게 했다. 이 사건은 문화적 침입이자 문화적 우상 숭배라는 점에서 구약시대의 우상 숭배와는 그 차원이 다르다. 교회는 성전을 다시 깨끗하게 함으로써 이 위기를 극복했다. 그리고 다시는 여호와 외에 우상을 숭배하려는 시도를 하지 않게 되었다.

지금 우리는 여러 양상의 문화적 침입을 받고 있다. 이는 예전처럼 총과 칼로 요란하게 침입하는 것이 아니라 조용히 우리 곁에 자리를 잡고 있다. 때로 우리의 사고 체계에 자리를 잡기도 하고, 문화라는 장식품 대열에 끼어 있기도 하며, 아끼는 물품으로 모셔져 있기도 하다. 우리는 매일 그것을 기뻐하며 즐긴다. 우리가 어려울 때 그것이 한몫 해 줄 것으로 기대하기도 하고, 그 자체를 수호신처럼 여기기도 한다. 사회가 국제화될수록 이러한 문화적 침투는 더욱 활발하게 될 것이고 우리는 그러한 것들을 아무런 죄의식 없이 수용하게 될 것이다.

2) 탐심

성경은 탐심을 우상 숭배로 간주한다(고전 10:14; 엡 5:5; 골 3:5). 탐심은 과도한 욕망을 가리킨다. 예수님은 하나님 외에 다른 것을 삶의 중심으로 삼는 것을 경계하셨다. 특히 재물을 삶의 중심으로 삼을 경우 그것이 우상이 된다고 말씀하셨다. 인간에게 있어서 재물이 우상이 된 지는 오래이다. 심지어 더 많은 재물을 얻기 위해 교회에 나오는 사람마저 있다. 이 같은 추세는 계속될 것이다. 재물은 필요한 것이다. 그러나 그 것이 우리의 삶의 중심이 되어서는 안 된다. 솔로몬은 "나로 가난하게도 말고 부하게도 마옵시고…"라는 기도를 통해 자족하는 삶을 구했다. 자족할 줄 아는 마음을 배우고 자신보다 남을 위한 삶을 살고자 할 때 탐심을 이길 수 있다. 탐심이 더 이상 우리의 우상이 되게 해서는 안 된다.

3) 환상

현대인들은 환상 속에 살고자 한다. 그 막연한 환상이 자신을 우주와 하나되게 만든다고 생각한다. 자기를 그것에 몰입시켜 순간적으로 스스로를 잊어버리고자 한다. 흔히 힌두교의 초월적 명상법, 불교의 선, 도교의 기, 현대 스트레스 해소법 등의 상당수는 현대인들에게 환상법을 터득하도록 하거나 그 길로 나아가도록 하고 있다. 이것은 그 환상 세계가 바로 우리가 가야 할 무의식의 세계임을 제시한다는 점에서 문제가 된다. 현재를 초월하고자 하는 욕망이 무의식 세계를 우상으로 만들고 있는 것이다.

4) 자기중심주의

이 세대의 사람들은 자기중심주의에 빠져 있다. 남보다는 자기를 내세운다. 남도 자기를 위해 존재하는 것으로 생각한다. 신·구세대 할 것 없이 모두 자기 자신, 자기 가족밖에 모른다. 이러한 모습들은 자신과 다른 사람을 철저히 구분시킨다. 자기의 아픔이 아닌 이상 다른 사람의 아픔은 진정한 아픔으로 간주하지 않는다. 스스로가 우상이 된 지 오래다. 대부분의 현대인들이 지나칠 정도로 자존심을 앞세우는 것도 이것과 결코 무관하지 않다.

5) 기술만능주의

기술의 발전은 어느 나라나 추구하고 있는 최대 과제이다. 기술은 인간 이성이 이룬 성과이기도 하다. 기술의 중요성이 강조되다 보니 기술만 발전하면 모든 것이 해결될 것 같은 착각에 빠지기도 한다. 기술이 우상으로 변화하고 있는 것이다. 기술은 인간의 필요를 위한 도구일 뿐이지 그 자체가 목적이 될 수는 없다. 그런데도 우리는 그것을 우상화하고 있으며 그것에 우리의 미래를 걸고 있다.

이 밖에도 아름다워지고자 하는 것, 남으로부터 인정을 받고자 하는 것, 인기에 연연하는 것 등 여러 형태의 우상들이 있다. 이 모두 인간의 삶에 필요한 것이기는 하지만 그것을 하나님보다 앞세운다면, 그것은 벌써 우리의 우상이 된 것이다.

5. 우상으로부터의 해방

그리스도인은 우상으로부터 해방되지 않으면 안 된다. 이런 것들은 가증한 것이기 때문이다. 사도 시대에는 이교로부터의 개종을 우상에서 하나님께 돌아오는 것으로 간주했다(살전 1:9). 과거의 우상은 인간이 직접 만들어서 눈으로 볼 수 있는 것들이었다. 그러나 현대 사회의 우상은 대부분 보이지 않는 것들이다. 시간이 지나면서 우상의 종류와 특성도 많이 변하고 있다.

우상은 기본적으로 우리를 하나님으로부터 멀게 하고 하나님의 뜻을 거스르게 만든다. 대부분의 우상들은 우리의 과도한 욕망에 근거하고 있다. 과도한 욕망은 하나님을 신뢰하기보다는 자기 존재의 근거와 행복의 궁극적 근원으로서 그 욕망의 대상을 신뢰하기 때문이다. 그 대상을 신뢰하는 만큼 하나님으로부터 멀어지게 되는 것이다.

어떤 우상은 우리를 도덕적으로도 타락시킨다. 실제로 우리는 여러 면에서 도덕적 타락을 유도하고 그 타락을 죄악시하지 않는 사회 속에서 살고 있다. 육체적인 것들에서부터 정신적인 것에 이르기까지 우리를 타락으로 인도하는 우상적 유혹들은 많다.

하나님은 이러한 우상들로부터 돌아설 것을 강력히 요구하신다. 아브라함을 향한 "네 본토 친척 아비 집을 떠나라!"는 명령이 지금 우리에게도 내려져 있다. 우리는 그 명령을 받고서도 우상이 주는 매혹을 떨쳐버리지 못한 채 지체하고 있다. 문제는 우리에게 있다.

도움말
Consult a document

〈개교회 성장주의〉

탐심은 개인에게만 해당되는 것이 아니다. 교회에게도 있다. 기독교윤리실천운동에서 주관한 《한국 교회 개혁을 위한 '98 선언문》에서 한국 교회가 버려야 할 가장 큰 우상을 교회성장주의로 간주했다. 다음은 그 내용이다.

"우리는 한국 교회가 버려야 할 가장 큰 우상은 교회성장주의라고 생각합니다. 이제 우리는 큰 교회가 좋은 교회라는 세속적 물량주의를 반성하고 참된 교회의 모습을 회복해야 합니다. 한국 교회는 또한 개교회주의를 지양해야 합니다. 적지 않은 교회들이 그 동안 개교회의 명성에 도움이 되는 일이라면 하나님 나라의 확장에 방해되는 일조차도 서슴지 않고 해왔습니다. 다른 교회와 협력하면 복음 전파에 큰 도움이 될 일조차도 자기 교회에 끼칠 유익이 없으면 외면하였습니다. 만연된 개교회주의로 인해 한국 교회는 성경이 가르치는 교회의 보편성과 통일성을 무시했습니다. 따라서 우리는 한국 교회가 개교회 중심주의를 버리고 공교회 의식을 회복하기를 촉구합니다."

제5장 진리에 대한 끊임없는 공격
- 이단

.

　이단은 복음이 시작되었을 때부터 지금까지 교회 안에 항상 존재해 왔다. 21세기는 종교다원주의 영향으로 이전의 어느 시대보다 이단이 창궐하고 있다. 어느 시기에나 이단은 문제가 되고 있다. 이단은 시대에 따라 그 옷을 갈아입고 새로운 모습으로 나타난다. 사탄은 인간이 새로운 것에 호기심이 많다는 것을 간파하고 그에 맞게 공략하며, 우리는 그것에 쉽게 매료된다. 성경은 이러한 문제에 대해서 결코 방심하지 않도록 우리를 향해 강도 높은 경고를 하고 있다.

　이단 문제를 살펴보면 다음과 같다.

1. 이단의 어원과 그 적용의 변화

　이단(heresy)이란 희랍어의 '하이레시스'(hairesis)에서 나온 말로 '선택한다', '독자적인 견해', '다른 견해를 가진 당파'라는 뜻을 가지고 있다. 이 말이 행동적으로 사용될 때는 '자유로운 선택'이라는 뜻으로 표현되기도 한다. 본래 이 말은 좋은 의미와 나쁜 의미 모두에 사용되었으나 점차 나쁜 의미로 굳어졌다. 시대와 장소에 따라 자유로운 선택→독자적 견해→학파→종파→편당→이단 순으로 바뀌어진 것이다.

'하이레시스' 라는 단어가 어떻게 사용되었는가를 살펴보면 다음과 같다.

1) 학파

헬라 사회에서 '하이레시스' 는 철학의 어떤 학파나 새로운 경향을 나타내는 말로 사용되었다. 유대 사회에서는 특정 철학이나 학파에 대한 자유로운 선택 행동에 이 말을 사용하였으며 동시에 종교적인 의미로도 사용하였다.

이것이 종교적인 의미일 경우 세 가지 유형으로 나누어진다.

- 유대교 내에서 전통적인 랍비들의 가르침과는 전혀 다른 새로운 주장이나 그러한 주장을 하는 무리들을 가리킨다.
- 유대교 내의 종파들로서 그 보기로는 보수 종파인 바리새파, 천국과 지옥, 영적 세계를 부정하는 자유주의 종파인 사두개파, 신비파인 에센파 등을 들 수 있다.
- 유대교 외의 모든 종파를 표현할 때 이 말을 사용했다. 영지주의나 심지어 기독교에 대해서 이 단어를 사용했다. 유세비우스의 저서에 기독교를 가리켜 가장 "우리의 가장 신성한 이단"이라고 한 것은 기독교를 종파 개념으로 본 것이다.

2) 선택

칠십인 역은 레위기 22장 18절과 21절에 관한 역에서 "그들이 택한 대로 예물을 드리는 것"을 언급하고 있다. 이것은 예물 드림이 규정대로가 아니라 자의적인 것임을 보여 준다. "그들이 택한 대로"는 이것을 가리킨다. 말씀에 따르지 않고 마음대로 할 경우 이단이 될 성향이 높다.

3) 어떤 의견을 고집하는 분파나 당

신약의 초기 기록에서도 '하이레시스' 는 종파 개념으로 사용되었다. 바리새인이나 사두개인들에서 '파' 는 그 보기에 속한다(행 5:17, 15:5, 26:5). 이것은 점차 교회 내의 파쟁의 산물로 나타난 분파의 무리들을 지칭하는 데 이르렀다(고전 11:19; 갈 5:20). 고린도교회의 경우는 편당(factions)으로, 갈라디아교회의 경우는 이단(heresies)의 무리에게 사용되었다.

오늘날 이단의 의미로 사용되고 있는 경우는 베드로후서 2장 1절에 분명히 나타나 있다. 이 구절에 나타난 '하이레시스' 는 다른 의견, 곧 선택된 의견을 가진 거짓 선생들이다. 그들의 가르침은 "멸망케 할 의견들" 로 표현되고 있다. 그들의 가르침이 성경적으로 보아 거짓된 것이기 때문이다. 디도서 3장 10절에는 교리 및 도덕적으로 부패한 자를 이단이라 하였다. 바울은 이처럼 그리스도인들 가운데 자기 나름대로의 '도' (way)를 가르치는 잘못된 사람들(행 24:14, 28:22, 24:14)뿐 아니라 사랑의 결핍과 자기를 내세우는 행동으로 인한 결과로 그리스도인의 집단 내에 분리를 야기시키는 것에 대해서도 이 말을 사용했다. 바울은 이단이라는 말 대신에 '도' 라는 말을 사용하기도 했다.

2. 이단의 뜻

기독교에서 이단이라 할 때는 하나님의 완전 계시인 성경에서 떠나 정통적인 교리를 부인하고 독특한 해석으로 그리스도와 성경의 권위와 내세를 부인하고 잘못된 진리를 전파하는 유사 기독교 집단을 가리킨다. 성경적으로 보아 바리새인에 비해 육체적 부활을 부인하는 사두개인이 이단에 속한다.

베드로후서 2장 1절에 나오는 거짓 선지자들(선생들)도 멸망케 할 이단에 속한다. 그리스도를 부인하기 때문이다. 역사적으로 보면 아리안주의(Arianism)가 325년 니케아 종교 회의에서 이단으로 규정되었다. 그리스도의 신성을 부인한다는 것이 주된 이유이다. 이런 점에서 아리안주의는 여호와증인의 시조이기도 하다.

교회사적으로 볼 때 이단의 발생은 심각한 문제였다. 사도들이 생존해 있을 때부터 이단성 시비가 일어나 그에 대한 강한 비판이 있었다. 베드로(벧전 5:8; 벧후 2:1, 3:4), 바울(갈 1:6-10; 골 2:8), 요한(요일 4:1-3) 등 사도들은 이단들에 대해 엄히 경계하였다.

교회사 초기에 나타난 이단은 크게 유대교적 이단과 헬라(이교)적 이단으로 나눌 수 있다. 에비온파(Ebionitism)와 엘크사이파(Elkesaites)는 전자에 속하고, 영지주의(gnosticism)와 마니파(Manichaeism)는 후자에 속한다. 그 후 아리우스파가 니케아 회의에서 정죄되기까지 수많은 이단들이 우후죽순처럼 솟아나 교회는 이단에 대해 공적으로 정의를 내리게 되었다.

이단은 드러난 진리, 곧 성경에 오류가 있다 하여 고의로 진리를 부인하고 그들 스스로가 여러 종류의 가르침들을 공식적으로 만들어 냈다. 니케아 회의 후 교회와 국가가 연합하여 이단을 합법적으로 정죄한 시기도 있었지만 지금은 각 교단에서 이단들에 대한 내용을 성경에 비추어 검토하고 이단성 여부를 가린다.

로마교회는 이단을 사랑이 없어서 분리된 종파(편당)와 기독교를 저버리는 배교로 구분한다. 로마교회에 따르면 이단에는 로마 카톨릭이라는 이름을 가지면서도 그릇된 교리를 고수하는 형식적인 이단이 있고, 로마 카톨릭이 아니면서 무식한 소치로 그릇된 교리를 주장하는 실질적인 이단이 있다.

3. 이단은 왜 발생하는가?

• 사회가 혼란하기 때문이다. 사람들이 어느 곳에 마음을 두어야 할지 방황할 때 이단은 일어난다. 시한부 종말론은 사회적 불안과 맥을 같이 한다.
• 그리스도인들이 빛과 소금의 역할을 제대로 감당하지 못할 때 이단은 일어난다. 사단은 어느 곳에 빈틈이 있는가를 살피고 그 자리를 단숨에 차지하려고 한다. 우리가 전도하지 않을 때 이단은 더 열심히 많은 사람들을 지옥으로 인도한다.
• 성경을 바로 알지 못하기 때문이다. 이단들은 성경을 파고들며 그것에 쉽게 접근한다. 우리가 말씀을 바로 알지 못하면 그 꾀임에 빠져들게 된다.
• 사랑이 부족하기 때문이다. 사람들이 이단이 나쁘다는 것을 알면서도 빠지게 되는 것은 그들이 섬겨 주고 인정해 주며 사랑을 베풀기 때문이다. 이것이 자존심의 3대 요소인 소속감, 기치감, 능력감을 심어 주어 결국 그 모임에서 빠져나올 수 없게 만든다.

4. 이단으로 규정되는 기준은 무엇인가?

어느 종파나 사상을 이단으로 규정한다는 것은 매우 중요하고 따라서 신중을 기해야 하는 문제이다. 이단은 단지 기독교 내의 어떤 논쟁점에 대해 사소한 견해 차이를 말하는 것이 아니기 때문이다.

우리가 이단이라 규정할 때는 다음의 내용을 따져 보아야 한다.

• 역사적 기독교의 보편적 진리를 거부하거나 왜곡시키는가?

- 성경의 명백하고 자명한 가르침을 부정하는가?
- 성경의 기본적 교리를 부정하거나 잘못 해석하는가?
- 성경이 말하는 내용 이상을 추가하거나 성경의 내용을 감하는가?

교회는 '그릇된 주장에 대하여 거듭 경고를 받았음에도 불구하고 끝내 돌이키지 않는 자'에 대하여 이단으로서 공식적으로 결정을 내린다(딛 3:10).

이단으로 규정되는 일반적인 기준은 다음과 같다.

1) 하나님의 인격성을 부인한다

하나님은 인격적인 존재이시며 우주를 창조하시고 자기의 형상대로 인간을 창조하셨다. 인격체이신 하나님은 보고, 듣고, 말하고 기억하며, 아신다. 그러나 이단은 하나님의 인격성을 부인한다.

- 크리스천 사이언스: 하나님은 하나의 비인격적인 원리이다. 창시자 에디 부인은 "하나님은 우주에 존재하는 모든 것이므로 영적인 인간의 영이나 혼은 모든 존재의 신적 원리인 하나님이다."고 주장했다.
- 몰몬교: 하나님은 한때 지금의 우리처럼 물질로 구성된 피조물이었다. 인간도 종국에는 신과 같이 될 수 있고 따라서 신은 유일한 것이 아니다.

2) 하나님의 삼위일체 되심을 부인한다

하나님은 성부, 성자, 성령의 삼위일체로 존재하시는 영원하고 인격을 가지신 분이며 영적 존재이시다. 그러나 이단은 삼위일체 교리를 부인한다. 여호와의 증인의 경우 우주와 만물의 창조자시며 보호자이신 여호와 하나님 단 한 분만이 영원부터 존재하신다고 주장한다.

3) 예수님께서 참하나님이시자 참사람이심을 부인한다

성경은 예수님께서 하나님이시자 사람임을 가르치고 있다(요일 4:1-3). 그런데 이단은 이 중 어느 하나만을 인정하고 다른 것을 부인한다.

- 크리스천 사이언스: "예수는 하나님이 아니다." 예수님을 위대한 선생으로 생각하지만 그분의 신성은 부인한다.
- 여호와 증인: "예수는 하나님이 아니며 하나님이 최초로 창조하신 피조물이다." 그들은 예수님을 하나님이 창조하신 '첫째 피조물'이라고 한다. 이것은 모든 피조물 중 으뜸이라는 의미를 가지고 있다. 이것의 진정한 의미는 예수 그리스도의 신성을 부인하는 것이다.

또한 영지주의는 예수님의 신성만 인정하고 인성은 부인한다. 예수 그리스도는 육신으로 오신 것이 아니라 영적으로 나타나셨다고 본다. 이 주장에 따르면 예수님은 사람이 아니라 유령, 환영, 그림자와 같은 영적인 존재라는 것이다. 영지주의가 판을 치자 이 이단을 경계하기 위해서 사도신경이 만들어지게 되었다. 사도신경은 A.D. 150-175년경에 사도들이 믿었던 것을 근거로 해서 만들어진 것으로 예수님의 육체로 오심, 그의 고난, 십자가에서의 죽음, 부활, 심판을 특히 강조하고 있다. 이단들은 그리스도의 신격을 격하시킬 뿐 아니라 성령의 인격조차 부정하기도 한다.

4) 예수의 속죄와 부활을 부인한다

그리스도는 인간의 죄를 속하기 위하여 보혈을 흘리셨고 죽은 자 가운데서 육신으로 부활하셨다. 그러나 이단은 예수의 속죄와 부활을 부인한다.

- 크리스천 사이언스: "그리스도가 십자가에서 흘린 피는 인간의 죄를 씻지 못했다. 예수님이 살아있었음에도 그의 제자들은 그가 죽은 것으로 생각하고 있었다."
- 여호와의 증인: "그리스도의 죽음은 인간이 자신의 구원을 위하여 노력할 수 있는 기회를 주는 것이다. 구원이란 에덴 동산과 같은 지상에서 영원토록 완전한 인간 생활을 영위하는 것이다."
- 여호와의 증인: "그리스도는 신령한 영으로 부활하셨다." 이들은 그리스도의 몸이 부활하신 것을 부인한다.

올바른 그리스도인은 예수님이 우리 죄를 구속하시기 위해 대신 십자가에서 죽으시고 부활하심으로 구원받았음을 믿는다. 그러나 이단들은 십자가를 저주와 실패, 우상으로 취급하며 그 위에서 죽으신 예수 그리스도마저 부인한다.

5) 예수 그리스도의 재림과 심판을 부인한다

이단은 예수님의 재림과 심판을 부인한다. 여호와 증인은 지옥의 존재를 거부한다. 사랑의 하나님께서 그 무서운 지옥을 만들어 고통을 줄 리가 없다는 것이다. 그래서 그들은 가가호호 방문을 하며 "천당과 지옥이 있는지 이야기 해 봅시다."라며 접근을 한다. 그들에게 있어서는 현재가 천국이다. 더 자세히 말하면 여호와 증인이 시작된 1872년부터 천년왕국이 시작되었다고 본다. 이것은 결국 천국은 없다는 것과 같다. 몰몬교에도 지옥이나 영원한 형벌의 개념이 없다. 대부분의 이단들은 예수 그리스도의 재림과 심판보다 이단 종파의 교주들을 메시아로 간주하고 자기를 믿어야 구원을 받을 수 있다고 말한다.

6) 성경의 권위를 무시한다

이단들은 정경의 권위를 무시하고 다른 말에 더 권위를 둔다(히 1:1-3). 여기서 정경이라 함은 성령의 영감으로 된 신구약 66권을 가리킨다. 이 66권이야말로 완성된 하나님의 계시이다.

그럼에도 불구하고 몰몬교는 몰몬경을 하나님의 특별 계시로 앞세우고, 통일교는 원리강론(신령원리)을 앞세운다. 특히 통일교의 원리강론은 예수님의 신성과 그 구속 사업의 완성을 완전히 부인하고 있다. 동시에 성경은 진리 자체가 아니며 시대에 따라 변해야 하므로 절대시할 것이 못된다고 주장한다.

- 통일교: 원리강론
- 어호와 새일교(이유 성): 말세의 비밀
- 크리스천 사이언스: 과학과 건강
- 바하이즘: 숨겨진 말씀
- 박태선 집단: 오묘원리
- 세계일가공회(양도천)· 영약
- 여호와의 증인: 새세계번역성경
- 몰몬교: 몰몬경

이들은 성경이 믿음과 행위에 있어서 정확 무오한 하나님의 말씀임에도 불구하고 이를 인정치 않고 교주의 책이나 주장을 통하여 성경을 재해석한다.

이는 성경 해석의 오류를 통해 일어난다. 성경의 어떤 한 구절을 집중하여 단지 그 구절만을 바탕으로 해석하며 다룰 때 심각한 주관적인 오류에 빠질 수 있다. 특히 구약의 예언서와 신약의 계시록을 쉽게 인용하여 미혹한다.

7) 간음을 암묵적으로 교리화한다

성경은 이단을 호색하는 무리(벧후 2:2), 음녀(계 17:5, 15)로 표현하고 있다. 이 말 속에는 영체 교환, 생명의 이환(易換), 체례(體禮) 등으로 표현되는 음행이 깃들어 있다. 통일교의 피가름 등 여러 유형이 이에 속한다. 이단 및 사이비 집단들은 정욕적이고 호색적이며 탐욕적이다.

- 비윤리적 집단: 문선명 집단, 박태선 집단, 영생교, 이삭교회 등
- 비도덕적 집단: 여호와 새일교, 세계일가공회, 한국기독교승리제단 등

8) 배타적인 구원론을 가지고 있다

우리는 하나님의 절대적 주권 아래서 '오직 믿음만이'(sola fide) 구원의 유일한 방편임을 믿는다. 그러나 이단들은 역사적 교회를 오히려 마귀 집단이라 규정하고 자신의 조직을 통해서만 구원을 받을 수 있다고 주장하는 등 성경과 다른 구원관을 제시한다. 몰몬교의 경우 구원은 행위로 얻을 수 있다고 주장한다. 모든 사람은 여러 층의 천국에서 영원을 보내게 되는데, 어떤 층에서 살게 될 것인가는 각 사람들의 선행에 의해 결정된다고 한다.

9) 시한부 종말론을 내세운다

주님의 재림으로 이루어지는 종말은 성도의 최대의 소망이다. 그러나 그 날과 그 시는 아무도 모른다. 이단은 거듭되는 재림 예언이 거짓임이 판명 났음에도 불구하고 지금도 자기들만이 종말의 비밀을 알고 있는 것처럼 역설한다. 역사적으로 시한부 종말론이 끊이지 않고 나타나는 것은 이 때문이다. 그들은 하나님께서 자기들에게만 재림 날짜와 휴거할 자들

을 알려 주셨다고 주장한다.

10) 권위주의적인 지도자 내지 교주에 의해 주도되고 있다

지도자나 교주들은 자신이 초자연적인 능력을 받았다고 주장하거나 자신을 신적 존재로 우상화하고 신격화하며 추종자들에게 맹종을 요구하는 망령된 신관을 가지고 있다. 심지어 자신의 피에는 죄가 없다고 주장하며 자신을 하나님의 양으로 격상시킨다. 또한 자신을 재림주나 어린 양으로 가장하며 충성과 복종을 요구한다.

- 자신을 재림주라 함: 문선명(통일교), 정명석(애천교회), 이유성(여호와 새일교)
- 자신을 어린양이라 함: 유재열(이삭교회)
- 자신을 천부라 함: 박태선(전도관)
- 자신을 말세 여종이라 함: 화이트부인(안식교), 에데부인(크리스천 사이언스)

12) 비성경적 직통 계시관과 대언 계시관을 가지고 있다

일부 교주들은 사도 요한이 밧모 섬에서 계시를 받은 것처럼 자신도 직접 계시를 받았다고 주장한다. 이 직통 계시관은 비성경적인 것으로, 성경 외에 그만한 권위를 지닌 다른 것이 더 있다고 주장하는 것과 같다. 성경은 요한계시록으로 계시가 종결되었음을 밝히고 있다(마 11:3; 엡 3:5).

개혁주의 신학은 성경 외의 계시를 인정하거나 묵인하지 않는다. 또한 특정 인물을 통한 대인 계시를 의존해 설교하는 것도 비성경적이다. 성령의 감동은 예수 그리스도를 믿는 자는 누구나 받을 수 있는 일반적인 현상이지 결코 특정인의 독점물이 아니다. 성경 외에 개인의 불건전한 신비적 현상에 의해 나타나는 계시와 대언은 사탄의 역사일 뿐이다(살후 2:9).

이처럼 이단들은 성경의 권위, 예수 그리스도의 하나님 되심, 십자가의 죽으심과 부활을 인한 구속 사업을 부인함으로써 그리고 자기들을 스스로 내세움으로써 성경으로부터 멀어지고 있다. 예수님께서는 그 열매를 보고 나무를 안다고 하셨다. 우리는 이단, 사이비, 불건전 집단을 경계할 필요가 있다.

우리는 다양한 의견이 존중되는 다원주의 사회 속에 살고 있다. 이런 때일수록 우리가 더욱 경계해야 할 것이 바로 이단이다. 이단은 우리를 넘어뜨리기 위해 지금도 애쓰고 있다. 때로는 달콤한 언어로, 때로는 모두가 긍정할 수밖에 없는 몸짓으로 다가온다. 그러나 우리는 그 겉모습뿐 아니라 내용을 자세히 살펴볼 수 있어야 한다. 그것은 다름 아닌 성경이다. 성경만이 그것을 분별할 수 있는 기준을 제공해 준다.

5. 한국 교회의 이단 및 사이비 규정

한국 교회는 외형적으로 성장한 것 못지 않게 많은 이교 사상과 사이비 사상이 침투되어 큰 혼란을 겪고 있다. 지금까지 한국 교회가 이단이나 사이비 집단으로 규정한 단체나 개인은 50여 개가 넘고 있다. 교단들마다 이단, 사이비, 불건전 집단으로 규정한 사례들은 다소 차이를 보이고 있다.

다음은 주요 교단에서 내려진 이단 관련 결정 사항들이다.

이단 및 사이비 관련 주요 결정 사항 (예장 합동, 통합, 고신, 기성 등)

관련 교회 및 단체	결의 내용
안식교	안식교가 옳다고 주장하거나
	관련 교회에 출석하면 치리
위트니스리(지방교회)	이단. 신론, 기독론, 계시론, 창조론,
	인간론, 사탄론.
문선명 통일교	사이비종교. 기독교 아님.
박태선(전도관, 현 천부교)	이단
나운몽 용문산 기도원	이단. 비성경적.
구원파(권신찬, 이요한, 박옥수, 소천섭)	사이비 이단
김기동 베뢰아	이단. 참석금지.
박윤식(평강제일교회)	이단
정명석(애천교회)	자신을 재림주로 주장하는 이단, 성적 타락
김계화 할렐루야기도원	비성경적. 출입금지
이재록 만민중앙교회	이단
트레스디아스	가톨릭적 요소. 인위적 요소. 파당형성, 불건전

이 밖에 예태해, 이만희(무료신학원), 유복종, 이선아(밤빌리아추수꾼), 황판금(대복기도원), 이옥희(태백기도원), 안산홍(안산홍증인회), 서달석(강서중앙교회), 이명범(레마선교회), 박영규(영성선교회), 이장림(다미선교회), 이초석(한국예루살렘교회), 박명호(엘리야복음선교원) 등이 이단 및 사이비 집단으로 판결을 받았다.

이단들의 발생을 막기 위해서 교회는 경각심을 가지고 올바른 신앙을 갖고 있어야 한다. 특히 교회 지도자들의 바르고 건전한 말씀 선포와 신앙생활이 중요하다. 모든 그리스도인들은 정통 기독교와 이단의 차이점을 분별할 수 있는 안목과 판단력을 가지고 한국 교회의 여러 현상들을 주시할 필요가 있다. 한국 교회는 끊임없는 자기 성찰과 바른 공동체 의식을 가지고 이단의 악한 책략들을 물리칠 수 있어야 한다.

도움말
Consult a document

〈천태만상 사이비 종파들〉

　미국에는 천태만상의 사이비 종파들이 있다. 이 가운데 쓰레기를
뒤지면서 구원을 찾는 '쓰레기 먹는 형제들'이 있다. 해병대 출신으로
목회 경험도 있는 짐 로버츠가 이끄는 이 집단은 장발을 한 채 등짐을
지고 미국 서해안을 누비면서 쓰레기 수납기를 샅샅이 뒤져 저녁거리
와 영적 구원을 찾는다. 추종자들은 로버츠를 예수로 믿는다. 프랑스
출신의 전직 자동차 경주 선수 라엘은 자신을 선더호스라는 무당으로
차처하며 인간은 외계인들에 의해 실험실에서 창조되었다는 허황된
주장을 전파 중이다. 심리학 교수를 지낸 찰스 스피겔은 샌디애고에서
'우나리우스 과학 아카데미'라는 종파를 이끌고 있다. 이들은 마이턴
이라는 별에서 1천 명의 외계인들이 지구로 내려올 날을 고대하고 있
다. 자신이 전생에 추기경이었다고 말하는 그는 외계인이 암을 고칠
것이라고 주장한다. 자연을 통해 신과 접촉할 수 있다고 주장하는 그
룹도 있다. '후'라는 단체는 나뭇잎에 부는 바람, 떨어지는 빗방울, 천
둥, 새소리, 폭풍 등 빛과 소리를 통해 신의 심장을 만질 수 있다고 주
장한다.

제2부
신학, 구원을 설명하다

제6장 그리스도인이 된다는 것

　우리는 입술로 예수님이 구주이심을 시인하기만 하면 금방 그리스도인이 되는 것으로 착각하고 있다. 예수님을 인정하기만 하면 천국은 자동적으로 가게 되어있다고 생각하는 것이다. 그러나 이것은 때로 말씀과 구원을 너무 쉽게 여기는 우를 범하게 한다. 성경은 모든 그리스도인에게 철저한 회개와 변화를 요구하고 있다.

　노예 신분이었던 애굽으로부터 벗어난다는 점에서, 종종 출애굽을 구원에 비유하기도 한다. 그러나 그것은 억압으로부터의 육적인 구원은 될 수 있을지 몰라도 궁극적 의미로서의 영적 구원은 아니다. 가나안, 곧 하나님이 약속하신 나라에 들어가야 비로소 진정한 구원에 이른 것이라 말할 수 있다. 우리는 출애굽한 사람 모두가 가나안에 입성한 것은 아니라는 점을 기억할 필요가 있다. 출애굽 세대 중 가나안에 입성한 사람은 여호수아, 갈렙뿐이었다. 하나님은 광야 40년을 통해 철저하게 세대교체를 하셨다. 오직 하나님을 믿고 의지하는 사람들만 가나안으로 들어가게 하셨고, 그 뜻을 거역하는 사람들은 광야에서 죽게 하신 것이다. 진정한 그리스도인이 된다는 것은 그렇게 쉬운 일이 아니다. 우리는 성령을 돈으로 사려고 한 시몬처럼 그리스도인 됨을 너무 쉽게 생각하고 있다. 그러면 그리스도인이 된다는 것은 무엇을 의미하는지를 살펴보기로 하자.

1. 회개하는 것

현대인은 회개를 너무 가볍게 생각한다. 회개라는 것을 아예 무시하고 사는 것 같다. 누군가가 회개를 촉구하면 오히려 그 사람을 고리타분하게 생각한다. 그러나 삶 가운데 처절한 회개가 없다면 그는 진정한 그리스도인이 아니다.

구약의 전체에 흐르는 주제는 회개이다. 회개하지 않으면 하나님의 준엄한 심판이 있음을 역사를 통해 가르치고 있다. 세례 요한도 회개를 외쳤다는 점에서 구약의 정신을 잇고 있다. 그러나 회개에 대한 그의 외침은 구약과 다른 점이 있는데, 바로 천국을 소개하고 있다는 것이다. "회개하라 천국이 가까웠느니라…"(마 3:2). 세례 요한은 천국이 가까워오고 있음을 말하면서 그 나라에 들어가기 위해서는 회개가 필요하다는 것을 강조하였다. 그는 회개를 촉구하면서 메시아의 길을 예비하였다. 예수님께서도 회개를 강조하셨다. 그러나 예수님의 회개 선포는 세례 요한의 것과 차원이 다르다. 예수님은 당당히 하나님 나라가 임하였음을 선포하셨고, 회개하면 누구나 그 나라의 백성이 될 수 있다고 말씀하셨다. 회개는 하나님 나라에 들어가기 위해 무엇보다 먼저 행해야 할 가장 기초적인 단계이다.

회개는 돌아서는 것이다. 회개를 '메타노이아'(metanoia)라 하는데 이것은 과거 어둠의 삶으로부터 새로운 빛의 삶으로 완전히 방향을 바꾸는 것을 말한다. 회개하였다고 하면서도 다시 어둠의 자리로 돌아가면 그것은 진정한 의미에서의 회개가 아니다. 진심으로 회개한 사람은 다시는 옛날로 돌아가지 않는다.

회개에서 가장 필요한 것은 철저한 낮아짐이다. 회개는 낮아졌다는 것을 의미한다. 자신을 낮추지 않고서는 회개할 수 없기 때문이다. 그리스도인의 낮아짐은 세상 사람들이 이해하는 낮아짐과는 다르다. 우리는 세상 사람들 중에서 매우 겸손한 이들을 발견할 수 있다. 이러한 낮아짐은 인간에 대한 낮아짐이다. 그러나 그리스도인의 낮아짐은 인간보다는 하나님 앞에 낮아진다는 점에서 그 차원이 다르다. 그렇다고 그리스도인이 사람들에 대해 교만하다는 것은 절대 아니다. 하나님 앞에서 낮아진다는 것은 사람 앞에 낮아지는 것보다 더 높은 차원의 낮아짐이다. 그러므로 하나님 앞에서 낮아진 사람은 사람들 앞에서도 겸손함을 보여야 한다.

하나님은 모세를 만난 자리에서 그를 향해 맨 먼저 "네 신을 벗으라."고 명령하셨다. 모세가 보낸 애굽 궁정에서의 40년은 기고만장한 삶이었고, 미디안 광야의 40년은 도망자로서 낮아지는 삶이었다. 이제 그 모든 세월을 보낸 모세에게 하나님은 "네 신을 벗으라."고 말씀하신 것이다. 이 말씀은 하나님 앞에 철저히 낮아지라는 명령이다. 신발은 몸에서 가장 낮은 부분이다. 그 낮은 부분까지 완전히 그리고 끝까지 낮아지라는 것이다. 우리가 주님 앞에 무릎을 꿇는 것도 낮아짐을 표현하는 것 가운데 하나이다.

바리새인은 머리를 들고 꼿꼿한 자세로 그것도 만인이 보는 큰 거리의 어귀에 서서 자랑스럽게 회개했다. 그것은 회개의 기도가 아니라 자만의 기도였다. 주님은 그러한 바리새인의 기도보다, 자기가 죄인임을 깨닫고 가슴을 치며 고개 숙인 사람들의 기도를 받으셨다. 주님 앞에 철저히 낮아지지 않고서는, 또한 자신을 철저하게 깨뜨리지 않고서는 우리는 회개했다고 말할 수 없다.

회개는 자기의 옛것을 과감히 벗어버리는 것이다. 우리는 회개를 단지 하나님과 사람들에게 잘못한 것들에 대해 용서를 구하는 것쯤으로 생각하는 경향이 있다. 그러나 용서를 구하기 이전에 우리가 해야 할 일이 있다. 그것은 자기의 욕심, 자기의 소유만을 생각하던 삶을 벗어버리는 것이다.

또한 회개는 이기적인 삶을 버리는 것이다. 사람들이 가장 버리지 못하는 것들이 물질, 자기의 명예, 가족 등이다. 우리는 이것들에 대한 회개가 필요하다. 물질 때문에 싸우고 미워하는 삶, 자기의 명예를 높이는 일이라면 체면도 불사하겠다는 욕망, 남보다 자기 가족만을 생각하는 이기심…. 이런 것들에 대한 철저한 회개 없이 회개했다고 말할 수 없다. 회개했다고 하면서 아직도 물질 때문에 티격태격하고, 고함을 지르며, 나누지 못하는 삶을 산다면 그것은 진정으로 회개한 것이 아니다. 회개하여 이기적인 삶을 버린 사람은 다른 사람을 자기 자신만큼 귀히 여긴다. 테레사 수녀의 기도문 가운데는 이런 대목이 있다. "내가 지옥에 갈지라도 내 이웃은 천당가게 하옵소서." 그리스도인의 위대함은 바로 이러한 이웃 사랑 정신에 있다. "네 이웃을 네 몸과 같이 사랑하라"는 말씀은 바로 회개한 사람들이 실천해야 할 하나님 나라의 중요한 덕목이다.

2. 변화하는 것

그리스도인이 된다는 것은 변화했음을 의미한다. 예수님은 거듭남, 중생을 통한 변화를 강조하셨다. 변화는 회개 없이는 나타날 수 없다. 철저한 회개가 있어야 변화가 가능하기 때문이다. 따라서 회개한 사람은 변화를 통해 자신의 모습을 완전히 바꾸지 않으면 안 된다.

변화란 영어로 'transform'이다. 이것은 성질이 완전히 다른 것으로의 탈바꿈을 의미한다. 죄악으로 완악했던 우리의 심령이 그리스도의 피를 통해 하나님 나라의 사람으로 완전히 바뀌는 것이다. 지금까지 자기 힘을 의지하여 살았던 사람이 하나님을 의지하게 되고 그리스도의 말씀대로 살고자 하는 것은 그가 변화되었음을 의미한다. 진정한 변화란 질

그릇 같은 우리 안에 담겨있는 '나' 중심의 모든 것을 퍼내고, 그 대신 예수 그리스도를 가득 채우며 사는 것을 말한다. 초대 교회 때 사람들은 자기밖에 몰랐던 우리가 이제는 남을 생각하고 돕게 되었다고 말하며 자신에게 일어난 큰 변화를 놀라워했다. 그리스도인들은 이러한 변화를 확실하게 체험한 사람들이다.

회개가 과거의 삶으로부터 돌아서는 것이라면, 변화는 다시는 과거의 삶으로 되돌아가지 않는 삶을 말한다. 우리는 곧잘 '잘못했다'고 회개하면서도 다시 잘못을 범한다. 이러한 사람은 회개는 했는지 모르나 변화된 사람은 아니다. 변화된 사람은 다시 옛길을 걷지 않는다. 완전히 탈바꿈한 인생이기 때문이다. 이와 같은 철저한 변화 없이는 다음 단계인 증인된 삶을 살 수 없다. 자신의 철저한 회개와 변화 없이 남을 향해 "회개하라." "변화하라."고 말할 수 없기 때문이다. 우리가 변화된 삶을 살지 않으면서 말로만 그리스도의 삶을 선포하는 것은 가식적인 행동으로 지적을 당할 뿐이다.

3. 증인된 삶을 사는 것

그리스도인의 삶은 한마디로 증인으로서의 삶이다. 증인된 삶이란 거듭난 그리스도인이 이 땅에서 어떤 삶을 살아야 하는가를 실제적으로 보여 주는 삶이다. 이 삶은 이름뿐인 그리스도인이 아니라 행동하는 그리스도인을 요구한다. 그러면 증인된 삶이란 무엇인가?

증인된 삶은 복음을 부끄러워하지 않는 삶이다. 바울은 "내가 복음을 부끄러워하지 아니하노니 이 복음은 모든 믿는 자에게 구원을 주시는 하나님의 능력이 됨이라"고 말하였다(롬 1:16). 제자의 특징은 선생의 가르침을 중시하고 절대 부끄러워하지 않는다는 데 있다. 그리스도의 제자도 마찬가지이다. 그리스도의 복음을 부끄러워한다면 그는 처음부터 제자로서의 자격이 없는 것이다. 성경과 찬송가를 가지고 다니기 부끄럽고, 복음 전하기가 부끄럽고, 교회 다닌다고 말하기 부끄럽다면 그 사람은 증인된 삶을 살 수 없다. 그리스도의 증인은 언제 어디서나 다른 사람에게 복음을 자랑하고, 그리스도를 선전하며, 그분을 따르라고 과감히 말할 수 있어야 한다.

증인된 삶은 순교자적인 삶을 가리킨다. 예수님은 승천하시기 전, 제자들에게 "온 유대와 사마리아와 땅 끝까지 이르러 내 증인이 되리라"고 명령하셨다. 여기서 증인이란 원래 '순교자'를 뜻한다. 그리스도의 증인이 된다는 것은 바로 순교의 정신을 가지고 살아가는 것임을 잊어서는 안 된다. 스데반은 하나님을 믿으면서도 모세의 제자로서만 살아가려는 유대인들에게 예수님이 그리스도임을 전파하다가 그들이 던진 돌에 온 몸이 깨어져 순교하였다. 스데반은 증인된 삶을 보여 준 성도들의 첫번째 열매이다. 사도행전이 첫 부분에서 증인된 삶을 강조하고 이어 스데반이 죽음을 보여 준 것은 결코 우연이 아니다. 그 스데반을 주이는 데 앞장선 바울이 회개하고 변화하여 순교에 이르기까지 증인된 삶을 살았음을 보여 주는 것이 사도행전이요, 바울의 여러 서신들이다. 바울은 여러 서신을 통해 자신이 그리스도의 증인됨을 기뻐하면서 우리에게 그리스도를 위한 고난의 열매를 맺으라고 강조하고 있다.

또한 증인된 삶은 씨앗이 되는 삶이다. 그리스도를 위한 씨앗이 되기 위해서는 이웃을 위한 삶을 살아야 한다. 이웃을 위한 삶의 기본적인 요건이 바로 전도이다. 전도는 단순히 지나가는 사람에게 "예수님 믿으세요!"라고 말하는 것으로, 불신자를 교회에 데리고 오는 것으로, 전도 사역을 돕는 것으로 끝나는 것이 아니다. 이웃에게 복음의 근거를 바르게 제시하여 확실히 믿게 하고, 우리의 변화된 삶을 통해 그들을 변화시킬 때 비로소 전도의 사명을 다하는 것이다. 그러므로 전도하는 사람, 증인된 삶을 사는 사람은 먼저 자기 자신이 하나님이 원하시고 기뻐하시는 삶을 살아야 한다. 그 삶은 긍정적인 삶이요 전진하는 삶이며 나누는 삶이다. 이러한 삶을 살면 항상 기도하고 항상 기뻐하며 항상 감사하는 생활을 하지 않을 수 없다.

스스로의 힘으로 증인된 삶을 살아가기에는 우리는 너무 연약하다. 주님은 우리가 그리스도의 증인으로 살기 위해 무엇보다 성령의 도우심이 필요하다는 것을 아셨다. 그래서 예수님께서는 "오직 성령이 너희에게 임하시면"이라고 말씀하셨다. 증인된 삶을 살아감에 있어서 우리에게 무엇보다 필요한 것은 주님의 능력임을 아셨기에 성령을 보내기로 약속하신 것이다. 우리가 지금도 성령 충만을 위해 기도하는 것은 주님께서 약속하신 성령을 이 시간에도 보내 주실 것을 믿기 때문이다. 그러나 성령 충만은 우리 자신의 이기적인 삶을 위해서가 아니라, 그리스도의 증인된 삶이 요구하는 조건을 더욱 완벽히 갖추기 위한 것임을 잊어서는 안 된다. 사실 우리 기도의 대부분은 자신의 욕심을 채우기 위한 것이다. 그러한 기도로는 증인된 삶을 살 수 없다. 우리는 기도 내용뿐 아니라 삶의 모습이 근본적으로 바뀌지 않으면 안 된다.

우리는 우리가 십자가의 군병이라고 노래한다. 십자가의 군병은 비록 자기의 것이 깨어질지라도 그것과 상관없이 언제나 하나님의 나라를 세워 가는 사람을 말한다. 이러한 사람에게는 아무 두려움이 없다. 두려움은 보호되어야 할 자기의 것에 대한 전전긍긍함에서 생긴다. 그러나 주님의 사람에게는 주님의 것 외에 보호할 가치 있는 것이 아무 것도 없기에 모든 것에 담대해질 수 있다.

우리는 진정한 회개와 변화 없이 예수님을 입으로 시인하기만 하면 그 자체로 모든 것이 다 해결된다고 생각하는 이기적 편의주의에 빠져있다.

그리스도인의 삶은 회개와 변화가 필연적으로 나타나야 하는 삶이며 이것에 대한 철저한 점검 없이 하나님 나라의 백성으로 스스로를 자처하는 것은 참으로 위험하다. 회개와 변화가 철저한 자기 개혁이라면, 증인된 삶은 자신이 아닌 이웃을 위해 개혁의 삶을 사는 것을 말한다. 또한 이웃을 변화시키기 위해 자기가 씨앗이 되는 삶을 말한다. 그리스도인이 된다는 것은 무엇을 의미하는가? 그것은 철저한 자기 개혁과 그로 인한 다른 사람의 개혁을 통해 하나님이 기뻐하시는 나라를 이 땅에 세워 가는 것을 의미한다.

제7장 구원 이상의 구원

예수님은 이 땅에 왜 오셨는가? 이 질문에 누가복음 5장 30-32절은 죄인을 불러 회개하게 하기 위하여 오셨다고 대답한다. 즉, 예수님께서는 죄인을 구원하시기 위하여 이 땅에 오신 것이다.

바리새인들과 서기관들은 예수님이 세리 및 죄인들과 함께 먹고 마시는 것에 대하여 불만을 가지고 있었다. 왜 자기들처럼 의로운 사람들과 함께 하지 않고 보잘것없는 그런 사람들과 어울리는가 하는 것이었다. 세리나 죄인들은 비종교적이고 이스라엘 사람들로부터 소외된 자들임에 비하여, 바리새인과 서기관들은 종교적이고 사회에서도 세력을 가진 자들이었다. 그런 생각을 갖고 있는 이들에게 예수님은 내가 의인을 부르러 온 것이 아니라 죄인을 불러 회개케 하기 위해 왔다고 선언하신다. 하나님 앞에서 의인은 아무도 없다(롬 3:10). 바리새인들은 회개하는 양심을 가지고 주님 앞에 왔어야 했는데 끝까지 자기의 의를 내세운 것이다.

파스칼은 말한다. "자신을 의롭게 여기는가? 그러면 그는 죄인이다." 스스로 죄인인 줄 모르며 오히려 자기의 잘난 것을 내세우는 바리새인들의 모습이 바로 우리들의 모습이다. 죄인을 구원하기 위해 오셨다는 주님의 말씀은 세리와 죄인들에게만 해당되는 것이 아니라 스스로의 믿음을 자부하던 바리새인과 서기관 모두에게 해당되는 구원의 말씀이다.

1. 구원에 대한 이스라엘 사람들의 열망

모든 종교에는 구원자가 있다. 여러 신화 속에는 시간과 장소에 따라 각각 다른 신이 전쟁, 혁명, 재해, 질병 등의 위험에서 인간을 구원한다. 포세이돈이나 아르테미스 등이 이 같은 신이다. 헬레니즘 시대의 신화에서도 용사, 장군, 도시 창설자, 인격적 구호자가 나타나 도시를 위험에서 구원한다. 우리나라의 경우 불교는 관세음보살이, 유교는 조상이, 토속 종교는 각종 신(동물, 자연 등)들이 그 역할을 맡고 있다.

이스라엘도 하나님의 구원 사건과 연관된 역사를 가지고 있다. 430년 동안 겪었던 노예 생활로부터의 구원인 출애굽은 그 대표적 예이다. 하나님의 구원을 기다리는 그들은 이름을 지을 때도 이와 관련된 이름을 지었다. 여호수아는 '여호와는 구원이시다' 라는 뜻을 가지고 있으며 이사야도 '여호와의 구원' 이라는 뜻을 가지고 있다. 이 이름들은 자기 백성의 구원을 기뻐하시는 하나님을 나타낼 뿐 아니라 하나님을 의지하는 자에게 구원이 있음을 보여 준다. 이것은 하나님과 백성 사이의 관계가 불가분의 관계임을 입증한다. 여호수아의 헬라식 명칭인 '예수' 도 '여호와는 구원이시다' 라는 뜻을 가지고 있다. 예수님 탄생 이전에 이 이름을 가진 사람들이 많이 있었는데 이것은 이스라엘이 헬라와 로마의 연이은 지배를 받으면서 그들로부터의 해방을 희구하는 열망이 얼마나 강했는가를 보여 준다. 주후 2세기부터는 이 이름이 줄어들었다.

부활 후 제자들은 예수님을 주로 고백하면서 '예수 그리스도', '주 예수 그리스도' 로 불렀다. 베드로가 예수님을 가리켜 "주는 그리스도시요 살아 계신 하나님의 아들"이라고 신앙 고백을 한 것은 예수님이 그들 마음속에 그리스도로서 자리를 잡아가고 계심을 보여 준다.

구원에 대한 이스라엘 사람들의 열망은 그들이 처한 억압을 풀어 주는 정치적인 것이 대부분이었다. 그러나 주님은 이러한 세속적 열망과는 아무 관련이 없는, 죄로부터의 구원을 강조하심으로써 하나님의 구원 계획이 사람들이 생각하는 것과는 전혀 다른 것임을 보여 주셨다. 그러므로 우리는 하나님의 구원이 죄의 문제에 대한 궁극적인 해결을 통해 우리를 하나님 나라의 백성으로 만드는 데 있는 것이지 세상적 욕구를 충족시키는 데 있는 것이 아님을 분명히 알아야 한다.

2. 구원에 대한 이스라엘 사람들의 오해

이스라엘 사람들의 구원관은 현세 지향적이며, 이기적이다. 그들의 구원관이 현세 지향적이라는 것은 이방인들의 구원관과 전혀 차이가 없음을 나타낸다. 그들은 이방인과 마찬가지로 위험, 재난, 정치적 억압, 가난으로부터의 해방을 희구했고 그 열망의 정도가 높아짐에 따라 물질주의적으로 변화되었다. 이 때문에 그들은 하나님도 섬기고 이방 신도 섬기는 종교적 간음, 곧 혼합주의에 빠지게 되었다. 예수님 당시의 사람들에게는 정치적 억압, 가난, 질병 등이 죄의 문제보다 더 간절한 것이었기 때문이다. 그들의 구원관이 이기적이라는 것은 하나님의 구원은 이스라엘에만 국한된다는 자민족 중심의 신앙관에서 드러난다. 이것은 그들이 가진 선민 의식에 뿌리를 두고 있다. 선민 의식은 이기주의, 집단주의, 민족주의를 불러일으킨다. 또한 이 같은 사상은 남을 비천하게 보는 일종의 특권 의식을 낳는다. 바리새인이나 사두개인들이 자신들은 다른 사람들과 다르다고 생각하고 세리나 비천한 계층을 배척했던 것은 이스라엘 내에서조차 특권 의식이 있음을 보여 준다.

그러나 하나님은 이와 같은 편협성을 원치 않으신다. 하나님은 특정 집단이나 민족을 초월한 하나님 나라를 원하신다. 이스라엘이 선택된 것은 그들을 통해 하나님 나라의 모형을 세우기 위한 구원 계획이 있었기 때문이지, 이스라엘이 다른 어떤 민족보다 우월하거나 그들을 더 사랑하시기 때문은 아니다. 하나님의 관심과 사랑은 전 인류에 대해 공평하다.

또한 하나님에게는 어느 특정한 민족보다 하나님을 신뢰하고 믿으며 살아가는 사람이 더 중요하다. 이방인일지라도 하나님을 진실되게 믿으면 언약의 백성으로 살게 하시고 그들에게 동등한 권한을 부여하신 것은 이 때문이다. 마태복음 1장에 소개되는 예수 그리스도의 족보는 단순한 혈통이 아니라 믿음의 계보이다. 다말, 라합, 룻, 우리아의 아내 밧세바와 같은 이방인이 그 족보에 있는 것이나, 믿음이 없는 여러 세대가 생략된 것은 그리스도의 세계가 혈통 중심이 아니라 믿음 중심인 것을 보여준다. 예수님은 이방인이 많이 사는 갈릴리나 사마리아 지역에서 집중적으로 전도 사역을 하셨고, 바울은 이방 전도의 문을 크게 열어 로마를 통해 세계를 복음화 하는 계기를 만들었다. 우리도 관심의 영역을 나의 가정, 나의 교회, 나의 나라만으로 좁히는 편협성을 버려야 한다. 선교는 이러한 편협성을 버리게 하는 가장 좋은 방법이다.

3. 질적으로 다른 예수님의 구원관

예수님의 구원관은 이스라엘 사람들의 구원관과 전혀 다른 것이었다. 눈에 보이는 환경이 아니라 보이지 않는 내면적 죄로부터의 구원이었고, 이스라엘만의 구원이 아니라 이 세상 모든 사람에 대한 구원이었다. 예수님은 물질의 풍요나 정치적 해방을 위해 오신 것이 아니라 온 백성들을 죄로부터 구원하시기 위해 이 땅에 오셨다. 이것이 바로 그분이 구주가 되시는 이유이다. 예수님은 어떤 특정 계층이나 한 민족만을 구원하시기 위해 오신 것이 아니다. 인류 전체를 하나님께 돌아오도록 하기 위해서 오신 것이다(요 4:42; 요일 4:14; 딤전 2:4). 이스라엘 사람들은 하나님을 자신들만 구원하시는 하나님으로 착각하였다. 이러한 생각은 같은 이스라엘 사람 가운데서도 율법을 지키는 자만이 구원을 받을 수 있다는 오만함으로 바뀌어졌다. 죄인을 구원하신다는 것에 생각이 미치지 못하는 것도 이러한 종교적 오만함의 결과이다. 모든 인간에게는 예수 그리스도의 구원이 필요하다. 이를 위해서는 예수님를 구주로 시인하고 하나님의 자녀로 살아야 한다. 성경은 바로 이것의 필요성을 강조하고 있다.

4. 예수님의 당부

예수님은 이 땅에 오셔서 우리로 하여금 종전과는 다른 삶을 살 것을 요구하셨다. 주님이 우리에게 원하시는 삶이 무엇인가를 살펴보면 다음과 같다.

1) 더 이상 죄의 노예가 되지 말라

주님의 오심으로 우리는 죄로부터 해방되었다. 주님은 죄인을 부르시고 죄인 편에 서시며 죄인을 붙드셨다. 그분은 우리가 죄 가운데 억눌려 사는 것을 원치 않으신다. 죄 속의 삶은 하나님 나라의 삶이 아니라 사단의 삶이기 때문이다. 주님은 "내게로 오라 내가 너희를 쉬게 하리라"고 말씀하시며 우리가 죄의 멍에를 풀고 구원받도록 하신다(마 11:28). 또한 "내가 의인을 부르러 온 것이 아니요 죄인을 불러 회개시키러 왔노라"고 하시며 자신이 죄인의 편에 있음을 말씀하신다(눅 5:32). 그리고 "영원토록 너희와 함께" 있겠다고 말씀하심으로써 우리를 계속적으로 붙드시는 임마누엘의 하나님이 되실 것을 약속하셨다.

2) 변화된 삶을 살아라

주님은 우리의 삶이 변화되기를 바라신다. 거듭남은 예수 그리스도로 인해 옛사람이 새사람으로 변화되는 것을 의미한다. 그것은 죄인의 삶이 아니라 의인의 삶이요, 물질 위주의 삶이 아니라 믿음 중심의 삶이요, 세상적 삶이 아니라 영적인 삶이며, 불확실한 삶이 아니라 본래의 것을 회복한 확실한 삶에 대한 선택이다. 이 선택은 우리가 모래 위가 아닌 반석 위에 터를 잡은 것이요, 계속 갈증을 느끼게 하는 샘이 아니라 영원히 목마르지 아니한 샘을 갖는 것이다.

3) 하나님 아버지께 가까이 나아 오라

사단은 우리로 죄를 짓게 함으로써 하나님으로부터 멀어지게 한다. 그러나 예수님은 자신의 죽음을 통해 우리의 죄를 깨끗하게 하심으로써 우리가 하나님께 더 가까이 나갈 수 있게 하신다. 예수님이 돌아가실 때 성전 휘장이 찢어진 것은 주님이 대제사장만 들어갈 수 있는 지성소의 장벽을 무너뜨리셔서 우리를 하나님께 가까이 나아가도록 만드신 것을 상징한다. 또한 우리가 하나님을 '아바 아버지' 라고 부를 수 있게 된 것은 하나님과 우리 사이의 커뮤니케이션이 회복되었음을 의미한다. 참다운 커뮤니케이션의 회복은 회개와 용서에서 비롯된다. 우리의 기도는 바로 하나님과의 대화이다. 우리가 하나님을 아버지라 부름은 죄 때문에 생긴 대화의 벽이 무너지고 아버지께 기쁘게 나갈 수 있기 때문이다. 우리가 주님의 백성이 되고 그 안에서 평안을 누릴 수 있게 된 것은 전적으로 하나님의 은혜이다.

주님은 왜 이 땅에 오셨는가? 주님은 우리를 하나님의 자녀로 삼으시고 하나님 나라의 중요한 존재로서 살아가도록 하시기 위하여 이 땅에 오셨다. 그 결과 죄로부터의 해방이 선포되는 되는 것이다. 우리가 지금 아무리 어려운 삶을 산다고 할지라도 예수 그리스도만으로 만족하고 예수 그리스도만을 자랑하는 삶을 살 수 있는 것은, 바로 주님께서 우리에게 오신 의미가 너무 크고 감사하기 때문이다.

도움말
Consult a document

〈생명을 살린 쪽지〉

동아일보 독자란에 실린 어느 독자의 체험담이다. 그는 공사장에서 감리사로 일하는 사람이었다. 공사장에 차를 세운 다음 일을 마치고 자기 차가 있는 곳으로 돌아왔다. 그런데 멀리서 보니 주차 위반 쪽지 같은 것이 차 앞에 붙어 있었다. 언짢은 기분으로 읽어보니 그것은 의외로 "당신의 차 밑에서 한 사람이 자고 있으니 시동을 걸기 전에 꼭 확인을 하십시오."라는 내용의 쪽지였다. 놀라서 차 밑을 살펴보니 아니나 다를까 한 사람이 정신 없이 자고 있었다. 소리를 쳐 깨우려 해도 막무가내였다. 마침 경찰이 지나가자 도움을 청하였다. 겨우 잠을 깨워 차 밖으로 끌어내다시피 하였다. 그러자 그 사람은 "곤하게 자는데 왜 참견이냐!"고 되레 고함을 질렀다. 그는 술에 취해 거의 정신이 없는 상태였다. '만약 자신이 그 쪽지를 보지 않고 운전을 했다면 그 사람이 어떻게 되었을까'를 생각하니 감리사는 아찔하였다. 작은 쪽지가 한 장이, 한 사람의 주의 깊은 관심이 생명을 살린 것이다.

하나님이 우리에게 주신 성경은 우리를 죄에서 구원하시기 위한 쪽지와 같다. 우리를 향한 하나님의 사랑이 우리를 죄에서 구원하고 영혼을 살린다.

제8장 하나님의 뜻에 대한 탐구

1. 나의 뜻과 하나님의 뜻

그리스도인은 자주 하나님의 뜻에 관해 말하고 그 뜻을 가장 중요하게 여긴다. 야고보서의 "주의 뜻이면 우리가 살기도 하고 이것저것을 하리라"는 말씀처럼 말이다(약 4:15). 그러나 정작 하나님의 뜻이 구체적으로 무엇이냐고 물으면 그 대답은 매우 애매하고, 하나님의 뜻대로 사느냐고 물으면 그 대답 역시 시원치 않다. 그만큼 하나님의 뜻에 대한 우리의 생각이나 행동이 철저하지 못하다는 것이다. 심지어 자기의 뜻을 하나님의 뜻으로 착각하거나, 자기의 뜻에 하나님의 축복이 풍성히 임하기를 바라는 잘못마저 범하고 있다.

믿음이 좋은 어떤 여인에 관한 박스터(J. S. Baxter)의 이야기가 있다. 그 처녀는 믿지 않는 청년과 교제 중이었다. 친구들은 그녀가 문제를 자초하고 있다는 생각에 걱정이 이만저만이 아니었다. 그녀를 설득하려 애썼고, 믿지 않는 자와 멍에를 같이 메지 말라는 말씀도 보여 주었다. 그러나 설득을 하면 할수록 그녀의 고집은 심해졌다. 하루는 이 문제를 놓고 기도하기로 했다. 그녀는 이렇게 기도했다. "주여. 주님 뜻대로 하옵소서. 그러나 그 사람만은 제게 주십시오."

인간 스스로 갖고 있는 뜻이 모두 나쁘다는 것은 아니다. 그 뜻이 하나님께서 기뻐하시는 것인 한 인정받을 수 있다. 그러나 우리가 자신의 뜻에 대해 의심하는 것은 그것이 스스로의 욕심을 채우기 위한 고집일 수 있기 때문이다. 모든 일에 순서가 있듯이 우리가 주님의 일을 함에 있어서도 무엇보다 먼저 하나님의 뜻을 살펴야 한다. 더욱이 순종의 삶을 살고자 하는 우리는 하나님의 뜻이 무엇인가를 알아야 한다. 성경은, 사악한 자들은 하나님의 뜻과 그 뜻에 순종하는 것을 경멸하였고, 하나님을 사랑하는 자들은 무엇보다 하나님의 뜻을 중시하고 그 뜻에 순종하고자 하였음을 보여 준다.

하나님의 뜻은 왜 그리 중요할까?

- "마음의 경영은 사람에게 있어도 말의 응답은 여호와께로서 나느니라, 사람이 마음으로 자기의 길을 계획할지라도 그 걸음을 인도하시는 자는 여호와시니라" (잠 16:1, 9)
- "너의 행사를 여호와께 맡기라 그리하면 너의 경영하는 것이 이루리라" (잠 16:3)

이 말씀은 인간의 삶은 하나님의 주권에 달려 있음을 나타낸다. 모든 일은 결국 사람의 뜻이 아닌 하나님의 뜻대로 이루어진다. 당장은 사람의 뜻대로 되는 것처럼 보이지만 결국은 하나님의 뜻이 승리한다. 역사가 이 진리를 입증하고 있다.

스토아 철학자들은 이렇게 말한다. "세상의 어떤 것도 하나님의 뜻과 관계없이 일어나지 않으며 그 모든 것은 인간의 유익을 위해 진행된다. 모든 일이 신의 뜻이라면 그 뜻에 순종하는 것이 곧 인간의 행복과 자유를 의미한다." 세네카도 『행복한 삶에 관하여』라는 책에서 "신의 뜻에 순종하는 것만이 완전한 자유를 얻는 것이다"고 했다. 시인 클레안데스는 신의 뜻에 불순종하는 사람은 결국 그 뜻에 질질 끌려간다고 했다. 예수 그리스도를 모르던 그들도 신의 뜻을 이처럼 중시했다. 하나님의 뜻을 알고 실천하는 것이 바른 길이요, 결국은 인간에게 유익을 주는 길이기 때문이다.

시편 저자는 이렇게 말한다. "나의 하나님이여 내가 주의 뜻 행하기를 즐기오니 주의 법이 나의 심중에 있나이다"(시 40:8)

2. 두 종류의 하나님의 뜻

하나님의 뜻

성경구분	용어	의미	성경 보기
구약	하페츠	하나님의 뜻(의도, 계획)과 기쁘신 뜻	사 44:28, 시 40:9
	라촌	하나님의 선하신 뜻과 호의, 기쁨	시 33:11, 잠 19:21
	에차	하나님의 심사숙고에 따른 계획, 의도	단 4:17, 25
	체바	하나님이 뜻하시고 소원하신 깃	
신약	불레	하나님의 영원하신 계획과 뜻	눅 7:30, 엡 1:11
	델레마	하나님의 의향	행 22:14, 롬 12:2
	유키도아	하나님의 기쁘신 뜻, 기뻐하심	엡 1:5, 빌 2:13

위에서처럼 다양한 단어들이 하나님의 뜻을 표현하는 데에 사용된다. 그 뜻은 크게 '이미 정해진 뜻'(determined will), 곧 결정적 의지와, '이루어지기를 바라는 뜻'(desired will), 곧 소원적 의지로 나눌 수 있다.

1) 결정적인 하나님의 뜻

결정적인 하나님의 뜻이란 예정, 섭리, 능력, 지혜, 권능 등 하나님께서 행하시는 모든 절대적 주권을 말한다. 이 뜻은 불변하고 불가항력적이다. 의도적이고 포괄적이며 무조건적이다. 하나님은 이 뜻을 당신의 강력한 의지로 이루어 가신다. 죄인을 구속하시기 위한 예정과 섭리는 하나님의 결정적 의지에 속한다. 예수님이 이 땅에 오시고 우리를 위해 십자가를 지신 것도 이미 정해진 하나님의 뜻에 따라 진행된 것이다. 앞으로의 역사, 곧 예수님의 재림과 그 후의 일도 이미 계시된 바대로 이루어진다. 이것은 이미 결정되었기 때문에 변할 수 없다. 하나님의 결정적인 뜻은 우리 각자에 대한 예정과 섭리와도 연관된다.

개인에 대한 예정과 섭리는 그들의 생애를 좌우한다. 그러나 그것은 하나님만 아시는 비밀스런 부분이다. 그러므로 하나님의 결정적인 뜻의 관점에서 볼 때 성도는 하나님의 크고 기이한 비밀 속에 있는 존재이다.

결정적 의지에 관한 성경의 말씀을 보면 다음과 같다.

- 성도의 구원: "이 소자 중에 하나라도 잃어지는 것은 하늘에 계신 하나님의 뜻이 아니니라"(마 18:14)
  "그리스도께서 하나님 곧 우리 아버지의 뜻을 따라 이 악한 세대에서 우리를 건지시려고 우리 죄를 위하여 자기 몸을 드리셨으니"(갈 1:4)
- 그리스도의 죽음: "그가 하나님의 정하신 뜻과 미리 아신 대로 내어준 바 되었거늘 너희가 법 없는 자들의 손을 빌어 못박아 죽였으나"(행 2:23)
- 그리스도 안에서 만유가 통일되는 것: "그 뜻의 비밀을 우리에게 알리셨으니 곧 하늘에 있는 것이나 땅에 있는 것이 다 그리스도 안에서 통일되게 하려 하심이라"(엡 1:9-10)
- 믿는 자에게 영생을 주는 것: "나를 보내신 이의 뜻은 내게 주신 자

중에 내가 하나도 잃어버리지 아니하고 마지막 날에 다시 살리는 이 것이라 내 아버지의 뜻은 아들을 보고 믿는 자마다 영생을 얻는 이 것이니 마지막 날에 내가 이를 다시 살리리라 하시니라"(요 6:39- 40)

이러한 하나님의 뜻은 변하지 않으며(히 6:17), 영원하고(엡 3:11), 기묘하고(사 28:29), 신실하며(사 25:1), 틀림없이 이루어진다는 사실을 잊어서는 안 된다.

2) 소원적인 하나님의 뜻

소원적인 하나님의 뜻은 인격적이고 개인적이다. 자원적이고 선택적이며 조건적이기도 하다. 부모는 자식에 대해 특별히 소원하는 바가 있다. 이름을 지을 때나 어떤 특별한 당부를 할 때 "너는 장차 이런 사람이 되어다오."라는 기대를 갖는다. 배우자는 서로에게, 경영자는 종업원에게 특별한 소망을 갖는다. 이처럼 어떤 대상에게 기대를 갖는 이유는 그 사람을 사랑하기 때문이며 그에 대한 희망을 가지고 있기 때문이다. 마찬가지로 우리를 지으신 하나님도 우리를 향해 특별한 소원을 가지고 계신다. 그 소원은 우리의 생활과 행동의 변화에 초점이 맞추어져 있다.

소원적 의지에 속한 성경 말씀을 살펴보면 다음과 같다.

- 부르심: "하나님의 뜻을 따라 그리스도 예수의 사도로 부르심을 입은 바울과 및 형제 소스데네는"(고전 1:1)
- 거듭남: "그가 그 조물 중에 우리로 한 첫 열매가 되게 하시려고 자기의 뜻을 좇아 진리의 말씀으로 우리를 낳으셨느니라"(약 1:18)
- 거룩하게 하심: "하나님의 뜻은 이것이니 너희의 거룩함이라 곧 음란을 버리고"(살전 4:3)

- 변화: "너희는 이 세대를 본받지 말고 오직 마음을 새롭게 함으로 변화를 받아 하나님의 선하시고 기뻐하시고 온전하신 뜻이 무엇인지 분별하도록 하라"(롬 12:2)
- 고난: "선을 행함으로 고난받는 것이 하나님의 뜻일진대 악을 행함으로 고난받는 것보다 나으니라"(벧전 3:17)

3. 하나님의 뜻을 발견하라

바울은 우리에게 생활 속에서 하나님의 뜻이 무엇인지 발견하라고 말한다. 그는 로마 교회 교인들을 향해 그리스도인이라면 이 세대를 본받아야 하는 것이 아니라 하나님의 선하시고 기뻐하시고 온전하신 뜻이 무엇인지 분별하도록 해야 한다고 했고(롬 12:1-2), 에베소 교회 교인들에게도 "어리석은 자가 되지 말고 오직 주의 뜻이 무엇인가 이해하라"(엡 5:17)고 말했다. 바울의 생애 목표는 하나님의 뜻을 우리에게 온전하게 전하는 것이었다. "내가 꺼리지 않고 하나님의 뜻을 다 너희에게 전하였음이라"고 말한 그는, 하나님의 결정적 의지뿐 아니라 우리를 향하신 소원적 의지가 무엇인지도 자세하게 가르쳤다(행 20:27).

하나님의 뜻은 선하고(약 1:13-15), 그의 백성에게 유익하며, 화평을 가져온다(마 5:8). 하나님의 뜻은 용서(마 5:24, 6:14-15)와 구원(눅 15), 그리고 복음 전파를 통해 모든 사람이 영생을 얻는 것(마 24:14, 28:18-20; 행 1:8)으로 나타난다. 하나님의 뜻은 그리스도를 통해 생명을 얻게 할 뿐 아니라 계속해서 더욱 풍성한 삶을 살도록 한다(요 10:10). 따라서 이 뜻을 따라 살아가는 우리도 보다 남을 위한 삶, 그리고 긍정적인 삶을 살아야 한다.

아무리 성능이 좋은 자동차라도 캄캄한 밤길에 헤드라이트의 불빛 없이 움직일 수는 없다. 그러나 불빛만 있으면 그 빛에 의지하여 달릴 수 있다. 우리도 하나님의 뜻, 곧 하나님이 비춰주시는 빛을 따라가면 목적지까지 무사히 도착할 수 있다. 나아가 그분께서 인도하시는 대로 가면 인생의 행복을 누릴 수 있다.

4. 하나님의 뜻에 대한 우리의 네 가지 태도

주석가 바클레이(W. Baclay)에 따르면 하나님의 뜻에 순종하는 우리의 자세는 크게 네 가지로 분류된다.

첫째, 하나님의 뜻에 복종하는 것 외에 다른 도리가 없다는 사실을 알고 이에 대해 분노하고 반항감을 가지면서 따르는 사람이다. 이러한 순종은 그리스도인의 모습이 아니고, 불신자의 모습과도 다를 것이 없다. 따라서 그 순종으로 아버지의 영광을 나타내지 못한다.

둘째, 심한 분노를 느끼지는 않지만 체념 속에서 자신의 패배를 억지로 시인하는 태도이다. 하나님이 뜻을 어쩔 수 없이 받아들이고 복종한다. 기독교를 국교로 선언하고 주일을 하나님께 경배 드리는 날로 선포한 콘스탄틴 황제의 결정을 무효화시키고, 로마를 옛 신들에게 환원시키려던 줄리안 황제가 있었다. 줄리안 황제는 동방 정복을 위해 전투를 하던 중 치명적인 상처를 입고 죽어가며 이렇게 외쳤다. "여보시오, 갈릴리 사람(예수님을 가리킴), 당신이 이겼소."

셋째, 자기 스스로는 아무 힘이 없기 때문에 하나님의 전능하심에 의지하려는 자세로 그 뜻에 순종한다. 이것은 하나님의 뜻은 언제나 옳고 인간은 그 뜻을 거역할 수 없기 때문에 순종하는 편이 낫다고 생각하는 차원에서 순종하는 것이다. 이 경우 좌절은 경험하지 않는다 하더라도 하나님의 뜻에 순종함으로써 얻는 기쁨이나 감사는 누릴 수 없다.

끝으로, 하나님의 섭리와 그 깊은 뜻을 이해하고 기쁨과 즐거움으로 순종하려는 행하려는 태도이다. 아버지는 그의 자녀를 사랑하시며 결코 이유 없는 고난과 슬픔을 겪게 하지 않으신다는 확신 속에서 그 뜻을 따르는 것을 말한다. 그러한 사랑은 고난 속에서도 기뻐할 만큼 승화된 믿음을 가진다. 우리는 바로 이러한 태도를 가져야 한다.

5. 하나님의 뜻을 따르는 자에게는 어떤 변화가 일어나는가?

1) 하나님을 더욱 신뢰하고 순종하게 된다

하나님의 뜻을 기꺼이 따르는 사람은 하나님을 신뢰하고 순종하게 된다. 하나님을 신뢰하지 않을 때 그 뜻을 따를 수 없다. 신뢰와 순종은 동전의 앞뒤와 같다.

우리는 왜 하나님을 신뢰해야 하는가? 하나님은 성도의 모든 것을 아신다. 또한 우리를 살리시고 바로 세우신다. 위험에서 건지실 뿐 아니라 언제나 좋은 것을 주시고자 하신다. 하나님이 우리에게 주신 가장 좋은 것은 예수 그리스도를 통한 구원이다. 하나님은 우리를 구원하시기 위해 예수님을 이 땅에 보내셨다. 구속 사역을 통해 그것이 인간에게 얼마나 유익한가를 입증하셨으며, 성경을 통해 우리가 왜 하나님을 신뢰하지 않으면 안 되는가를 보여 주신다. 우리는 언제나 하나님을 신뢰하고 그 뜻에 기쁜 마음으로 순종하지 않으면 안 된다.

바울은 로마교회를 향해 "어떠하든지 이제 하나님의 뜻 안에서 너희에게로 나아갈 좋은 길 얻기를 구하노라"고 말하고 있다(롬 1:10). 그는 무엇이든 하나님의 뜻 안에서 결정하기를 원했고, 그 뜻 안에서 최선의 것을 구하였다. 우리도 어디를 가든지 무슨 일을 하든지 매일 하나님의 뜻 안에서 좋은 길을 찾아야 한다.

2) 기도의 내용이 달라진다

우리는 기도할 때 자기의 욕구를 관철시키기 위해 하나님을 향해 공격적인 태도를 보일 때가 있다. 이것은 하나님의 뜻을 순종하기보다 하나님을 자신의 뜻에 굴복시키려 하는 것과 다름이 없다. 하나님의 뜻을 찾는 자는 자신의 요구나 의지가 하나님의 뜻 아래 굴복되기를 기도해야 한다. 주님께서 겟세마네 동산에서 "나의 원대로 마옵시고 아버지의 원대로 하옵소서"라고 드리신 기도는 이러한 기도의 모범이다. 우리의 기도도 겟세마네 동산의 기도로 승화되어야 한다.

우리 자신의 요구나 이기적인 욕망을 하나님의 뜻에 순종할 때 하나님으로부터 영과 육의 능력을 공급받을 수 있다. 주님은 우리의 변화된 기도를 들으신다. 요한은 말한다. "그를 향하여 우리의 가진 바 담대한 것이 이것이니 그의 뜻대로 무엇을 구하면 들으심이라"(요일 5:14). 그에 따르면 담대한 기도는 자기의 것을 과감히 버리고 예수님의 뜻대로 구하는 기도이다. 우리의 이기적인 뜻이 아니라 하나님의 뜻을 구할 때 주님은 응답하신다. 주님도 말씀하셨다. "너희가 내 안에 거하고 내 말이 너희 안에 거하면 무엇이든지 원하는 대로 구하라 그리하면 이루리라"(요 15:7). 우리는 '무엇이든지 구하라' 는 말씀 이전에 '하나님의 뜻 안에서' 구해야 한다는 것을 잊어서는 안 된다.

3) 행동이 달라진다

하나님의 뜻을 존중하는 사람은 그 행동이 달라진다. 바울은 에베소 교인들에게 "눈가림만 하여 사람을 기쁘게 하는 자처럼 하지말고 그리스도의 종들처럼 마음으로 하나님의 뜻을 행하여"라고 말하였다(엡 6:6). 그리스도인이라면 진정으로 변화된 모습을 가져야 한다는 것이다. "항상 기뻐하라 쉬지 말고 기도하라 범사에 감사하라 이는 그리스도 예수 안에서 너희를 향하신 하나님의 뜻이니라"(살전 5:16-18). 우리는 때때로 기뻐하고, 기도하고, 감사할 수 있다. 그러나 이 말씀에는 "항상" "쉬지 말고" "범사에"라는 말이 붙어 있다. 이렇게 기뻐하는 삶, 기도하는 삶, 감사하는 삶은 우리의 생활 태도와 행동이 얼마나 달라져야 하고, 적극적이어야 하는가를 보여 준다.

로마교회에 있는 카타콤은 지하 묘지가 있는 곳이다. 초기 기독교 시대에 수많은 그리스도인들이 박해를 피해 이 곳에서 죽어 매장되었다. 그 카타콤 벽에 이런 글이 쓰여 있다고 한다. "이 어두움 속에 빛이 있습니다. 이 무덤 속에 아름다운 음악이 있습니다." 핍박 속에서도, 어려움 속에서도 이처럼 기뻐할 수 있는 것은 그리스도 안에서 자유를 얻은 사람만이 가능하다. 하나님을 사랑하고 그 뜻을 따르는 자는, 하나님의 영광을 위한 것이라면 어떤 일도 마다하지 않겠다는 굳은 정신을 갖게 되고 그에 따라 행동이 달라진다. 극렬히 타는 풀무불도 두렵지 않고 어떤 위험과 역경도 두렵지 않다. 그것을 피하기보다 그것과 맞붙을 수 있는 용기를 갖게 된다. 그런 사람들은 기쁨으로 그 결과를 맞게 된다.

그리스도인은 무엇보다 하나님의 뜻을 이루며 살기를 소원한다. 바울도 그랬고, 그를 따랐던 모든 사람들도 자신의 삶이 그렇게 되기를 진심으로 원했다.

- 바울은 골로새 교인에게 "… 너희로 하나님의 모든 뜻 가운데서 완전하고 확신 있게 서기를 구하나니"라며 에바브라의 기도를 기쁨으로 소개하고 있다(골 4:12)
- 베드로도 "그 후로는 다시 사람의 정욕을 좇지 않고 오직 하나님의 뜻을 좇아 육체의 남은 때를 살게 하려 함이라"고 말하고 있다(벧전 4:2)

우리는 남은 생애 가운데 세상으로 돌아가 하나님의 뜻을 저버리는 자가 될 것이 아니라 오히려 세상이 하나님의 뜻에 따라 움직이도록 적극적으로 살아야 한다. 하나님의 뜻이 담긴 말씀에 따라 그 뜻이 이 땅에서, 우리의 생활 속에서 날마다 이루어지도록 기도하고, 그 뜻에 따라 우리 자신과 사회를 변화시켜 나가야 한다.

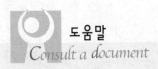

도움말
Consult a document

〈하나님은 어느 때 가장 기뻐하시는가?〉

성경에는 하나님께서 기뻐하시는 모습이 다음과 같이 소개되어 있다.

• 하나님의 질서가 세워질 때: 천지창조는 혼돈 가운데 있던 창조 이전의 세계에 하나님의 질서가 개입되는 것이었다. 창조 후 하나님은 기뻐하셨다. "하나님 보시기에 좋았더라"

• 사단의 세력이 무너질 때: 하나님은 인간을 하나님의 형상으로 창조하셨다. 하나님의 형상을 가진 사람이라면 무엇보다 하나님의 뜻을 알고 이 땅에 하나님의 질서를 지켜나가야 한다. 우리의 삶 속에서 하나님의 질서에 반역하는 사단의 세력을 꺾어야 한다. 사단의 세력이 무너질 때 하나님은 기뻐하신다.

• 하나님의 일에 협력하여 선을 이룰 때: 예수님께서는 하나님의 나라를 선포하셨다. 이것은 다른 말로 혼돈이 아닌 하나님의 질서의 선포이다. 우리가 예수님을 주님으로 영접하며 신앙생활을 하는 것은 다시는 혼돈의 삶을 살지 않고 하나님이 원하시는 질서의 삶을 살겠

다는 것이다. 전도도 바로 이 질서의 삶으로 돌아오도록 하는 것이다.
우리가 이 일에 협력하여 선을 이룰 때 하나님은 기뻐하신다.

제9장 무엇을 구할 것인가

마태복음은 5장 2절-7장 27절, 무려 3장에 걸쳐 예수님의 유명한 산상설교를 소개한다. 산상설교는 우리가 어떤 마음으로 이 세상을 살아야 하는가의 문제에서 시작한다. 주님이 가르치시고자 하는 것은 하나님 나라의 삶이다. 그 나라가 요구하는 마음과 태도를 가지고 이 세상을 살아가라는 것이다. 예수님은 이러한 삶을 사는 자는 반석 위에 집을 지은 자로서, 이 땅의 어떤 유혹에도 흔들리지 않는 믿음을 가지고 힘 있게 살아가게 될 것이라는 말씀으로 결론을 맺으신다.

마태복음 7장 7-12절의 말씀은 이 산상설교의 일부에 해당한다. 따라서 우리는 이 말씀을 산상설교의 기본 맥락에서 이해할 필요가 있다. 주님은 이 대목과 앞뒤의 말씀을 통해 우리는 이 땅에서 주님의 나라와 그 의를 구해야 하고, 하나님께서는 그 나라를 구하는 자에게 성령을 주시며, 성령 안에서 그 나라의 삶을 사는 자는 이웃을 생명으로 인도한다는 것을 분명하게 가르치고 있다. 우리가 진심으로 하나님을 사랑한다면 하나님이 기뻐하시는 것을 좇아야 하고, 그것은 하나님 나라의 삶을 사는 것으로 나타나야 한다.

1. 무엇을 구할 것인가

지금까지 "구하라" "찾으라" "두드리라"는 마태복음 7장의 7절의 말씀은 한마디로 기도 생활을 강조하는 것이라고 여겨졌다. 어떤 이는 이 구절이 기도의 세 유형을 가리킨다 하기도 하고, 3단계에 따른 기도의 강도를 표현한 것이라 말하기도 하며, 또 우리가 기도할 때 강한 인내가 필요하다는 것을 보여 주는 것이라고 주장하기도 한다. 이 말씀이 기도 생활을 강조한다는 것은 틀림이 없다. 그러나 사실은 기도 이상의 보다 넓은 개념을 담고 있다. 이 말씀은 우리가 이 땅에 살면서 무엇을 구하며, 찾으며, 두드리며 살아야 하는가를 보여 주는 일종의 구도의 길을 제시하고 있기 때문이다. 기도도 구도의 한 방편이 될 수 있다. 그러나 이 주님의 명령을 기도로만 해석한다면 매우 좁은 해석이 될 것이다.

산상설교를 들은 사람들은 그 가르치심에 놀랐다고 기록하고 있다(마 7:28). 말씀에 권세가 있는 것도 놀랍지만 그 가르침이 당시의 종교 지도자들이 지금까지 가르치던 내용과는 근본적으로 달랐기 때문이다. 이것은 주님의 말씀 한 마디 한 마디가 그들의 가슴에 새로움과 놀라움을 심어 주었다는 것을 의미한다.

"구하라" "찾으라" "두드리라"는 주님의 이 명령은 매우 혁명적이다. 예수님 당시에는 종교 지도자가 아닌 일반인들이 하나님께 기도를 하거나 하나님 앞에 나아간다는 것은 매우 어려운 일이었다. 하나님은 너무 크고 위대한 분이신 반면, 인간은 너무 작고 보잘 것 없는 존재로 생각했기 때문이다. 하나님을 생각하면 무엇보다 두려움이 앞섰다. 구약시대부터 선지자 등의 일부 예외적인 부류들을 제외한 대부분의 사람들이 하나님과 자신의 관계에 대해서 늘 같은 생각을 가져왔다. 바리새인들은 의도적으로 사람들 앞에서 기도하면서 '나는 너희와 다르다'는 것을 계속적으로 주입시켰다. 그런 종교적 교만에도 사람들은 아무 말도 하지 못했다. 오히려 기도는 종교 지도자만이 가진 특권이라고 생각했다.

그런데 예수님은 이러한 바리새인들의 교만과 허식을 지적하시며, 보통 사람을 향해서 "구하라" "찾으라" "두드리라"고 말씀하신 것이다. 기도는 특수한 사람들의 전유물이 아니라는 것이다. 예수님의 그 말씀은 사람들의 생각을 완전히 바꾸어 놓았다. 사람들은 놀라지 않을 수 없었다. 당시 사람들은 하나님에게 어떻게 다가가야 하는지 몰랐다. 제자들조차 어떻게 기도할지 몰라 예수님께 기도하는 방법을 가르쳐 달라고까지 했다. 우리가 늘 암송하는 주기도문은 바로 제자들의 요청으로 주님께서 가르쳐 주신 기도의 모범이다.

예수님은 '구하라'고 하셨다. 그러면 우리가 하나님께 참으로 구해야 할 것은 무엇인가? 예수님은 "너희는 먼저 그의 나라와 그의 의를 구하라"고 말씀하신다(마 6:33). 마태복음 7장에서 예수님이 그토록 "구하라" "찾으라" "두드리라"고 강조하신 것의 실체가 바로 하나님의 나라와 그 의인 것이다.

이것은 주님의 나라와 그 의가 빠진 기도는 진정한 기도일 수 없다는 것을 보여 준다. 주기도문에 나타난 기도의 실질적인 내용도 바로 주님의 나라와 의이다. "나라이 임하옵시며 뜻이 하늘에서 이룬 것 같이 땅에서도 이루어지이다"는 내용은 가장 대표적인 보기이다. 하나님의 나라와 하나님의 의는 신앙의 기본이다. 이것들은 진주보다 귀하기 때문에 다른 것을 포기해서라도 얻을 만한 가치가 있다. 우리의 기도 속에 과연 주님의 나라와 그 의가 살아있는가? 우리의 기도를 분석해 보면 대부분 물질적인 욕구나 자신의 명예를 위한 것에 집중되어 있다. 하나님의 나라와 그 의가 아니라 '나의 나라와 나의 의'로 채워져 있는 것이다. 후안 까를로스 오르띠즈의 말처럼 그러한 기도는 하늘나라에서 잡동사니 우편물 취급을 당한다.

예수님의 제자들 역시 예수님을 따르면서도 이 세상에 대한 염려를 버리지 못했다. 그들에게는 책임져야 할 아내와 자식들이 있었고, 섬겨야 할 부모가 있었다. 생활을 위한 직접적인 문제와 그에 대한 염려가 끊이지 않았다. 그러한 상황을 잘 알고 계셨던 예수님은 이 문제를 집중적으로 거론하셨다(마 6:19-34). 그리고 "목숨을 위하여 무엇을 먹을까 무엇을 마실까 몸을 위하여 무엇을 입을까 염려하지 말라"고 단호하게 결론을 맺으셨다(마 6:25).

세상 염려로 가득 찬 기도는 진정한 기도일 수 없다. 염려란 원래 '마음이 나누인다'는 뜻을 가지고 있다. 염려는 확신이 없는 데서 나온다. 하나님에 대한 확신 없이 처음부터 끝까지 염려로 기도를 채우는 것은 하나님을 신뢰하지 않는 것이다. 예수님은 '먹을 것, 마실 것, 입을 것'을 구하는 것은 이방인, 곧 믿음이 없는 사람들이 구하는 것이라고 하셨다(마 6:32). 신앙을 가진 사람은 기도와 고민의 차원이 달라야 한다는 것이다.

그러면 그럼에도 불구하고 결코 무시할 수 없는 우리 삶의 직접적인 문제는 누가 해결해 주는가? 예수님은 그것마저도 하나님께 맡기라고 말씀하신다. 하나님은 우리가 무엇을 필요로 하는지 알고 계신다. 따라서 우리가 무엇보다 하나님의 나라와 그 의를 구하는 생활을 하면 "이 모든 것을 너희에게 더하시리라"고 약속하신다(마 6:33). 우선 순위가 바뀌어서는 안 된다는 것이다. 문제는 하나님이 우리에게 일용할 양식을 주시고 때마다 입히시는데도 자족할 줄 모르는 우리 삶의 자세에서 비롯된다.

이제 그리스도인의 기도는 차원이 달라져야 한다. 기도를 통해 우리가 구하고 찾아야 할 것은 단지 물질적인 것이 아니라 하나님의 것, 하나님이 기뻐하시는 것이다. 그리스도인이 물질적인 것만을 구한다면 이 세상에 하나님의 나라가 아닌 자신의 왕국이 세워지기만을 고대하는 것과 다름이 없다. 그리스도인은 그런 기도로부터 하루빨리 해방되어야 한다. 그것은 올바른 구도자로서의 삶이 아니기 때문이다.

2. 그 나라와 그 의를 구하면 성령을 부어 주신다

예수님은 그 나라와 의를 "구하라" "찾으라" "두드리라"고 하시면서, "구하는 자마다 그것을 얻을 것이요 찾는 이가 찾을 것이요 두드리는 이에게 열릴 것이라"고 하셨다. 이것은 우리가 기도하는 심정으로 하나님 나라를 구하고 그 의를 실현하고자 한다면 종국적으로 그 상태에 이르게 될 것을 의미한다. 하나님은 그 나라와 의를 구하는 자를 결코 외면하지 않으신다. 그것을 실현할 수 있도록 우리를 도우신다. 예수님은 "너희 중에 누가 아들이 떡을 달라 하면 돌을 주며 생선을 달라 하면 뱀을 줄 사람이 있겠느냐 너희가 좋은 것으로 자식에게 줄줄 알거든 하물며 하늘에 계신 너의 아버지께서 구하는 자에게 좋은 것으로 주시지 않겠느냐"고 하시며, 하나님 아버지께서는 자신의 자녀를 위해 가장 좋은 것을 줄 준비가 되어있음을 말씀하신다(마 7:9-11).

하나님이 준비하신 가장 좋은 것은 무엇인가? 그것은 바로 성령이다. "너희가 악할찌라도 좋은 것을 자식에게 줄줄 알거든 하물며 너희 천부께서 구하는 자에게 성령을 주시지 않겠느냐"(눅 11:13). 하나님은 그 나라와 의를 구하는 성도들에게 성령을 주시고, 그것을 통해 우리 가운데 하나님의 나라를 아름답게 만들어 가신다. 성령께서 임하시면 우리의 마음이 겸손하고 가난한 마음, 회개하고 애통하는 마음, 온유한 마음, 의에 주리고 목마른 마음, 남을 불쌍히 여기는 마음, 깨끗한 마음, 화평케 하는 마음으로 변한다. 이러한 마음이 바로 하나님 나라의 사람들이 가지는 마음이다. 이로 미루어 볼 때 성령은 하나님 나라의 삶을 구현시키기 위해 받은 것임을 알 수 있다.

성령은 우리가 그저 눈물을 흘리며 울부짖는다고 해서 얻어지는 것이 아니다. 그 울부짖음이 쌓인 스트레스를 다소 풀어 줄 수 있을지는 몰라도 그 나라의 마음을 주지는 않을 것이다. 성령은 순간적인 감정에 빠진다고 해서 얻을 수 있는 것이 아니다. 성령을 받고자 하는 사람은 무엇보다 하나님의 나라를 구하고 그 의를 실현하려는 마음으로 가득 차야 한다. 그렇지 않으면서 성령 충만하기를 바라는 것은 내용이 없는 감상일 뿐이다. 그것은 오히려 성령을 모독하는 것이다. 성령을 허수아비로 만들기 때문이다.

성령은 무엇보다 우리의 삶을 변화시킨다. 따라서 주님께서 우리에게 원하시는 것은 삶의 변화이다. 부활하신 예수님은 제자들에게 하나님 나라의 일에 대해 말씀하셨다(행 1:3). 이에 뜻을 같이 한 제자들이 마가의 다락방에 모여 힘써 그 나라와 그 의를 구하며 변화되고자 하였을 때 주님은 그들에게 성령을 가득 부어주셨다. 그들의 기도는 단순한 기도가 아닌 하나님 나라의 삶을 살기로 작정한 기도였다. 그 후로 그들의 삶은 완전히 달라졌고, 복음은 물론 자기의 물질도 함께 나누는 자가 되었다.

복음은 하나님 나라의 삶과 의를 전하는 것이다. 따라서 복음을 전하는 자는 무엇보다 그것들을 자신의 생활 속에 나타내야 한다. 성령은 그 나라의 삶을 외면하며 살고 있는 우리를 깨워 그 나라의 삶 속으로 인도하는 역할을 한다.

3. 그 나라의 삶을 살면 이웃을 생명으로 인도한다

마태복음 7장 12-14절은 성령을 받은 사람이 이 땅에서 어떻게 하나님 나라의 삶을 살아가는가를 보여 준다. 그것은 과거의 받기만 하던 삶에서 주는 삶으로 변화하는 것이다. 12절은 "그러므로"라는 말로 시작된다. 이 말은 '하나님의 가장 좋은 선물인 성령을 받았으므로' 이제는 하나님 나라 백성답게 그 나라가 요구하는 삶의 방식대로 살아야 한다는 것을 의미한다. 그 가운데 하나가 바로 12절의 말씀, "무엇이든지 남에게 대접을 받고자 하는 대로 너희도 남을 대접하라"는 것이다. 예수님은 이웃에 대한 이 가르침을 가리켜 "율법이요 선지자니라"고 말씀하셨다. 율법은 물론 선지자들이 말씀 속에서 이러한 삶의 방식을 강조해 왔으며, 이러한 삶의 방식은 율법 중의 율법이요 선지자의 말씀 중에 가장 으뜸가는 말씀이라는 것이다. 그리하여 학자들은 이를 가리켜 황금률이라고 하였다. 우리가 새겨듣고 생활에 매순간 적용해야 할 황금과 같은 말씀이요 규범이라는 뜻이다.

우리는 대접하기보다 대접받기를 좋아한다. 내가 남을 인정하기보다 남이 나를 인정해 주기를 바라고, 사랑하기보다 사랑 받기를 좋아한다. 선행을 하고도 자기 이름을 감추기보다 이름을 내는 데 급급하다. 이것은 우리가 하나님 나라의 방식대로 살지 못하고 있음을 보여 준다. 그리스도인은 자신보다 남을 섬기는 데에 앞장서야 한다. 그런 삶이 결국 그리스도의 이름을 존귀하게 만들고 하나님께 영광 돌리는 결과를 가져오는 것이다. 다른 사람을 위한 삶을 산다는 것은 쉽지 않다. 그래서 주님은 이러한 삶은 좁은 문으로 들어가는 것과 같다고 하셨다. 당시 예루살렘에 있었던 좁은 문은 머리를 숙이고 허리를 굽혀야 겨우 통과할 수 있었다. 그래서 사람들은 다른 큰 문을 통과해 다니기를 좋아했다. 하지만 예수님은 우리를 향해 "좁은 문으로 들어가라 멸망으로 인도하는 문은 크고 그 길이 넓어 그리로 들어가는 자가 많고 생명으로 인도하는 문은 좁고 길이 협착하여 찾는 이가 적음이니라"고 하셨다(마 7:13-14). 크고 넓은 문을 멸망으로 인도하는 문이라 하셨고, 좁은 문을 생명으로 인도하는 문이라 하셨다. 그리스도인이 가야 할 문은 이 땅에서 주님의 나라와 의를 구하며 살아야 할 좁은 문이다.

그리스도인은 하나님으로부터 구원을 받은 자요 생명의 복음을 받은 자이다. 우리는 지금까지 받는 것에 익숙한 삶을 살아왔다. 이제 우리의 삶은 주는 삶으로 바뀌어야 한다. 우리의 기도도 남을 위한 기도로 바뀌어야 하고, 위로 받기만 좋아했던 삶에서 남을 위로하는 삶으로 바뀌어야 한다. 주님은 베드로를 향해 "내 양을 치라" "내 양을 먹이라"고 하셨다. 베드로는 지금까지 받아먹는 것에만 익숙하였다. 그런 그에게 주님은 이제 주는 삶으로 변화하라고 한다고 말씀하신다. 그 일은 베드로에게만 해당되는 일이 아니다. 모든 그리스도인에게 요구되는 삶은 수동적인 삶이 아니라 능동적인 삶이요, 부정적인 삶이 아니라 긍정적이며, 소극적이 아니라 적극적이다.

'고려는 불교에 의해 망했고, 조선은 유교에 의해 망했으며, 한국은 기독교에 의해 망한다'는 말이 있다. 교회와 교인, 그리고 목회자들에 대한 비판이 높아지면서 너무나 자연스럽게 등장한 말이다. 이 비판의 골자는 아직도 우리가 '하나님의 나라와 그 의'를 구하는 생활을 하지 못하고 있음을 보여 준다. 신앙이 생활화되어있지 않은 것이다. 우리나라에는 많은 그리스도인들이 있다. 그리스도인들이 많다는 것은 그만큼 사회를 정화시키는 역할을 하는 자들이 많다는 것이다. 그러나 현실은 그렇지 못하다.

이제 우리에게 필요한 것은 '나의 나라와 나의 의'를 구하던 삶에서

'하나님의 나라와 하나님의 의'를 구하는 생활로의 변화이다. 이 문제에 있어서 획기적인 전환 없이 하나님의 나라를 구현한다는 것은 거짓말이다. 그리스도인은 하나님의 나라와 그 의를 생활 속에 적극적으로 나타내야 한다.

예수님께서 우리에게 그토록 강조하시던 것은 변화였다. 주님은 그 변화된 삶을 위해 우리에게 "거듭나라" "중생의 삶을 살아라"고 직접적으로 말씀하시기도 하지만, 비유나 설교 등을 통해서도 새로운 삶을 요구하신다. 또한 긴 산상설교를 통해 우리 삶의 모습이 어떻게 바뀌어야 하는가를 가르치신다. 하나님 나라의 삶을 강조하신 주님은 지금도 우리를 그 나라 속으로 인도하고자 하신다. 히브리서 기자는 믿음은 바라는 것들의 실상이라고 했다. 주님은 우리가 참으로 원해야 하는 것이 무엇이어야 하는가를 다시금 일깨워 주고 있다. 아무리 믿음이 좋다고 해도 진심으로 주님의 나라와 의를 구하고, 그것이 행동으로 나타나지 않는다면 그것은 진정한 믿음이 아니다. 신앙생활은 허울이 아니다. 주님은 내실이 있는 믿음, 실천적인 믿음을 원하신다.

도움말
Consult a document

〈도슨의 충고〉

크리스천 부모라면 자기 자녀의 장래와 그들의 신앙 성장에만 관심을 갖기보다 이웃의 아이들을 생각할 줄 아는 보다 넓은 마음을 품을 수 있어야 한다. 또한 이웃의 자녀들에 대해 관심을 갖고 그들이 주님 안에서 올바르게 성장하도록 기도해야 한다. 우리의 아이들을 사회의 책임 있는 일원으로 만드는 데에 모두 참여해야 하기 때문이다.

　전도자 도슨(Dawson)이 집회를 하는데 어떤 부인이 찾아와 심각하게 물었다. "기도하면 하나님이 정말 응답해 주십니까?" 왜 그런 질문을 하느냐고 하자 부인은 자기의 두 아들이 태어나기 전부터 그들의 영혼을 위해 기도했는데 두 아들 중 어느 누구도 교회에 나가지 않기 때문에 차츰 그런 의문을 갖게 되었다고 했다. 도슨은 그 부인에게 앞으로 한 달 동안 당신 자식만을 위해 기도하지 말고, 그 대신 다른 어머니의 자식을 위해 기도해 볼 것을 진지하게 권했다. 이 부인은 자기 자식에 대한 관심만 컸지 다른 사람들에 대해서는 관심이 없다는 것을 알았기 때문이다. 부인이 이를 수락한 지 30일도 못 되어 부인의 두 아들이 교회를 찾기 시작했다. 다른 사람의 자녀를 기도할 때 하나님은 부인의 아들을 위해 일하신 것이다.

제10장 새롭게 시작되는 삶

그리스도인에게 요구되는 것은 거듭난 삶이다. 거듭남은 중생이자 그리스도인으로서 다시 태어남이다. 주님께서는 우리에게 이전의 삶과 전혀 다른 모습으로의 변화를 기대하신다.

그러나 이러한 기대에도 불구하고 우리 삶의 모습은 그것에 미치지 못하고 있다. 그 이유는 무엇이며, 우리의 삶은 어떠한 방향으로 변화되어야 하는지를 살펴보자.

1. 내적인 재창조

거듭남은 성령의 은혜로운 주권으로 인하여, 타락했던 인간의 본성이 내적으로 재창조되는 것을 말한다. 거듭남은 그리스도 안에서 하나님과의 관계가 회복됨에 따라 인간이 구속적으로 새로워지는 것이다. 성령 하나님에 의해서 인간의 영혼 가운데 완전한 변화가 일어나서, 더 이상 세상을 따르지 아니하고 진리의 지식과 거룩함 가운데서 살며 하나님의 형상됨을 실현하는 것을 의미한다. 거듭난 삶을 살지 못하는 기본적인 이유는 우리의 본성이 주 안에서 새로이 창조되지 못했기 때문이다. 우리는 참으로 거듭났는가를 자신에게 물어야 한다.

그리스도인이라고 모두 거듭났다고 생각하면 잘못이다. 그리스도인 가운데 아직도 많은 사람들이 거듭난 삶을 살지 못하고 있다. 거듭남은 부르심(소명), 칭의, 성화와 함께 구원의 중요한 과정이요, 요건이다.

- 부르심은 개인을 그리스도에게로 부르심이다.
- 칭의는 십자가에서 죽으신 그리스도의 의로운 행위를 믿음으로써 하나님과 올바른 관계가 성립되고 그 은혜로 의롭다 함을 받는 것이다.
- 거듭남은 새로운 피조물, 곧 하나님의 자녀로 다시 태어나는 전환적 경험을 가리킨다.
- 성화는 새롭게 태어난 그 생명이 믿음 가운데서 자라고 성숙해가는 과정이다.

이러한 의미에서 거듭남은 새로운 창조의 시작이며 성화는 그 사역이 계속되어 성장하는 것을 의미한다. 거듭남은 기본적으로 내적인 변화를 그 필요조건으로 하며 이것 없이는 거듭났다고 말할 수 없다.

2. '팔링게네시아'

거듭남(regeneration)은 헬라어로 '팔링게네시아'(palinggenesia)라 한다. 이것은 새롭게 됨(renewal)이라는 뜻을 가지고 있다. 이 때문에 거듭남은 '다시 태어남'(born again) '재창조' '부활' 이라는 뜻으로도 쓰이고 있다. 이와같이 거듭남은 철저하고 극적인 변화를 뜻한다.

'팔링게네시아' 는 성경에 두 번 나온다. 한 번은 마태복음 19장 28절에 나오는데 여기에서는 만유의 회복을 의미한다. 따라서 개인이 새롭게 되는 것은 보다 넓은 우주적 새로움 가운데 하나임을 알 수 있다. 다른 한 번은 디도서 3장 5절에 나오는데 이것은 개인적인 거듭남을 말한다. 그 밖에 성령으로 인한 변화를 뜻하는 단어들도 거듭남의 의미로 사용되고 있다. '낳다'를 뜻하는 '게나오', '다시 낳다'를 뜻하는 '아나케나오' 등은 새롭게 됨의 첫 단계를 뜻한다. 동사 '아나카이노'나 명사 '아나카이노시스'는 새롭게 만드는 것을 뜻하는데, 이 단어는 새롭게 됨의 첫 단계에 국한되지 않고 결과적 과정까지도 포함하고 있다.

새로 태어남의 결과를 표현하는 단어들로서는 새로운 피조물(고후 5:17), 새 사람(엡 2:15) 등도 있다. 이러한 단어들을 살펴볼 때 거듭남은 태어남, 다시 태어남, 중생, 재창조, 부활과 같이 극적이고 심도 깊은 변화가 있음을 가리킨다.

존 머리(J. Murray)가 말하는 것과 같이, 죄악 가운데서 죽어 그 마음이 하나님과 대립하고 반목하고 있는 사람이 하나님을 기쁘시게 할 수 있는 사람으로 다시 태어난다는 것은 하나님의 은혜이다. 거듭남은 자기의 옛 모습을 단번에 깨뜨리는 새로운 영적 생활의 창조적 출발이자, 중대한 변화이다(롬 6:3).

3. 구약의 민족적 거듭남

거듭남은 신약에서 더욱 두드러지게 나타나지만, 구약에서도 거듭남에 관한 여러 언급들이 있다. 구약은 여러 경우에서 국가적·민족적 거듭남에 관한 언급을 하고 있다. 이것은 이스라엘의 마음을 변화시키고 그 마음에 하나님의 율법을 새겨 새 마음을 갖게 함으로써 하나님을 알고, 사랑하고, 다시 순종하게 하는 것을 말한다(신 30:6; 렘 31:32, 34; 겔 11:19).

민족적 거듭남에 앞서 개인의 거듭남이 있어야 한다. 민족적 거듭남 속에서 개인의 새로운 마음을 찾을 수 있는 것은 이 때문이다. 이 밖에 직접적으로 개인의 거듭남과 그 필요성을 강조한 말씀도 있다(사 57:15; 시 51:10).

4. 신약의 개인적 거듭남

신약은 구약보다 개인의 거듭남을 중점적으로 다루고 있다. 개인을 중심으로 한 신약에서의 거듭남의 특성을 살펴보면 다음과 같다.

1) 새롭게 변화됨

거듭남은 율법도 없고 하나님도 없이 자신의 유익만을 추구해 나가던 삶으로부터 그리스도를 통하여 그 본성이 변화하는 것을 의미한다. 아담 안에 있던 사람이 과거의 반역 행위와 불신앙을 회개하고 믿음과 사랑의 사람이 되어서 이제부터는 하나님의 법을 즐겨 순종하게 되는 것이다.

신약의 경우 거듭남이 죄인의 문제 속에서 출발하는 것은 이 때문이다. 인간은 죄 때문에 하나님의 나라를 볼 수도 없었고 그곳에 들어 갈 수도 없었다. 그러나 그 모든 것이 중생으로 변화하였다. 거듭난 사람은 죄로 물든 생활을 하지 않는다(요일 3:9, 5:18). 이것은 그가 절대적으로 무죄하다는 것이 아니라 습관적으로 죄를 지으려 하지 않는다는 뜻이다. 거듭난 사람은 다른 그리스도인들을 사랑하고(요일 4:7), 그리스도를 올바로 믿으며, 그 믿음으로 세상을 이기는 체험을 한다(요일 5:4). 이러하지 않은 사람들은 그가 아무리 성경적인 말을 한다고 하더라도 실제로 거듭나지 못한 사람들이다(요일 3:6-10). 바울에 따르면 거듭남은 그리스도와 함께 부활함으로써 생명을 얻는 것이자 그리스도 안에서 새로운 피조물이 되는 것이다(엡 2:5; 골 2:13).

2) 성령으로 말미암음

거듭남은 성령 하나님으로 말미암은 것이다(요 1:13). 거듭남은 위로부터 온 것(요 3:3, 7)이자 성령으로 말미암는 것(요 3:5, 8)이다. 깨끗하게 하시는 성령 하나님의 이 사역은 단번에 영원히 이루어진다(요 1:13). 거듭남은 인간의 노력이나(요 1:12, 13) 공로로(딛 3:3-7) 된 것이 아니며 성령의 권능으로 이루어진 것이다.

거듭남은 값없이 주시는 것이며 신비스러운 것이다. 이것을 가리켜 거듭남의 피동성이라 한다. 아기가 스스로의 출생과 관련하여 아무런 역할을 할 수 없는 것처럼 거듭남에 있어서도 사람은 피동적이다. 거듭난 사람은 자기가 인도 받은 새로운 영적 세계로 더욱 가까이 가면서 하나님의 형상을 회복하게 된다. 지금까지 피동적인 자가 점차 하나님과 함께 일하는 자가 되는 것이다. 거듭난 사람은 신체적으로 아무런 변화가 없지만 거듭난 즉시 영적으로 변한다. 지금까지 영적인 일에 무관심했던 죄인이 영적인 존재가 되어 하나님의 다스림을 받는다(요 3:6). 거듭나기 전에는 죄가 그 사람을 다스려 그로 하여금 하나님을 거스르게 하였지만 거듭난 후에는 성령이 그를 다스려 하나님에게로 인도해 준다. 거듭난 사람은 성령을 따라 행하며, 성령 안에서 살며, 성령의 인도함을 받으며, 성령 충만을 받으라는 명령을 받는다(롬 8:4, 9,14; 엡 5:18). 거듭났다고 해서 결코 완전한 것은 아니다. 그는 자라고 발전해야 한다(벧전 2:2). 성령은 전인격적으로 그를 하나님께로 인도한다. 거듭남은 하나님의 자비와 능력으로 거저 주시는 것이며 그로 인하여 죄인은 어두움의 나라에서 빛의 나라로, 사망에서 생명으로 옮기신다. 거듭남이 하나님으로부터 남이요(요일 5:4), 썩지 아니할 씨로 거듭남(벧전 1:23)은 이 때문이다. 거듭남은 성령 하나님께서 타락한 인간의 본성을 새롭게 변화시켜 그로 하여금 그리스도 안에서 하나님을 찾고 만나며 따르게 한다.

3) 영적 변화

거듭남은 영적인 변화를 의미한다(요 3:6). 또한 오묘한 방법을 통해 마음을 중심으로 전 인격에 걸쳐 변화를 일으킨다(갈 2:20). 이성(롬 12:1; 고전 2:12), 마음(히 8:10; 벧전 3:4), 의지(롬 7:15-21), 욕망(롬 7:22), 영과 혼과 몸(롬 6:19; 살전 5:23) 등의 변화가 온 몸에 퍼져 나간다. 거듭난 결과 범죄하지 아니하고 의를 행하며 서로 사랑하고 예수를 그리스도로 믿는 믿음으로 세상을 이긴다. 이것은 거듭남으로 인해 신령한 일에 더 이상 수동적이지 아니하고 적극적으로 변화하는 것을 의미한다. 거듭나기 위한 과정에서는 하나님께서 보다 주도적으로 일하신다. 그러나 거듭난 다음에는 성도 자신에게 더욱 많은 활동이 따른다. 능동적으로 회개하고 그리스도를 믿으며 새 생명 안에서 행해야 한다. 거듭난 사람은 옛사람과 영원히 단절된다. 그는 그리스도 안에서 새로운 피조물이며 그리스도와 함께 장사되고 함께 일으킴을 받아 의의 새 사람이된 것이다.(롬 6:3-11; 고후 5:17). 이것을 가리켜 거듭남의 명확성이라한다.

4) 계속된 성화가 요구됨

거듭남은 계속적인 성화를 필요로 한다. 거듭났다는 말은 완전히 성숙되어 어떤 잘못을 범하지 않는다는 것을 의미하지 않는다. 우리가 인간으로서 육체를 입고 사는 한 범죄 할 수 있다. 그러나 거듭난 사람은 육체의 모든 죄와 여전히 싸움을 하면서(갈 5:17) 성령의 새롭게 하심 안에서 살아가려 한다(롬 6:4, 7:8). 거듭난 사람은 사단의 사람이 아니라 하나님의 사람이기 때문이다.

5. 종말론적 우주론적 거듭남

거듭남이라면 대부분 개인적 거듭남을 말한다. 그러나 성경은 거듭남 속에 종말론적이고 우주론적인 거듭남이 있음을 말하고 있다(사 65:17, 66:22; 롬 8:21-23; 벧후 3:13; 계 21:1). 계시록은 "보라 내가 만물을 새롭게 하노라"고 표현함으로써 거듭남을 종말론적이며 우주론적으로 나타내었다(계 21:5). 새 땅, 새 하늘은 종말론적이며 우주론적인 거듭남의 의미를 가지고 있다. 이사야 65장 17절과 66장 12절은 새 하늘과 새 땅의 창조를 예언한 바 있는데, 계시록 21장 1-4절에서 이 예언을 보다 자세히 언급하였고, 마태는 이 새로운 창조를 '팔링게네시아'라 하였다(마 19:28). 한글 개역성경은 이 단어를 "세상이 새롭게 되어"라 해석했고, RSV도 "new world"라 하였다. 이 우주적인 새로움에 대한 하나님 백성들의 기대는 로마서 8장 19-23절에 잘 나타나 있다.

바울은 거듭남을 현재의 시점에서 경험하는 새로운 어떤 것으로 보았다. 그리스도인들은 이미 새로운 시대에 들어가게 되었다(고후 5:17). 누구든지 그리스도 안에 있으면 새로운 창조 질서 아래 새로운 피조물이 되는 것이다. 그러므로 우리의 거듭남은 세상을 새롭게 하는 우주론적인 것이며 새 시대, 새 나라, 새 사람으로서 하나님 나라의 질서에 부합되는 종말론적인 삶을 사는 것이다.

6. 거듭남과 세례

세례를 거듭남으로 볼 수 있는가? 이 문제는 역사적으로 오랜 논란이 되어 왔다. 중생의 세례(baptismal regeneration)를 말하는 로마 교회, 성공회, 루터 교회에서는 중생의 은혜는 세례를 베풀므로 그 효과를 발생한다고 본다. 즉, 세례가 중생의 수단이 된다는 것이다. 교부들은 거듭남을 넓은 의미에서 세례 받는 은혜와 같은 것으로 생각했다. 세례를 죄를 제거하는 수단으로 보았기 때문이다. 세례는 그리스도와 더불어 죽음과 부활에 연합하는 것이자 믿음을 통하여 새 생명을 얻게 되는 것이다. 이러한 점으로 보아 세례는 중생과 연결된다. 그러나 세례가 중생의 통로가 된다는 주장에 반대되는 성경적 근거도 있다. 성경을 통해 세례 없이도 회개한 경우를 찾아 볼 수 있기 때문이다(행 10:44-48, 16:14, 15). 루디아는 세례 받기 전에 마음으로 복음을 받아들였다.

세례는 대부분 신자들에게 축복이 있음을 확신시켜 주는 인증으로 이해되고 있다. 이러한 점에서 세례가 거듭남의 필수 불가결한 통로라고 믿거나 세례를 거듭남으로 간주하기에는 무리가 따른다. 실제로 많은 사람들이 세례를 받았으면서도 거듭나지 못한 것은 이를 입증해 준다. 또한 세례 받은 모든 아이들을 중생한 것으로 보기 어렵다는 관점도 세례를 거듭남으로 보기 어렵다는 논증에 해당한다. 그렇다고 세례의 의미나 중요성을 감소시켜서는 안 된다. 거듭남에 관한 한 논란이 있을 수 있지만 세례는 구원에 관한 한 중요한 의미를 가지고 있기 때문이다.

7. 살아있는 삶을 위해서

지금까지 거듭남에 관해 생각해 보았다. 이 문제를 생각하면서 우리는 그리스도인으로서 늘 부족함을 느끼지 않을 수 없다. 그리스도인이라 하면서 활력이 없는 삶을 살아 왔기 때문이다. 거듭남은 우리를 그리스도인으로서 살아가게 만든다. 우리를 변화시켜서 하나님 나라의 일에 능동적으로 만든다. 우리 삶을 얼마만큼 하나님 나라의 모습으로 만들 수 있는가 하는 것은, 우리가 얼마만큼 거듭난 삶을 사는가에 달려 있다. 하나님은 지금도 우리 안에 거하셔서 우리를 변화시키기 원하신다. 우리가 거듭났다고 하면서 소극적이고 하나님 나라와 상관없는 삶을 살고 있다면 그것은 하나님에 대한 우리의 의무와 책임을 다하지 못하고 있는 것이다. 그리스도인은 언제나 깨어 있어야 하고 거듭나야 하고 활기가 넘쳐야 한다.

도움말
Consult a document

〈세상을 변화시키는 사람들〉

한동대학교의 비전은 세상을 변화시킬 지도자를 양성하는 것이다. 세상을 변화시키는 것은 부력으로 혁명을 일으키는 것이 아니다. 영적인 거듭남을 통해 자신을 변화시키고, 각자가 속한 조직을 변화시키고, 나아가 사회를 변화시키는 것이다.

예수님은 "회개하라" 거듭나라"는 말씀을 통해 개인과 사회의 영적인 변화를 촉구하셨다. "회개하라 천국이 가까웠느니라"는 말씀은 회개를 시급히 촉구하는 말씀이기도 하지만 회개하지 않으면 하나님 나라를 볼 수 없고, 그 나라의 삶을 살 수 없다는 것을 가리킨다. 남대임기건 교수도 세상을 변화시키자고 말한다. 믿음 생활을 통해 자신을 변화시키고, 지역을 변화시키며, 세상을 변화시킬 책임이 그리스도인에게 있기 때문이다(임기건, 1991: 50-52)

제11장 죽어도 살겠고

영생이란 무엇인가? 영생은 그저 우리의 영이 죽지 않고 산다는 단순한 문자적 의미를 넘어선다. 기독교에 있어서 영생은 영벌(永罰), 영사(永死)와 구별된다(마 25:46).

- 영생은 하나님과 생명의 관계에 들어가는 것이며 영별과 영사는 하나님과 무관하거나 하나님을 무시하는 삶을 나타낸다.
- 영벌은 죄로 인해 영원히 멸망할 수밖에 없음을 나타낸 것이며, 영사 또한 죄로 인해 영원히 죽을 수밖에 없음을 나타낸 것이다.

그러므로 하나님 나라의 삶은 영생의 삶인 것에 반해 사단의 지배를 받는 삶은 영벌, 영사의 삶이다. 영생을 영원한 생명, 빛의 삶이라 함에 비해 영벌을 지옥, 육, 어두움의 삶이라 함은 이 때문이다. 예수님을 찾아온 한 부유하고 젊은 관원은 "내가 무엇을 하여야 영생을 얻으리이까?" 하고 묻는다. 우리가 그 당시로 돌아가 예수님을 만나면 똑같은 질문을 하게 될 것이다. 영생은 그만큼 중요한 것이기 때문이다. 영생이란 무엇이며 어떻게 해야 얻을 수 있는가? 우리는 이 질문에 대한 답을 성경을 통해 찾고자 한다.

1. '조에'와 '아다나시아'

우리가 믿음 생활을 하면서 그리고 성경을 읽으면서 구별해야 할 부분이 있다. 그것은 영생에 관한 것이다. 영생에는 두 가지 종류가 있다. 하나는 '조에'(zoe)이고 다른 하나는 '아다나시아'(athanasia)이다. 둘 다 영생이라고 해석하지만 그 의미는 매우 다르다.

'조에'는 죄 속에 있는 우리의 영혼이 그리스도 안에서 새로운 생명으로 태어나 주와 연합되어 생명 있는 삶을 누리게 된다는 의미에서의 새 생명 또는 영원한 생명을 가리킨다. '아다나시아'는 인간이 비록 육체적으로 죽은 다음에도 영적으로는 계속 살아있음을 나타내는 불멸성(immortality)을 나타낸다. 우리나라 성경에서는 이 모두를 영생이라고 표현하고 있어 성경을 이해하고 해석하는 데 많은 어려움이 따른다.

'조에'와 '아다나시아'가 성격상 다르다 할지라도 둘 사이에 결코 관련성이 없는 것은 아니다. 왜냐하면 그리스도인들에게 있어서 죽지 않는 영생이란 부활을 내포하고 있으며 부활 후에 몸을 떠나 주와 함께 영원히 거한다고 믿기 때문이다(고후 5:8). 그러나 우리가 성경을 이해함에 있어서 이 두 가지의 성격을 구별할 필요가 있다.

2. '조에 아이오니온'

이 글에서는 '아다나시아'보다는 주로 '조에'에 관련된 영생에 대해서 설명하기로 한다. 그러므로 앞으로 언급될 영생은 '조에'임을 명심하기 바란다.

영생은 영원한 생명이라는 말로 바꾸어 쓰기도 한다. '영원한'(aionion)이라는 형용사가 붙는 것은 현재뿐만 아니라 내세에 있어서도 영원하신 하나님과 친밀한 관계를 맺는다는 것을 의미한다. 우리가 하나님의 자녀가 된다는 것은 하나님과 영원한 친교 관계에 들어섰음을 의미한다. 하나님과 한번 친교 관계에 들어가면 그 관계는 이 세대, 곧 인간의 수명이 다하는 동안뿐 아니라 그 후에도 영원히 계속될(everlasting) 생명의 관계이다. 때로 '조에'가 인간의 생존 기간을 나타내는 '비오스'(bios)로 나타나는데 이것은 우리가 이 세상에 살아있는 동안 하나님과 생명의 관계를 가지는 것을 강조할 때 사용되는 것이지 내세에서 그 관계가 지속되지 않음을 나타내는 것은 결코 아니다.

'조에'는 성경에서 여러 가지 의미로 사용되고 있다.

- 생명의 원리, 곧 사람으로 하여금 살아있게 하는 것(요 10:11-17; 13-37)
- 생명을 향유하는 행복한 상태(살전 3:8)
- 하나님께서 허락하신 존재(행 17:25)
- 영적인 생명(영원한 생명, 중생한 상태, 즉 거룩함과 하나님과의 교제 속에서의 새로운 삶, 요 3:15, 16, 36, 5:24, 6:47)
- 예수님과 하나님 안에 있는 생명, 곧 신적인 생명(divine life itself, 요 1:4; 요일 1:1-2, 5:11)

3. '조에'의 성격

성경에 나타난 '조에'의 성격은 다음과 같다(Berkhof, 1996: 465-78; Chafer, 1988: 24-26, 400-401; Strong, 1985: 808-828).

1) 하나님과 예수 그리스도를 아는 것이다

예수님은 영생을 다음과 같이 정의하셨다. "영생은 곧 유일하신 참 하나님과 그의 보내신 자 예수 그리스도를 아는 것이니이다"(요 17:3). 이것은 영생이 기본적으로 하나님을 알고 그의 아들 예수 그리스도를 아는 것에서 출발한다는 것을 의미한다.

이 말씀 앞에서는 "아버지께서 아들에게 주신 모든 자에게 영생을 주게 하시려고 만민을 다스리는 권세를 아들에게 주셨음"을 강조하고 있다(요 17:2). 하나님은 예수 그리스도를 통해 그를 믿는 모든 자들에게 영생을 주시고자 하시는 것이다.

예수님께서 태어나실 때 천사들은 "지극히 높은 곳에서는 하나님께 영광이요 땅에서는 기뻐하심을 입은 사람들 중에 평화로다"라고 찬송하였는데 "기뻐하심을 입은 자"는 바로 "아버지께서 아들에게 주신 모든 자", 곧 구원을 받아 하나님과 생명의 관계를 누릴 성도를 가리킨다(눅 2:14).

그래서 주님은 담대히 "내가 곧 길이요 진리요 생명이니 나를 말미암지 않고는 아버지께로 올 자가 없느니라"고 외칠 수 있었고(요 14:6), "하나님이 세상을 이처럼 사랑하사 독생자를 주셨으니 이는 저를 믿는 자마다 멸망치 않고 영생을 얻게 하려 하심이니라"고 말씀하실 수 있었던 것이다(요 3:16). 이처럼 영생은 하나님을 알고 그의 아들 예수 그리스도 안에서 하나님과 교제하는 체험적인 면에서 묘사되고 있다.

2) 육의 생활과 대조된다

성경에서 영생은 육의 생활과 대조되어 나타나 있다. 인간의 삶은 무한히 계속되지만 그렇다고 해서 모든 삶이 본질적으로 영생, 곧 영원한 생명에 들어가는 것은 아니다. 비록 육의 생명은 가졌지만 영생을 갖지 못한 사람을 향해 성경은 "죄와 허물로 죽은 사람"이라고 말하고 있다 (엡 2:1).

영생을 갖지 못한 것은 구원받지 못한 상태, 정죄를 받은 상태, 잃어버린 상태이다. 이러한 사람들은 영생을 가진 사람들, 곧 구원받은 것으로 선언되고 멸망치 않을 것으로 약속된 사람들과 대조된다는 것을 알 수 있다(요 3:15, 16, 18, 36, 5:24, 10:9). 하나님이 죽은 자의 하나님이 아니라 산 자의 하나님임은 이런 면에서 매우 중요한 의미를 가지고 있다 (마 22:32). 왜냐하면 주 안에서 산 자는 하나님과 생명의 관계를 유지할 수 있지만 영적으로 죽어 구원을 받지 못한 자는 하나님과 생명의 관계를 가질 수 없기 때문이다.

생명과 하나님은 분리할 수 없다. '살아 계신 하나님'이라는 표현은 하나님과 생명을 연결하는 히브리 사상을 단적으로 나타내고 있다(신 5:26; 수 3:10; 삼상 17:26, 36; 시 42:2; 렘 10:10; 호 2:1).

나아가 예수님은 "살리는 것은 영이니 육은 무익하니라"(요 6:63), "사람의 생명이 그 소유의 넉넉한 데 있지 아니하니"(눅 12:15)라고 하셨다. 중요한 것은 육적인 떡이 아니라 하늘로서 내려온 산 떡(요 6:51), 생명의 떡(요 6:48)이다. 주님은 "내 살을 먹고 내 피를 마시는 자는 영생을 가졌고 마지막 날에 내가 그를 다시 살리리라"고 하셨다(요 6:54). 이것은 영생이 육적인 것이 결코 아님을 일깨워 준다. 그래서 예수님은 "자기 생명을 사랑하는 자는 잃어버릴 것이요 이 세상에서 자기 생명을 미워하는 자는 영생하도록 보존하리라"고 하셨다(요 12:25). 이것은 자기 생명을 미워하고 자학하라는 것이 아니라 자기 육신만을 생각지 말고 희생 정신을 가지라는 것이다(요 12:24).

3) 그리스도를 믿기까지는 주어지지 않는다

바울은 그리스도께서 "허물과 죄로 죽었던 너희를 살리셨도다"(엡 2:1)고 선언하면서 이것은 "너희가 은혜로 구원을 얻은 것이라"(엡 2:5)고 말하였다. 이 말씀을 통해서 볼 때 영생은 구원의 원인이라기보다 그 결과임을 알 수 있다.

예수님은 마르다를 향해 "나는 부활이요 생명이니 나를 믿는 자는 죽어도 살겠고 무릇 살아서 나를 믿는 자는 영원히 죽지 아니 하리니 네가 이것을 믿느냐"라고 물으셨다(요 11:25-26). 이 질문에 마르다는 "주여 그러하외다 주는 그리스도시요 세상에 오시는 하나님의 아들이신줄 내가 믿나이다"라고 고백하였다(요 11:27). 그리스도를 믿는 자에게 영생이 있음을 보여 주시는 장면이다. 주님은 말씀하신다. "내가 저희에게 영생을 주노니 영원히 멸망치 아니할 터이요 또 저희를 내 손에서 빼앗을 자가 없느니라"(요 10:28).

영생은 은혜를 받는 것이나 성령의 내주하심과는 다르다. 이것은 영생에 수반되는 것이지만 영생 그 자체는 아니다. 오히려 영생을 받은 자에게 영생을 받았음을 나타내 보여 주는 것이다. 그러나 그리스도를 믿지 않을 때 영생은 주어지지 않는다. 요한은 "아들이 있는 자에게는 생명이 있고 하나님의 아들이 없는 자에게는 생명이 없느니라"고 말하였다(요일 5:12).

4) 그리스도를 믿는 순간 하나님과 성령의 역사하심으로 주어진다

영생은 그리스도를 믿는 순간 하나님과 성령의 사역에 의해서 주어진다. 요한은 "하나님이 우리에게 영생을 주신 것과 이 생명이 그의 아들 안에 있는 것"을 말하고 있다(요일 5:11). 우리가 그리스도를 믿을 때 하나님께서 우리에게 영생을 주시는 것이다(요일 5:10).

그래서 바울은 "이제는 너희가 죄에게서 해방되고 하나님께 종이 되어 거룩함에 이르는 열매를 얻었으니 이 마지막은 영생이라 죄의 삯은 사망이요 하나님의 은사는 그리스도 예수 우리 주 안에 있는 영생이니라"고 하였다(롬 6:22-23).

또한 예수님은 자신을 찾아 온 니고데모를 향하여 "육으로 난 것은 육이요 성령으로 난 것은 영"이라고 말씀하시면서 성령으로 거듭나지 아니하면 하나님 나라를 볼 수 없다고 성령의 사역에 대해 말씀하셨다(요 3:3, 5-6).

5) 거듭날 때 주어진다

영생은 우리가 거듭나야 주어진다. 거듭남은 하나님의 자녀로 새로 태어남을 의미한다. 중생을 가리켜 "하나님께로서 난 것"(요 1:13) 또는 "거듭(다시) 난 것"(요 3:3)이라 함은 이 때문이다. 따라서 영생을 얻는다는 것은 우리가 하나님의 자녀가 되는 것, 곧 하나님과 부자관계를 맺는 것임을 알 수 있다.

6) 새 생명을 갖는 것이다

영생은 주 안에서 새 생명을 갖는 것이다. 성경에는 그리스도 안에서 새 생명을 갖는 것이 영적인 부활로 묘사되어 있다. 성도는 "그리스도와 함께 일으킴을 받은"(골 3:1) 자일 뿐 아니라 "죽은 자들 가운데서 산"(롬 6:13) 자이다. 주님께서는 이것을 다음과 같이 예언적으로 말씀하셨다. "죽은 자들이 하나님의 아들의 음성을 들을 때가 오나니 곧 이 때라 듣는 자들은 살아나리라"(요 5:25). 새 생명을 얻는 것은 일종의 창조 행위이다. 아담이 하나님의 생기로 인해 생령이 된 것 같이 성도도 새로운 피조물이 된다(고후 5:17).

영생을 소유한 사람은 예수 그리스도 안에서 선행을 위하여 지음을 받은 자로 선언되어 있다(엡 2:10). 영생을 얻은 자에게 자기 소유를 팔아 이웃을 돕고(마 19:16, 21) 믿음의 선한 싸움을 싸우도록 요구되는 것(딤전 6:12, 19)은 이 때문인데, 이들은 세상에 속한 것이 아니라 하나님 나라에 속해 있기 때문이다.

이 삶은 육에 속한 삶과는 달리 날마다 자기를 부인하는 삶이 요구된다. 주 안에서 새로이 지은 바 된 새 사람에게는 새로운 성품이 요구되고 있다. 그래서 바울은 "옛 것은 지나갔으니 보라 새 것이 되었도다"라고 선언하고 있다(고후 5:17).

7) 말씀이 곧 영생이다

우리에게 생명을 주시는 하나님의 말씀이 곧 영생이다. 예수님은 "내가 너희에게 이른 말이 영이요 생명이니"라고 하셨다(요 6:63). 그 말씀 하나하나가 우리를 변화시키고 새로운 사람으로 만들기 때문이다. 그래서 주님은 "내가 내 자의로 말한 것이 아니요 나를 보내신 아버지께서 나의 말할 것과 이를 것을 친히 명령하여 주셨으니 나는 그의 명령이 영생인 줄 아노라"라고 하셨다(요 12:49-50). 그 말씀이 구원을 주시기 때문이다(요 12:47).

모세는 이스라엘 백성을 향해 "내가 생명과 사망과 복과 저주를 네 앞에 두었은즉 너와 네 자손이 살기 위하여 생명을 택하고 네 하나님 여호와를 사랑하고 그 말씀을 순종하며 또 그에게 복종하라 그는 네 생명이시요 네 장수시니"라 하였다(신 30:19-20). 하나님의 명령을 지키는 것이 생명이 되기 때문이다. 주님도 영생을 얻고자 한 부자 관원을 향해 "네가 생명에 들어가려면 계명들을 지키라"고 하셨다(마 19:17).

성경에서 장수는 단지 육체적인 장수만을 의미하지 않는다. 그것은 생명의 삶, 하나님 나라의 삶이 길어지는 것을 의미한다. 요한도 예수님의 행적을 기록하면서 "이 책에 기록되지 아니한 다른 표적도 많이 행하셨으나 오직 이것을 기록함은 너희로 예수께서 하나님의 아들 그리스도이심을 믿게 하려 함이요 또 너희로 믿고 그 이름을 힘입어 생명을 얻게 하려 함이니라"라고 밝히고 있다(요 20:30-31). 그러므로 우리는 말씀을 지키고 수호해야 한다. 주님은 말씀하신다. "누구든지 제 목숨을 구원코자 하면 잃을 것이요 누구든지 나와 복음을 위하여 제 목숨을 잃으면 구원하리라"(마 8:35).

4. 영생에서 얻을 수 있는 교훈들

1) 생명의 주인은 하나님이다.

하나님은 생명을 창조하고 보존하시는 생명의 주인이시다. 현대인은 우리의 생각에서 하나님을 추방시켰다. 이제는 잃었던 하나님을 찾아야 한다.

2) 육신의 목숨보다 더 중요하다.

영생은 영원히 사는 생명이다. 육신은 아프기도 않고 늙기도 한다. 그러나 영생은 이것을 뛰어넘는다. 영생의 사람은 하나님과 함께 교제하고, 그분와 더불어 영원히 산다. 그래서 영생의 사람은 영원히 멸망하지 않는다. 하나님의 형상을 가진 영생의 생명은 영원히 살기 위해 만들어진 존재이다. 영원히 사는 생명이 중요하다.

3) 우리의 힘으로 얻을 수 없다.

인류의 대표자였던 아담과 하와가 범죄함으로 영생의 기회를 이미 놓

쳤기 때문이다. 우리는 에덴동산에서 추방되었다. 다시는 그곳으로 돌아가지 못하게 되었다. 인간은 자기의 어떤 노력으로도 영생을 얻을 수 없다.

4) 영생은 하나님의 것이기 때문에 하나님이 주실 때 얻을 수 있다.

죄에 빠진 인간에 대해 가장 고심하신 분은 하나님이셨다. 예수 그리스도를 이 땅에 보내시고 십자가를 지시게 하신 그 자체가 고민의 흔적이다. 하나님은 십자가의 피로 모든 것을 용서하기로 작정하셨다. 예수를 부활케 하심으로 하나님의 사람들은 비로소 죽음에서 자유롭게 되었다.

5) 예수 그리스도를 믿고 그분과 하나가 될 때 얻을 수 있다.

하나님께서는 우리가 그리스도를 믿기만 하면 영생을 주신다. 주님은 "나를 믿지 않고서는 아버지께로 올 자가 없느니라"고 확실히 말씀하셨다. 믿는 데에는 과거의 행실이나 신분의 귀천이 문제가 되지 않는다. 오직 예수님을 얼마나 진실되게 믿는지가 중요하다. 우리는 예수 그리스도를 믿기만 하면 영원한 선물을 받을 수 있다.

6) 구원의 기회를 놓치면 모든 것을 놓치고 만다.

영생을 얻을 수 있는 구원의 기회는 날마다 주어지는 것 아니다. 언젠가는 그 문이 닫힌다. 그때가 되면 이미 늦다. 우리는 지금 육신의 건강을 위해 애쓴다. 70-80년뿐인 이 땅에서의 생명이 아니라 영원한 생명을 위해 모든 것을 걸어야 한다.

우리는 지금까지 영생이란 무엇이며, 어떻게 해야 얻을 수 있는가를 살펴보았다. 영생은 한마디로 하나님과 생명의 관계 속에 들어가는 것이다. 이것은 하나님과 주 예수 그리스도를 믿음으로써 가능하다. 주님이 내 안에, 내가 주님 안에 사는 삶이 바로 영생의 삶이기 때문이다(요 6:56).

이것은 단순히 우리의 죽음 이후 육체적인 생명이 영적인 생명으로 바꾸어지는 그런 차원이 아니다. 영생은 하나님의 자녀가 되어 그 나라에 들어가는 것이고, 구원을 받는 것이며, 새 생명을 얻는 것이다. 한마디로 언제나 예수 그리스도와 함께 사는 삶이다. 그래서 구약의 성도들은 하나님을 사랑하고 그의 명령을 지키는 것(신 30:19-20), 그의 선과 의를 찾는 것(암 5:4, 14), 그리고 하나님께 돌아오는 것(겔 18:23, 32)을 생명을 얻는 길로 생각하였고, 신약의 성도들은 예수 그리스도를 믿는 그 믿음을 생명의 길로 생각하였다.

생명의 삶, 영생의 삶은 실패와 좌절의 삶이 아니라 기쁨과 감사와 축복이 넘치는 삶이다. 우리가 비록 육체적으로 가난하고 아프고 어려움 가운데 있다 할지라도 기쁨 속에 살 수 있는 것은 우리가 주님과 동행하는 삶을 살기 때문이다. 사탄은 우리로 좌절하게 만든다. 그러나 영생의 근원 되시는 주님은 우리에게 육을 뛰어넘을 수 있는 용기를 주시며 날마다 새롭게 하신다.

우리는 이 삶을 결코 사탄에게 내어 주는 우를 범해서는 안 된다. 주님도 영생을 얻은 자들에 대해 확고한 결의를 보이셨다. "내가 저희에게 영생을 주노니 영원히 멸망치 아니할 터이요 또 저희를 내 손에서 빼앗을 자가 없느니라"(요 10:28).

그러므로 우리는 언제나 빛 가운데 행하고 하나님과 동행해야 한다. 요한은 말한다. "만일 우리가 하나님과 사귐이 있다 하고 어두운 가운데 행하면 거짓말을 하고 진리를 행치 아니함이거니와"(요일 1:6), "저 안에 거한다 하는 자는 그의 행하시는 대로 자기도 행할지니라"(요일 2:6).

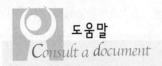

도움말
Consult a document

〈불후의 씨앗〉

칼빈이 택함 받은 자의 확고한 견인에 대해 거듭 확신을 갖는 것은, 하나님이 자신의 택하신 백성들에게 심으신 씨가 썩지 아니할 불후의 것이기 때문에 그것의 생명력이 영구히 지탱된다는 사실에 있다. 때로 새 생명의 좋은 씨가 감추어지고 바스러지며 질식되어 마침내 그것의 소유자가(다윗이 밧세바와 더불어 죄를 범했을 때처럼) 하나님에 대한 모든 경외심이나(도마의 의심처럼) 모든 믿음을 버린 것처럼 보일 수 있다.

그렇지만 모든 종교심이 소멸되어 있는 것처럼 보일지라도 새 생명의 잠재적 불꽃이 잿더미 속에 숨어 있는 산 불씨처럼 항상 남아 있다. 믿음은 외견상 질식될 수 있으나 결코 완전히 소멸되지 않는다(Wallace, 1988: 420-21).

제12장 거듭난 계명

예수님은 제자들에게 다음과 같은 새 계명을 주셨다. "서로 사랑하라 내가 너희를 사랑한 것 같이 너희도 서로 사랑하라"(요 13:34). 그러나 사실 이 계명은 하나님께서 구약 시대에 이스라엘에게 주셨던 옛 계명이다. 이것이 다시 새 계명이 되는 이유를 살펴보자.

1. 왜 새 계명인가

예수님이 주신 '이웃을 사랑하라' 는 계명은 구약에서 여러 번 강조되었기 때문에 이미 새로운 것이 아니다(레 19:18; 잠 20:22, 24:29). 예수님마저도 하나님을 사랑하고 이웃을 사랑하는 것이 율법의 대강령, 곧 구약의 요약이라고 말씀하신 바 있다(막 12:29, 31). 그럼에도 예수님은 서로 사랑할 것을 강조하시면서 이것을 새 계명으로 주신다고 말씀하셨다.

그 이유에 대해서 여러 성경학자들은 다음과 같은 견해를 나타냈다.

- 칼빈(J. Calvin): 구약의 계명이 문자적이고 외형적인 것에 비해 예수님은 내면적인 것을 강조하셨기 때문이다.

- 플러머(A. Plummer): 사랑의 동기가 새로워졌기 때문이다. 즉 예수님이 우리를 먼저 사랑하셨기 때문에 우리도 서로를 더욱 사랑할 수 있게 되었다.
- 모리스(L. Morris): 예수님의 구원 사역으로 새로운 '형제 관계'가 이루어졌기 때문이다.
- 고데트(Godet): 이것은 그리스도 예수 안에서만 실천할 수 있기 때문이다.

위의 의견들을 정리하면 이웃 사랑의 계명이 새로운 이유를 다음과 같이 살펴볼 수 있다.

첫째, 먼저 이 계명을 주신 상황적 맥락을 살펴볼 필요가 있다. 주님이 이 말씀을 하신 때는 십자가의 죽음을 앞둔 시점이다. 따라서 상황이 새롭게 전개되는 시점에서, 이 계명을 통해 제자들이 앞으로 어떠한 마음과 태도를 가져야 하는가를 보여 주시는 것이라고 볼 수 있다. 우리에게 있어서 십자가의 역사는 과거의 사건으로 끝나는 것이 아니다. 이 역사는 항상 새로운 능력으로 우리 곁에 있으며 우리는 주님이 오실 때까지 이 십자가를 기억해야 하는 것이다.

둘째, 이 계명이 새 계명인 이유는 우리가 십자가로 인하여 새로운 관계 속으로 들어가고, 십자가의 능력으로 서로 사랑하게 되는 새로운 계기가 마련되고 있으며, 십자가가 사랑의 새로운 근원이 되기 때문이다.

셋째, 주님이 보여 주신 사랑의 근본 정신을 실현한다는 점에서 새 계명이다. 옛 계명이나 새 계명은 서로 같지만 옛 계명은 명령으로 일관된 반면 새 계명은 모범이 있고 그 모범을 따르도록 예시되었다는 점에서 다르다. 그 모범은 바로 주님이시다. "내가 너희를 사랑한 것 같이"라는 말씀이 바로 그것이다. 주님은 제자들의 발을 씻김으로써 사랑의 모범을 직접 보여 주셨으며 십자가의 죽음으로 그 사랑을 완성하셨다.

넷째, 이 계명을 지킴으로써 주님과 우리의 관계가 새로워진다는 점에서 새 계명이다. 주님은 요한복음 14장 21절에서 "나의 계명을 가지고 지키는 자라야 나를 사랑하는 자니 나를 사랑하는 자는 내 아버지께 사랑을 받을 것이요 나도 그를 사랑하여 그에게 나를 나타내리라"고 하셨다. 지킨다는 말은 매일의 생활 속에서 사랑을 실천적으로 나타낸다는 것을 의미한다. 즉, 사랑을 실천하는 사람만이 인정을 받을 것이라는 말씀이다. 이것은 주님의 새 계명이 문자적이거나 외형적인 것이 아니라 실제적이어야 함을 나타낸다.

2. '엔토넨 카이넨'

예수님은 '서로 사랑하라'는 계명을 주시면서 이것을 가리켜 '새 계약', 곧 '엔토넨 카이넨'(entonen kainen)이라 하셨다. 우리는 특히 '카이넨'이라는 말에 주목할 필요가 있다. 이 말은 '새로운'이라는 뜻을 가진 '카이노스'라는 말에서 파생된 것으로 질적으로 새로운 것이라는 의미를 가지고 있다. '카이노스'는 아무런 질적인 의미의 변화를 주지 못한 채 단순히 과거, 현재, 미래를 잇는 '크로노스'(chronos)의 개념이 아니다. '카이노스'는 과거의 낡은 것과는 질적으로 다르다. 성경에 나오는 새 언약, 새로운 피조물, 새 예루살렘, 새 노래 등은 모두 '카이노스'를 사용하고 있으며 이것은 질적으로 다르다는 뜻을 담고 있다. 계명에 있어서 '카이로스'의 관계에 들어선다는 것은 시간과 관계에 있어서 질적인 변화를 가지며, 그것을 지킴에 있어서도 질적인 변화를 갖는다는 것을 의미한다. 카이로스는 히브리어의 '하다쉬'(hadash)처럼 이전에는 결코 존재하지 않았던 새로운 것이다.

'카이로스'는 구원과 연관된 질적인 개념이다. 주님은 새 계명을 주실 뿐만 아니라 이 계명을 지키는 자에게 함께 하실 것을 약속하셨다. 보혜사 성령을 보내 주심으로써 우리를 고아와 같이 버려 두지 않으실 것을 말씀하셨고, 우리가 주님 안에 그리고 주님이 우리 안에 계심을 우리가 알게 될 것이라고 하셨다. 십자가를 통해 구원의 반열에 함께 선 사람들은 주님 안에서 그리고 십자가 안에서 하나 된 사람들이다. 그들의 특징은 서로 사랑하는 것이다. 그러므로 서로 사랑하라는 주님의 새 계명은 바로 주님 안에서 새롭게 변화된 사랑을 실천하는 것이고, 십자가로 연결된 사랑을 실천하는 것이며, 주님이 기뻐하시고 주님이 인정하시는 소망이 있는 사랑을 하는 것이다.

3. 제자의 조건

예수님은 이렇듯 새 계명을 주신 후 "너희가 서로 사랑하면 이로써 모든 사람이 너희가 내 제자인줄 알리라"고 하셨다(요 13:35). 그리스도인으로서의 증거는 바로 서로 사랑하는 데 있음을 말씀하신 것이다. 하나님의 자녀들끼리 사랑하지 못한다면 그것은 주님의 도를 따르는 제자로서 스스로 부당함을 보여 주는 것이다. 우리가 서로 사랑하는 것은 하나님의 정신을 실천하는 것이다. 하나님은 사랑이시므로 사랑의 주체는 바로 하나님임을 알 수 있다. 우리는 하나님의 형상들이므로 그 사랑을 이 땅에서 구현시켜 나가야 할 책임이 주어져 있다. 그리스도인이 된다는 것, 곧 주님의 제자가 된다는 것은 십자가의 사랑을 실현하는 것이다. "네 하나님을 온전히 사랑하고 네 이웃을 내 몸과 같이 사랑하라"는 으뜸가는 계명을 주님은 십자가를 지심으로 완성하셨다. 이제 주님은 우리로 하여금 사랑의 십자가를 지도록 함으로써 그 계명을 새롭게 이루도록 당부하시는 것이다. 주님은 이 정신에 바탕을 두어 하나님의 자녀들끼리 서로 사랑하는 모습을 보이라고 말씀하신다.

이 사랑은 주님을 믿지 않는 다른 사람들의 사랑과는 질적으로 다르다. 그리스도인의 사랑 속에는 끊이지 않는 하나님의 사랑이 있고 주님의 보혈이 있으며 성령의 놀라우신 개입이 있다. 이러한 사랑의 정신 속에서 사랑을 실천할 때 세상 사람들은 그리스도인의 사랑이 얼마나 다른가를 느끼고 참으로 제자 됨이 무엇인가를 판단하게 될 것이다. 제자 됨은 질적으로 다른 사랑을 실천하는 데 있다. 그것은 세상과는 다른 하나님 나라의 사랑 방법이다. 그래서 주님은 "너희는 먼저 그의 나라와 그의 의를 구하라"라고 말씀하신다. '서로 사랑하라' 라는 말씀은 주 안에서의 사랑이요, 하나님 나라의 사랑이다. 우리는 모두 주님으로부터 이 명령을 함께 받은 주님의 제자들이며 사랑을 함께 실천해야 할 책임이 있는 하나님 나라의 백성들이다.

4. 요한 신학의 정수

요한은 요한복음과 요한 1, 2, 3서를 통해 '서로 사랑하라' 는 주님의 계명이 마땅히 실현되어야 할 것을 강조하고 있다. 요한일서 3장을 보아도 이 계명이 얼마만큼 강조되고 있는가를 알 수 있다.

다음은 그 장의 요약문이다.

"그 형제를 사랑하지 아니하는 자는 하나님께 속하지 아니하니라 우리가 서로 사랑할지니 이는 너희가 처음부터 들은 소식이라 가인 같이 말라 … 그 형제를 미워하는 자마다 살인하는 자니 살인하는 자마다 영생이 그 속에 있지 아니 하는 것을 너희가 아는 바라 그가 우리를 위해 목숨을 버리셨으니 우리가 이로써 사랑을 알고 우리도 형제를 위하여 목숨을 버리는 것이 마땅하니라 … 자녀들아 우리가 말과 혀로만 사랑하지 말고 오직 행함과 진실함으로 하자 … 그의 계명은 이것이니 곧 그 아들 예수 그리스도의 이름을 믿고 그가 우리에게 주신 계명대로 서로 사랑할 것이니라 그의 계명들을 지키는 자는 주 안에 거하고 주는 저 안에 거하시나니 우리에게 주신 성령으로 말미암아 그가 우리 안에 거하시는 줄을 우리가 아느니라(요일 3:10–24)."

5. 새 계명의 존재 근거와 우리의 자세

우리는 이 말씀들을 통해서 주님께서 말씀하신 중요한 것 가운데 하나가 바로 주 안에서 서로 사랑하는 것임을 알 수 있다. 이것은 지금 우리에게 계명으로 주어져 있다. 계명이란 우리가 지키지 않으면 안 되는 주님의 명령이라는 뜻이다. 특히 이 새 계명은 예수 그리스도와 그 십자가 보혈의 의미가 담겨 있으며, 이것은 모두 하나님의 사랑에 바탕을 두고 있다. 즉, 새 계명의 근본 바탕에는 하나님의 사랑이 있고, 그 사랑의 모습 속에 그리스도와 보혈이 담겨 있는 것이다. 우리가 서로 사랑하는 것은 바로 하나님이 그리스도를 통해 보여 주신 사랑을 그대로 이 땅에서 구현하는 것이다. 우리가 새 계명의 존재 근거에 따라 주 안에서 서로 사랑할 때 우리는 주님과 '카이노스'적 관계를 가질 수 있는 것이다. 새 계명을 지키는 자는 새롭게 태어난 자이며 새 언약에 속한 자이다.

제13장 은혜 위에서 맺은 약속

1. 언약의 의미

언약 또는 계약(covenant)은 원래 두 당사자가 서로를 위해 어떤 일을 하기로 한 구속력을 가진 약속(testament)이다. 신학적으로 볼 때 언약은 하나님과 사람 사이의 관계에 대해서 사용되며, 특히 하나님의 약속을 믿고 이 약속 안에 포함된 의무를 수행하는 사람들을 위해 하나님께서 체결하신 은혜로운 약속이다. 이 언약은 하나님이 인간을 위해 정하신 하나님의 뜻(will)이기도 하다. 언약을 구약에서는 '베리트'(berit)로, 신약에서는 '디아데케'(diatheke)로 사용하고 있는데, 그 의미를 살펴보면 다음과 같다.

1) '베리트'의 의미

구약에서 언약은 히브리어로 '베리트'라는 말로 사용된다. 이 단어의 원래 의미는 '족쇄'나 '의무'이다. 이것의 어근은 '바라'(bara)로서 '구속하다'는 뜻을 담고 있다. 베리트는 두 당사자가 상대방을 위해 서로 어떤 일을 해 주겠다고 약속하는 결속 관계를 의미한다. 이 말이 처음 사용된 것은 노아 때이며 '셈의 장막에 거하시는 하나님의 언약', 곧 홍수 후의 언약이 그것이다. 이 말은 노아뿐 아니라 아브라함, 그리고 모세에서도 사용된다. 다윗 시대에 와서는 이 말이 사용되고 있지 않지만 메시아 왕국이 언약의 의미를 대신하고 있다.

2) '디아데케'의 의미

신약에서 언약은 헬라어로 '디아데케'라는 단어로 표현된다. 이 말은 '하나님께서 일방적으로 맺으심'을 강조하고 있다는 점에서 하나님과 사람이 동등한 입장에서 계약을 맺지 않았음을 분명히 밝히고 있다. 하나님과 사람이 동등한 입장에서 계약을 맺을 경우에는 '쉰데케'(suntheke)라는 단어를 사용해야 한다. 그러므로 '디아데케'는 한 편이 우월한 권한을 가지고 계약 조건을 체결하고, 다른 편은 단지 그것을 받아들이든지 거절할 수밖에 없는 상태를 뜻한다. 헬라인들은 '디아데케'를 '뜻' 또는 '유언'으로 해석하기도 했다. 히브리서 9장 15-17절에서는 유언은 그 유언자가 죽어야 효과가 발생한다고 말함으로써 언약의 유언적인 의미를 강조하고 있다. 그러나 대부분의 경우는 유언의 의미보다 하나님의 주권적인 뜻을 강력히 선포하는 의미에서의 언약이 강조된다.

2. 언약의 성격

언약은 다음과 같은 성격을 띠고 있다.

1) 영원불변한 구속성

계약을 체결한 당사자들은 그 계약이 파기될 경우 하나님의 형벌을 받는다는 전제 아래 계약의 조건들을 이행할 의무가 있다. 계약은 이처럼 법적인 구속력을 가지고 있다. 그러므로 하나님과 사람 사이에 맺어진 계약은 하나님도 그것을 깰 수 없다. 흔히 계약을 'bond'라고 말하는 것은 이것을 깰 수 없음을 뜻하는 것이다. 세상의 계약은 상황에 따라 변할 수 있지만 우리와 맺은 하나님의 언약은 아무리 상황이 달라진다 해도 변함이 없다.

2) 일방성

계약을 체결할 때 한 편이 다른 편보다 우세할 경우 일방성이 있다. 권세를 가지고 있는 사람이 그 권세 아래 있는 사람들에게 가장 좋다고 판단되는 법령을 통보한다. 권세 아래 있는 사람은 그 법령을 기꺼이 받아들이겠다는 의사를 표시할 뿐이다. 하나님께서 그의 백성과 맺으신 계약의 경우 그 일방성은 더욱 두드러지게 나타난다. 신분의 차이가 너무 현저하기 때문이다. 이 경우 계약이란 하나님께서 자신의 은택을 믿음으로 받아들이고 자신에게 절대적으로 복종하는 사람들에게 그 은택을 주시겠다는 거룩하신 뜻을 선포하는 것이다. "나는 그들의 하나님이 되고 그들은 나의 백성이 될 것이다"는 말씀은 그 보기이다(렘 11:4; 겔 11:20; 슥8:8). 이 말씀은 하나님께서는 자신을 아낌없이 백성에게 내어 줄 터이니 그들도 자신들을 하나님께 주어야 한다는 것을 의미한다.

3) 조건성과 무조건성의 이중성

여호와께서 우리에게 주신 은혜의 언약은 믿는 자 모두를 위한 언약이라는 점에서 무조건적이다. 그러나 주신 약속들은 그 조건들이 완전히 이루어지면 반드시 성취되는 선언적인 성격을 띠고 있으며 특히 약속에 대한 혜택은 단지 참되고 생동적인 신앙생활을 하는 사람에게만 주어진다는 점에서 조건적이다. 즉, 하나님의 백성 모두에게 적용된다는 점에서 무조건적이지만, 그분의 음성을 청종하고 그 계명을 지키는 자에게만 궁극적으로 축복이 주어진다는 점에서 조건적이다.

3. 새 언약

예레미야는 때가 되면 하나님께서 유다와 이스라엘에 새 언약을 세우실 것을 예언한 바 있다. 그는 새 시대에는 옛 언약인 모세의 율법 언약을 새롭게 갱신하여 더 완전한 언약을 세울 것을 선언했다. 옛 언약에서는 법적 강제성이 우선되었으나 새 언약에는 의무적인 순종이 아니라 자발적인 순종을 하게 하는 요소가 보강된다.

하나님은 새 언약을 소개하시면서 "… 나의 법을 그들의 속에 두며 그 마음에 기록하여 나는 그들의 하나님이 되고 그들은 내 백성이 될 것이라 … 너는 여호와를 알라 하지 아니하리니 이는 작은 자로부터 큰 자까지 다 나를 앎이니라 내가 그들의 죄악을 사하고 다시는 그 죄를 기억하지 아니하리라"라고 말씀하신다(렘 31:33-34).

과거 옛 언약에서의 모든 불순종과 패역함이 새 언약 아래 하나님을 향한 신실함과 충성으로 변화된다. 그리고 이를 위해 그리스도를 통한 사죄의 은혜가 주어진다. 이 언약은 출애굽 당시 맺은 내용과 전혀 차원이 다르다. 하나님의 백성을 속박하는 근본적인 세력인 죄악의 권세로부터 해방시킨다는 점에서 차원이 전혀 다른 제2의 출애굽이기도 하다. 이 해방을 통해 하나님의 백성은 하나님을 진정으로 섬길 수 있게 되고 하나님은 명실공히 그들의 하나님으로 합당한 영광과 존귀와 찬양을 받으실 수 있게 된다. 이런 의미에서 옛 언약은 파기되는 것이 아니라 새 언약을 통해 완성되는 것이다(사 59:20, 21; 렘 32:37-40; 겔 16: 60-63; 37:21-28; 히 8:6-12). 신약 시대에 오면 모든 하나님의 백성이 이런 새로운 관계에 들어가는데, 이 모든 사역은 성령에 의해 구체화된다.

예수님은 제자들과 함께 유월절을 지키시면서 새 언약에 대해 선언하셨다. 예수님께서는 최후의 만찬석상에서 잔을 가지고 축사하신 다음 "… 너희가 다 이것을 마시라 이것은 죄사함을 얻게 하려고 많은 사람을 위하여 흘리는 바 나의 피 곧 언약의 피니라"고 하셨다(마 26:27-28; 막 14:24). 바울은 언약의 피를 새 언약으로 소개하였다. 즉, 떡을 드시고 "이것은 너희를 위하는 내 몸이니 이것을 행하여 나를 기념하라"고 하셨고, 잔을 드시고는 "이 잔은 내 피로 세운 새 언약이니 이것을 행하여 나를 기념하라"하신 것이다(고전 11:23-25). 이것은 새 언약이 주님의 피의 언약임을 가르쳐 준다. 주님이 세우신 새 언약은 구약의 전 역사에 걸쳐 제시되었던 모든 언약을 최종적으로 완성했다. 모든 구약 역사가 바로 주님이 세우신 새 언약을 위해 준비되고 전개되었기 때문이다. 주께서 세우신 새 언약은 무엇보다도 자신의 피에 근거한 것이었다(마 26:28). 즉, 새 언약의 핵심은 피, 곧 죽음에 있다. 이는 주님만 하실 수 있는 일로서 주님은 대속적 죽음을 당하셔야 했다. 언약의 피는 하나님께서 시내 산에서 이스라엘에게 세우신 언약에서 공식화되었지만 그것은 지극히 제한적이었다(출 24:8). 주님이 십자가상에서 대속물로 죽으시는 것은 백성을 죄로부터 구하시기 위해 필히 감당해야 할 것이었다. 주님은 결국 자신의 피로 모세 언약이 해결하지 못한 죄의 문제를 단번에 해결하셨다(히 9:11-15). 주님이 제자들에게 주셨던 떡과 잔은 바로 자신의 살과 피를 상징한다(요 6:56-57). 성찬의 떡과 잔은 주님의 죽으심, 더 이상 속죄 제물이 필요 없음, 주님의 피를 힘입어 죄로부터 구원 얻은 사실, 그리고 그리스도와 연합되어 있음을 재확인하는 것이다. 이런 사실에 근거해서 성찬에 참여하는 우리는 죄로부터 벗어나는 자유를 만끽할 수 있다. 우리는 여기에서 새 언약의 헬라어적 의미에 관심을 집중시킬 필요가 있다. 성경은 새 언약을 헬라어로 '카이네 디아데케'

(kaine diatheke)라 하였다. '카이네'는 '카이노스'(kainos)로서 '크로노스'(chronos)와는 다르다. '크로노스'는 시간적 차이를 강조하지만 '카이노스'는 질적인 차이를 강조한다. 그러므로 새 언약은 첫 언약과는 단지 시간적으로 차이가 있다는 것을 강조하기보다 질적으로 새로운 언약임을 강조한다. 즉, 우리의 피가 아니라 그리스도의 피로써 죄를 사하고 그의 택한 백성들을 구원하시려는 은혜의 언약이다. 그리스도의 피로 세운 이 언약은 이렇듯 종래의 언약과는 질적으로 차이가 있다. 이는 이 언약에 들어온 자는 질적으로 달라지지 않으면 안 된다는 것을 나타낸다. "이 떡을 먹으며 이 잔을 마실 때마다 주의 죽으심을 오실 때까지 전하는 것"이나 "누구든지 주의 떡이나 잔을 합당치 않게 먹고 마시는 자는 주의 몸과 피를 범하는 죄"가 있는 것은 그리스도의 죽음이 질적으로 다른 죽음임을 보여 주는 것이다(고전 11:26-27).

4. 첫 언약과 새 언약의 차이

구약의 언약은 첫 언약(first covenant), 옛 언약(old covenant, old testament), 율법의 언약 등 여러 이름으로 불리고 있다. 이에 반해 신약의 언약은 새 언약(new covenant, new testament), 그리스도의 언약 등으로 불리고 있다. 히브리서 8장과 9장에서는 그 차이에 대해 상세히 언급하고 있다.

첫 언약은 일종의 행위 언약으로서 계명 중심의 언약이다. 이 계명은 돌에 기록되었다. 백성들은 기록된 계명을 지키도록 명령을 받았으나 실패했다. 그들은 속죄함을 받기 위해 동물의 피를 이용한 제사를 끊임없이 드려야 했다. 이것은 일시적인 육체의 예법에 불과했다. 죄인의 한계를 드러낸 것이다. 새 언약은 그리스도의 피로 영원한 속죄를 이룬 것에 바탕을 두고 있다. 그리스도는 첫 언약 때 범한 죄를 속하기 위해 죽으셨으며 그 공로를 믿는 모든 자에게 영원한 기업의 약속을 얻게 하셨다. 우리의 공로가 아니라 그리스도의 공로로 구속함을 입은 것이다. 그래서 그리스도의 피가 우리의 양심을 죽은 행실에서 깨끗하게 하고 살아 계신 하나님을 온전히 섬기게 하는 것이다. 이제 언약은 단지 돌에 기록된 것이 아니라 마음에 기록되어 우리 마음속에 영원히 남아있다. 하나님은 하나님의 언약을 신실하게 믿고 따르는 사람들에게 영원한 보장이 되신다.

첫 언약과 새 언약의 차이

	첫 언약	새 언약
중심	성막과 십계명	그리스도의 법
기록	돌에 기록	마음에 기록
영속성	일시적	영원
피	동물의 피	그리스도의 피

첫 언약과 새 언약은 이처럼 차이가 나지만 두 언약 모두 피로 세운 언약이라는 점에서는 공통된다. 모세는 모든 계명을 온 백성에게 말한 후 동물의 피를 취하여 율법의 책, 곧 언약의 책과 성막, 성전 기물, 그리고 온 백성에게 뿌리며 "이것은 하나님이 너희에게 명하신 언약의 피"라고 하였다(출 24:6-8). 그리고 "율법을 좇아 거의 모든 물건이 피로써 정결케 되나니 피 흘림이 없은즉 사함이 없느니라"고 하였다(히 9:22). 그러나 피라고 할지라도 첫 언약의 피는 동물의 피임에 비하여 새 언약의 피는 그리스도의 피라는 점에서 차이가 있다. 그리스도는 자신을 단번에 드림으로써 죄를 없게 하셨다.

히브리서 8장은 주께서 '새 언약'이라고 표현하신 것을 말하면서, 첫

것은 낡아지게 하신 것이며 낡아지고 쇠하는 것은 없어져 가는 것임을 분명히 하고 있다(히 8:13). 이것은 새 언약의 위치와 중요성을 나타내는 중요한 말씀이다. 율법에 의한 제사를 불완전한 제사로 보고 그리스도의 제사를 영원한 제사로 보는 것 역시 이 때문이다(히 10장).

5. 새 언약 아래 있는 사람들이 해야 할 일

새 언약 아래 있는 사람들은 이 땅에 살면서 그리스도의 법을 성취하고, 그리스도께서 원하시는 삶을 살아야 한다.

히브리서 기자는 우리에게 다음과 같은 삶의 태도를 가지라고 가르치고 있다.

1) 하나님의 법을 항상 마음에 두라(히 10:16)

히브리서 기자는 "저가 한 제물로 거룩하게 된 자들을 영원히 온전케 하셨느니라"라고 전제하고 있다(히 10:14). 새 언약 아래 있는 사람들은 그리스도를 통해 영원히 온전케 된 사람들이라는 뜻이다. 성령의 증거에 따르면 주님은 "그날 후로는 저희와 세울 언약이 이것이라 하시고 내 법을 저희 마음에 두고 저희 생각에 기록하리라 … 저희 죄와 저희 불법을 내가 다시 기억하지 아니하리라"고 하셨다(히 10:15-17). 그러므로 성경은 무엇보다 하나님의 법을 항상 마음에 두는 것이 중요하며, 죄 사함을 받았으므로 다시금 죄를 위하여 제사드릴 것이 없다고 가르친다.

2) 참 마음과 온전한 믿음으로 하나님께 나아가라(히 10:22)

우리는 예수님의 피를 힘입어 성소에 들어갈 담력을 얻게 되었다. 주님이 우리를 위해 휘장 가운데로 열어 놓으신 길은 새롭고 산 길이다. 우리는 하나님의 집을 다스리시는 큰 제사장이신 예수님이 계시다는 것을 믿고 참 마음과 온전한 믿음으로 하나님께 나아가야 한다.

또한 약속을 주신 하나님의 미쁘심을 의지하고 믿는 도리의 소망을 굳게 잡고 나아가며 우리 가운데 흔들리는 신앙을 가지는 사람이 없도록 서로 돌아보고 권해야 한다.

3) 담대하라(히 10:35)

하나님의 언약 아래 있는 백성은 더 낫고 영구한 산업을 소유한 사람들이다. 따라서 이 땅의 산업에 연연하지 않고 하늘의 것으로 인해 기뻐한다. 우리는 빛의 약속을 받은 자이므로 이 땅의 큰 싸움에서 담대함을 버려서는 안 된다. 담대함은 결국 우리로 하여금 큰 상을 얻게 한다.

4) 인내하라(히 10:36)

언약의 자녀들은 하나님의 뜻을 행한 후 약속한 것을 그대로 받을 사람들이다. 그러므로 우리는 뒤로 물러가지 않는 신앙을 가지고 있어야 하며 따라서 보다 인내할 필요가 있다. 성경은 말한다. "잠시 잠깐 후면 오실 이가 오시리니 지체하지 아니하시리라 오직 나의 의인은 믿음으로 말미암아 살리라 뒤로 물러가면 내 마음이 저를 기뻐하지 아니 하리라 우리는 뒤로 물러가 침륜에 빠질 자가 아니요 오직 영혼을 구원함에 이르는 믿음을 가진 자니라"(히 10:37-39).

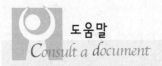

도움말
Consult a document

비처가 프린스턴 스톤 강의(Stone lecture)에서 한 강연은 구약과 신약 사이에 존재하는 언약에 대해 잘 묘사하고 있다.

다음은 그 연설 내용이다(Beecher, 1975: 178).

"성경은 하나의 유일한 언약을 중심적 교리로 계시하는 특수한 집합이다. 하나님은 아브라함에게 언약을 주셨다. 그리고 그를 통하여 모든 인간에게 언약을 주셨다."

제3부
신학, 나와 너 사이에 서다

제14장 관계를 넘어 사랑으로

우리는 그리스도인을 'Christian' 이라 한다. 이 말을 다음과 같이 분석한 사람이 있다.

'CHRIST is all   그리스도가 전부요
I Am Nothing   나는 아무것도 아닌 자'

다시 말하면 나 자신보다는 그리스도를 중시하는 사람이 바로 그리스도인이라는 것이다. 그러나 그리스도를 우리의 모든 것이 아니라 액세서리 정도로 취급하는 경우가 많은 것이 사실이다. 이것은 그리스도에 대한 우리 자신의 인식 자체에 문제가 있음을 말해 준다. 우리는 철저하게 온전한 그리스도인이 되어야 한다. 우리에게서 그리스도의 흔적을 찾을 수 없다면 그것은 그리스도인으로서의 정체성 자체에 문제가 될 수 있다.

1. '모두스 비벤디' 와 '몰페'

사람이 살아가는 데는 두 가지 양식이 있다. 하나는 삶의 양식(modus

vivendi)이요 다른 하나는 죽음의 양식(modus moriendi)이다. 삶의 양식은 생명이 넘치지만 죽음의 양식에는 생명이 없다. 그리스도인에게는 항상 주님의 정해 주신 방식이 있다. 그것은 죽음의 양식이 아니라 삶의 양식이다.

성경에 본체를 나타내는 말로 '몰페'(morphe)라는 말이 있다. 이것을 라틴어로 말하면 '포르마'(forma)이며 영어의 형식 또는 양식(form)이다. 본체가 아닌 모양을 나타내는 말로 '스케마'(schema)가 있다. 라틴어로 '하비투스'(habitus), 영어로 '패션'(fashion)이다. 삶의 양식은 '스케마'를 지향하는 것이 아니라 '몰페'를 지향한다. '몰페'를 지향하면 내적인 변화를 동반하지만 '스케마'만 따르면 모양이나 외적 양상만 그럴듯할 뿐 내면적 변화가 없다. 그저 일시적으로 변장만 했을 뿐이다.

성경에서 "아들의 형상을 본받게 하기 위하여"(롬 8:29), "저와 같은 형상으로 변화하여 영광으로 영광에 이르니"(고후 3:18), "그리스도의 형상이 이루기까지"(갈 4:19)에서 말하는 "형상"은 모두 '몰페'를 뜻한다. 그 본체를 본받으려는 것이다. 그러나 "이 세상의 형적은 지나가나니라"(고전 7:31), "천사로 가장하나니"(고후 11:14)의 "형적"이나 "가장"은 각각 외적인 모습과 변장을 의미한다. 우리가 가져야 할 것은 본질적인 변화이지 가장의 변화가 아니다.

예수 그리스도는 하나님 본체이시지만 인간의 몸(모양)을 입고 이 땅에 오셨다. 하지만 그분은 십자가의 죽으심으로 다시 본체로 돌아가셨다. 만일 그분이 본체가 아닌 모양만으로 우리에게 남아있다면 문제는 달라졌을 것이다. 우리가 믿고 본받아야 할 것은 '몰페'로서의 그리스도요, 그분의 삶의 양식이다.

2. 관계 지향의 삶

에머슨(R. W. Emerson)의 말 중에 "인간은 자기가 하고 싶은 만큼 게으르다."는 말이 있다. 이것은 우리 속에 게으름이 본래적으로 내재해 있다는 말이다. 그러나 하나님은 이와 반대로, 주무시지도 않고 지금도 일하고 계신다. 그래서 하나님은 우리를 자기의 자녀로 만드는 순간 게으름을 지우고 열심을 심어 주신다. 열심(enthusiasm)이라는 말 속에 하나님(Theos)이 들어있는 것은 이 때문이다. 여호와의 열심이 우리 속에 있어 우리는 과거와는 다른 삶을 살게 된다. 그리스도인은 삶의 방식이 종래와 다르다. 다른 사람과도 다르다. 예수님을 구주로 영접했을 때 이미 이전의 삶의 방식을 버렸기 때문이다. 그래서 많은 그리스도인들은 그리스도인이 된다는 것 자체에 큰 의미를 부여해 왔다. 그것은 기존의 세상 가치나 삶의 방식을 완전히 부정하고 새로운 삶의 가치로 전환되었음을 의미한다. 완전히 달라진 삶을 산다는 것이다.

그러나 우리는 진정 변화된 삶을 살고 있는가? 이 질문에 자신 있게 대답할 사람은 아무도 없다. 그만큼 우리에게는 아직도 문제가 많다. 교회에 출석한다는 것과 성경을 가까이 하고 기도를 한다는 것 외에 달라진 것이 거의 없다. 근본적으로 삶의 모습이 달라져야 한다. 삶의 양식에 변화를 가져오기 위해 교육학에서는 '관계 지향성'을 강조한다. 하버드 대학을 비롯한 여러 대학에서도 관계 지향의 삶의 방법을 학생들에게 가르친다. 일본의 부모들은 자녀들에게 어렸을 때부터 남에게 폐를 끼치지 않는 삶을 살도록 가르치고 생활에 옮기도록 한다. 대부분의 종교도 관계 지향을 강조한다. 여기에서 강조하는 관계는 사람들 사이의 관계에 치중되어 있다.

그러나 기독교는 '하나님을 사랑하고 이웃을 사랑하라' 고 가르침으로써 인간 관계뿐 아니라 하나님과의 관계를 바로 할 것을 강조한다. 기독교는 이처럼 관계 지향에 있어서 수직으로나 수평으로 완벽해야 한다는 것을 강조하고 있다. 관계라는 말은 원래 라틴어의 '레페레'(referre)에서 유래되었다. 이 말의 어근인 '페레'는 '낳다' '맺다' '산출하다' '견디다' 등 여러 가지 뜻을 가진 'bear'이다. 이로 보아 진정한 관계는 생산적이며 책임성을 가지는 것이고 이를 위해 수고를 참으며 짐을 지는 생활을 해야 한다는 것을 알 수 있다. 따라서 관계라고 말할 때에는 단순히 명목적인 차원을 넘어선다. 성경은 최선을 다해야 한다는 뜻을 '온 마음과 정성을 다해서 하나님을 사랑하고, 이웃을 내 몸과 같이 사랑해야 한다'는 표현으로 가르치고 있다.

포아풀은 사막이나 황무지 어디서나 자라는 풀이다. 이 풀은 높이 5센티미터의 작은 키를 가지고 있지만 600킬로미터가 넘는 거대한 뿌리를 가지고 있다. 뿌리는 땅 속 곳곳을 장악하며 물을 빨아올린다. 포아풀이 어떤 척박한 토양에서도 자라나는 비결은 바로 이 뿌리에 있다. 미국 중서부 지방에서 포아풀과에 속하는 호밀(socalo cereale)을 발견했는데 그 호밀은 한 겨울의 땅에 6228킬로미터의 뿌리를 내리고 있었다.

그리스도인은 무엇보다 하나님과의 관계뿐만 아니라 인간 관계에서 이처럼 깊고 넓게 뿌리를 내려야 한다. 그래야 하나님이 기뻐하시는 삶을 살 수 있다. 그리스도인에 있어서 삶의 변화는 기본적으로 하나님과의 관계, 그리고 이웃과의 관계 변화로 나타나야 한다. 이 변화는 지금까지 나만 생각했던 삶에서 하늘을 향해, 그리고 이웃을 향해 눈을 뜨고 사랑을 하기에 이르는 놀라운 변화이다. 이렇게 변할 수 있는 것은 예수 그리스도를 믿음으로 우리의 심장이 그리스도의 심장으로 바뀌었기 때문이다. 거듭남이란 이처럼 온전한 변화를 가져다준다.

3. 하나님과의 관계 갱신

그리스도인은 무엇보다 하나님과의 관계에 변화가 일어나야 한다. 이웃과의 관계가 아무리 좋다고 해도 우리 안에 하나님과의 관계가 바로 서지 않으면 모든 것이 허사이다. 하나님과의 관계가 바로 선 사람은 언제 어디서나 하나님의 뜻을 생각하고 그 나라를 우리 가운데 세우고자 한다. 사랑하는 사람은 언제나 상대를 그리워하고 상대의 말과 표정에 온 신경을 집중시킨다. 그리스도인은 바로 하나님을 사모하고 그분의 말씀에 온 마음을 집중하는 사람들이다. 하나님의 말씀인 성경을 읽고, 묵상하고, 그 말씀대로 살아가려고 하는 것은 무엇보다 하나님을 사랑하기 때문이다. 성경은 하나님을 사랑하라고 명하면서 우상을 섬기지 말 것과 질투하시는 하나님에 대해 강조하였다. 예배를 드리는 시간에 하나님 아닌 다른 생각에 빠져 있다면, 하나님의 일보다 자신을 위한 일과 명예를 더 중시한다면 그것은 하나님을 온 마음과 정성과 뜻을 다해 섬기는 것이 아니다. 하나님을 우리의 삶의 우선 순위에서 가장 높은 데 두어야 진정한 그리스도인이라 말할 수 있다. 그리스도인이라면서 하나님의 일을 마지막에 둔다면 하나님의 분노를 촉발하기에 충분하다.

우리는 하나님을 온전히 사랑함으로써 그분에게 영광 돌리는 삶을 살아야 한다. 영광 돌리는 삶은 입으로만 하는 것이 아니다. 그 삶은 우리의 구체적인 행실로 나타나야 한다. 또한 하나님과 바른 관계를 사는 사람은 종말론적 삶을 살아야 한다. 종말론적 삶이라 해서 늘 비통한 마음으로 사는 것은 아니다. 두려움보다 하나님과의 교제에서 오는 기쁨을 가지고 살아야 한다. 이것은 그리스도인의 삶이 희망적임을 의미한다.

우리는 하나님의 나라가 이미(already) 우리 가운데 임한, 그러나 아직 완전히 성취된 것이 아닌(not yet) 상태에 살고 있다. 비록 '아직 성취되지 않은' 시간 속에서 갈등을 하며 살고 있지만 약속된 미래가 성취될 것이라는 확신 속에서 기쁨의 삶을 살아야 한다. 이러한 삶 속에 무엇보다 필요한 것은 형식적인 믿음이 아니라 하나님을 향한 흔들리지 않는 믿음이다. 이렇듯 확실한 관계를 유지할 때 우리는 이 세상에서 승리의 삶을 살 수 있다.

4. 이웃과의 관계 갱신

그리스도인은 이웃과의 관계도 바로 가져야 한다. 하나님을 사랑하는 사람은 그분이 만드신 또 다른 창조물인 이웃을 깊이 사랑할 줄 알아야 한다. 여기서 이웃은 거리상의 이웃이라기보다 우리의 관심 밖에 두어서는 안 될 사람들을 말한다.

그리스도인으로서 이웃을 저버린 채 하나님과의 관계만으로 만족하려는 것은 이기적인 사람이다. 하나님을 사랑하는 사람은 그 사랑을 행동으로 입증해야 한다. 그 입증 방법 가운데 중요한 것이 바로 이웃을 향한 그리스도인의 사랑이다. 이웃과의 관계를 바로 세우지 못하면서 하나님을 사랑한다고 말하는 것은 거짓이요, 위선이기 때문이다.

이웃을 향한 우리의 사랑은 무엇보다 그리스도의 사랑에 바탕을 두어야 한다. 그리스도의 사랑을 우리의 이웃에 전하는 것이다. 주 안에서의 바른 이웃 관계, 그것이 바로 그리스도인이 지켜가야 할 코이노니아 (koinonia)이다. 그리스도인은 이웃 사랑을 통해 하나님을 전하고 결국 하나님이 영광을 받으시도록 해야 한다. 또한 그리스도인의 이웃 사랑은 말로만 하는 것이 아니다. 우리의 행실을 통해 그리스도를 나타내야 한다. 우리는 이웃 사랑을 가난한 사람, 억압당하는 사람, 병 가운데 있는 사람들의 아픔을 이해하고 그들을 물질적·정신적으로 돕는 것에 한정시키는 잘못을 범하고 있다. 물론 이것도 성경이 가르치는 매우 중요한 이웃 사랑의 모습이지만 이에 못지않게 중요한 가르침은 내 주변에 있는 이웃과의 관계에서 우리의 삶의 모습을 바르게 가지는 것이다.

십계명은 이웃의 것을 도적질하는 것, 이웃을 해하려 거짓 증거 하는 것, 이웃의 소유에 대해 욕심을 내는 것, 자기의 유익을 위해 남을 살해하는 것 모두를 금하고 있다. 갚아야 할 것을 갚지 않는 것, 이웃으로 하여금 한을 품게 하는 것, 폭행하는 것 등은 모두 그리스도인의 삶이 아니다. 하나님과 동행하는 사람이라면 그러한 삶을 살 수 없다. 진정한 그리스도인이라면 마땅히 이웃을 존중하고, 더 나아가 이웃을 위한 삶을 살아야 한다. 예수님이 말씀하시는 압제는 독재를 하는 정치가에만 해당되는 것이 아니다. 그리스도인으로서 다른 사람을 억울하게 만드는 모든 것도 압제에 해당된다. 그러므로 우리의 삶에서 하나님의 공의와 정의가 바로 서도록 하는 것이 이웃을 사랑하는 중요한 일임을 똑바로 인식해야 한다.

예수님은 그리스도인의 적극적인 삶을 강조하신다. 그 삶은 온 마음을 다해 하나님을 사랑함으로써, 그리고 이웃을 내 몸과 같이 사랑함으로써 나타난다. 그리스도인으로서의 삶의 양식은 바로 하나님과의 관계 그리고 이웃과의 관계에서 생명력이 넘치는 것으로 나타나야 한다. 우리가 그런 삶을 살지 못하고 있다면, 우리의 삶의 양식에 변화가 없다면, 우리는 아직 하나님께 속한 자가 아니다. 관계가 바로 정립되지 않은 채 신앙생활을 하는 것은 모래 위에 집을 짓는 것과 같다.

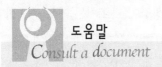

도움말
Consult a document

〈수용소에서 발견된 쪽지〉

유대인들은 하나님의 말씀을 사랑하고 그 말씀을 전적으로 신뢰한 민족이었다. 그들은 어려서부터 말씀을 가르치고 교육하였다. 그들이 토라를 배우기 시작할 때 부모는 토라에 꿀을 떨어뜨려 입으로 핥게 한다. 하나님의 말씀이 꿀처럼 달다는 것을 가르쳐 주기 위함이다. 그들은 미간에도 하나님의 말씀을 붙이고, 문지방에도 붙여, 매순간 하나님의 말씀을 생각나게 하였다. 히틀러가 6백만에 달하는 유대인들을 학살했지만 그들은 그 가운데서도 하나님에 대한 믿음을 잃지 않았다. 많은 유대인들은 죽음을 맞으면서도 성경 구절을 적은 쪽지를 손에서 놓지 않았다. 독일 사람들은 후에야 그것이 하나님의 말씀임을 확인할 수 있었다. 수용소가 연합군에 의해 해방되면서 여러 가지 것들이 발견되었다. 그 가운데 어떤 사람은 그 극한 상황에서도 "하늘을 두루미리 삼고 비디를 먹물 삼이도 힌없는 히니님의 사랑 다 기록할 수 없겠네"라는 감사와 찬양의 글까지 남겼다.

우리에게 필요한 것은 하나님에 대한 이러한 전적 신뢰이다. 이 신뢰가 우리의 변화 한가운데에 있어야 한다.

제15장 다시 하나님 앞으로

신앙생활은 하나님과 나 자신의 관계에 따라 그 깊이가 달라진다. 하나님과 나의 관계가 진지하고도 깊은 관계인가 아니면 피상적인 관계인가, 전면적인 관계인가 혹은 부분적 관계인가 하는 것은 신앙인으로서 점검해야 할 가장 기본적인 삶의 자세에 해당한다. 그리스도인이라면 하나님이 내 생활의 모든 것이 되고, 전적으로 그 말씀에 따라 살아야 한다. 요엘서 2장은 하나님과의 관계를 바로 정립하기 위해 어떤 삶을 살아야 하는가를 보여 주고 있다.

1. 하나님과 나의 두 가지 관계

1) 절대적 존재로서의 하나님과의 관계

대부분의 어린 아이는 엄마와 밀접한 관계를 가지고 있다. 엄마는 아이를 극진히 돌보고, 아이는 엄마를 떠나면 매우 불안해한다. 엄마의 말을 잘 듣고 따르며, 엄마의 마음을 기쁘게 한다. 아이와 엄마는 마치 한몸과 같다. 아이에게 있어서 엄마는 자신의 모든 것이다. 연애하는 사람도 상대방에 대한 마음이 깊으면 깊어질수록 그 상대가 자기의 모든 것이 된다. 왕에게 충성하는 사람도 마찬가지다. 자신이 사랑하는 상대가 자신에게 있어서 절대적인 존재가 되는 것이다.

절대적 존재로서의 하나님과의 관계는 하나님이 나의 삶의 모든 것이 되는 것을 말한다. 하나님의 말씀이 나의 삶 모두를 지배하고, 나 자신은 하나님을 기쁘시게 하는 삶이 과연 무엇인가를 생각하며 열심히 산다. 하나님이 자신의 사고 깊숙이 박혀있는 것이다. 이를 가리켜 하나님을 '사고의 전제'로 삼는 것이라 말한다. 이러한 경향은 중세시대에 뚜렷하게 나타났다.

2) 상대적 존재로서의 하나님과의 관계

하나님을 삶의 부분적인 의미로 생각하는 것과 전체적 의미로 생각하는 것은 많은 차이점이 있다. 앞서 언급한 아이와 엄마의 관계에서 아이는 커가면서 엄마와 자신은 별개라고 생각한다. 서로 다른 인격체로 독립되어 있으며, 때에 따라서 보완 관계를 유지할 뿐이다. 엄마라는 존재는 자기 삶의 모든 것이 아니라 부분을 차지할 뿐이며 필요에 따라 자식은 자식으로서, 엄마는 엄마로서 기능하는 상대적 존재로 전락한다. 연애에 빠진 사람들이 열애의 상태를 벗어났을 때 서로를 개체로 인식하게 되는 것이나 조직에서 종속 관계가 아닌 대등 관계로 인식이 전환될 때, 상대를 자기의 모든 것이 아니라 부분 또는 상대적 존재로 여기게 되는 것이다.

상대적 존재로서의 하나님과의 관계는 하나님과 나의 관계가 소원한 상태를 말한다. 자신은 하나님으로부터 자유로운 상태에 있고, 하나님과의 관계는 하나의 종교로서 삶의 구석으로 밀려난다. 하나님은 때에 따라 기능적 역할을 담당할 뿐이다. 이것을 하나님을 '사고의 대상'으로 삼는다고 말할 수 있다. 하나님이 상대적 존재로 전락한 것이다. 이러한 생각은 계몽주의시대 이후 강세를 보여 왔다. 포스트모던 사회는 더욱 그렇다.

2. 이스라엘과 하나님의 관계 변화

이스라엘과 하나님의 관계는 절대적 존재로서의 하나님에서 상대적 존재로서의 하나님으로 변화되어갔다. 하나님을 절대적으로 신뢰하고 의지하는 관계로 시작했으나 그 관계가 점차 소원해진 것이다. 역사적으로 보면, 광야 생활에서부터 초기 사사시대에 이르기까지 하나님은 이스라엘의 모든 것이었다. 그러나 그들 사이에 왕이 세워지고, 왕이 절대적 존재로 부각되고, 그 왕이 자신들 위에 군림하며, 그들 관계 속에 중요한 자리를 차지하면서부터 하나님은 간접적인 존재로 전락하고 말았다. 하나님이 그들 생활에서 사고의 전제가 된 것이 아니라 사고의 대상으로 전락한 것이다. 하나님과의 관계가 변화됨에 따라 그들의 종교 생활도 형식적이고 의식적으로 변질되어 갔다. 이스라엘 백성은 하나님으로부터 점차 유리하게 되었다. 제사장들의 제사도 예외가 아니었다.

하나님은 여러 선지자들을 통해 백성들이 하나님으로부터 이탈된 삶에서 돌아서도록 경고하고 명령하셨다. 그들 가운데에는 진짜 선지자들도 있었지만 가짜 선지자들도 있어서 혼란을 더했다. 가짜 선지자들은 하나님 편에 서기보다는 왕 편에 서서 그 권력을 보호하는 예언을 하였다. 이스라엘을 향해 하나님께 돌아오라는 말씀은 언제나 왕권을 흔드는 것으로 이해되었기 때문이다. 따라서 왕과 선지자들은 갈등 관계에 있을 수밖에 없었다.

3. 하나님과의 바른 관계 요청

요엘서 2장은 전체적으로 하나님과의 관계에서 우리의 대전환을 요구하는 말씀이다. 여호와의 날이 임박했으니 회개하고 하나님과의 관계를 바로 하라는 것이다. 그날에는 강한 군사가 우리를 향해 항오를 벌리며 싸우는 것같이 싸울 것이고, 우리의 낯빛이 달라질 것이라고 하였다(욜 2:5-6). 또한 그날에는 우리를 당할 자가 아무도 없다고 단언하였다.

우리는 어떻게 해야 하는가? 하나님은 무엇보다 회개를 요청하신다. 회개란 자신의 잘못을 깨닫고 그 잘못된 상태로부터 과감히 돌아서는 것을 말한다. 하나님과의 관계 개선에 있어서 가장 필요한 것이 회개이다. 요엘 선지자는 "여호와의 말씀에 너희는 이제라도 금식하며 울며 애통하고 마음을 다하여 내게로 돌아오라 하셨나니 너희는 옷을 찢지 말고 마음을 찢고 너희 하나님 여호와께로 돌아올지어다"라고 말하고 있다(욜 2:12-13). 우리는 "이제라도"와 "옷을 찢지 말고 마음을 찢고"라는 말씀에 귀를 기울일 필요가 있다. 이제라도 늦지 않았으니, 형식적인 회개가 아니라 진정한 회개를 통해 하나님과의 관계를 회복하라는 것이다. 하나님은 언제나 우리 앞에 회개라는 문을 열어 놓고, 그 안으로 들어오는 모든 사람을 언제라도 포용할 준비를 하고 계신다. 회개할 때 하나님은 기꺼이 응답하신다. 이처럼 이스라엘을 구원하시고자 하는 결정적 동기는 우리를 향한 하나님의 아파하심과 불쌍히 여기심이다. 하나님이 우리의 죄를 아파하시지 않고 불쌍히 여기지 않으신다면 하나님과의 관계를 회복할 수 없다.

요엘은 하나님은 은혜로우시며 자비로우시며 노하기를 더디 하시며 인애가 크신 분이라고 전제한 뒤 우리가 진정으로 회개하면 뜻을 돌이켜 재앙을 내리지 아니 하실 것이라고 말한다. 그리고 마음과 뜻을 돌이키신 다음에는 복을 내리실 것이라고 한다. 우리의 회개로 인해 화가 복으로 바뀔 수 있다는 것이다. 구원에 대한 하나님의 의지는 진노를 이긴다. 맹렬한 진노가 예견되다가 구원의 메시지로 반전하는 것이 이것을 입증한다. 요엘은 금식일을 거룩하게 구별하여 정하고, 성회를 선포하며, 백성을 모아 그들을 거룩하게 하도록 한다. 장로뿐 아니라 어린이, 신랑과 신부 모두가 하나님과의 관계를 새롭게 한다. 제사장은 주의 백성을 긍휼히 여겨 달라고 낭실과 단 사이에서 울며 중보의 기도를 올린다. 주님이 그들에게 허락하신 기업이 이방인들에게 빼앗김을 당하고, 그들로부터 "너희 하나님이 어디 있느냐?"라고 비난당하지 않도록 붙들어 달라고 호소한다. 이 때 여호와의 중심이 뜨거우시며 그 백성을 긍휼히 여기실 것이라고 말하고 있다. 여호와의 중심이 뜨겁다는 것은 이방인들에 대한 적대감이라기보다 회개하는 자기 백성을 보고 그 관계를 빨리 회복시키고자 하시는 하나님의 열심을 가리킨다.

4. 회복된 관계의 모습

하나님과의 관계가 회복되면 모든 것이 달라진다. 이것을 육적인 경우와 영적인 경우로 나누어 생각해 보자.

1) 육적인 변화

자연을 비롯한 인간의 생활환경이 달라진다. 삶이 두려움 대신 기쁨으로 가득 채워지게 되는 것이다.

먼저 자연의 달라진 모습을 보자. 요엘 2장 21절은 "땅이여 두려워 말고 기뻐하며 즐거워할지어다 여호와께서 큰일을 행하셨음이로다"라고 하였고, 22절은 "들 짐승들아 두려워 말지어다"라고 하였다. 인간과 하나님과의 관계가 변하면 자연도 혜택을 입게 된다. "들의 풀이 싹이 나며 나무가 열매를 맺으며 무화과나무와 포도나무가 다 힘을 내는도다"(욜 2:22). 자연의 풍요는 인간에게 영향을 주기 때문에 그것은 곧 인간을 위한 것이기도 하다.

그 밖의 다른 환경도 달라진다. 우선 이방인들로부터 모욕을 당하지 않게 하신다. 원수들의 군대를 파멸에 빠뜨리신다. 북군을 메마르고 적막한 먼 땅으로 쫓아낼 뿐 아니라 전군과 후군을 바다에 빠뜨려 죽게 하신다. 요엘은 이것을 가리켜 하나님이 하신 큰 일(great things)이라고 하였다. 안전 속에 풍요가 주어진다. 하나님은 곡식과 새 포도주와 기름을 흡족하게 주시겠다고 약속하신다. 요엘은 "시온의 자녀들아 너희는 너희 하나님 여호와로 인하여 기뻐하며 즐거워할지어다"하고, 하나님께서 전과 같이 이른 비와 늦은 비를 적당하게 내리시어 마당에는 밀이 가득하고, 독에는 새 포도주와 기름이 넘칠 것이라고 말하고 있다. 뿐만 아니라 전에 이방 군대로 인해 당했던 모든 것을 갚아 주실 것이며, 다시는 수치를 당치 않게 하실 것이라고 약속하였다.

하나님의 구원 은총은 인간 현실에 이처럼 구체적으로 임한다. 배고픈 사람에게 양식이 주어지고, 빼앗긴 자에게 그 빼앗긴 것이 돌려지며, 원수들이 멀리 쫓김을 당한다. 이것은 하나님이 우리의 삶 속에 구체적으로 임재하심을 보여 준다.

2) 영적인 변화

요엘서 2장 28절에 따르면 하나님은 "내 신을 만민에게 부어 주리니 너희 자녀들이 장래 일을 말할 것이며 너희 늙은이는 꿈을 꾸며 너희 젊은이는 이상을 볼 것"이라 하셨다. 하나님의 신을 모든 사람에게 부어 주신다는 것은 이제 형식적인 종교 생활을 벗어나, 모든 사람이 하나님과의 자유로운 영적 교제에 들어가 하나님과 참다운 관계를 맺고 신앙생활을 올바로 하게 된다는 것을 의미한다. 지금까지 하나님과 나와의 관계가 부분적이고 형식적이었지만 이제는 삶의 모든 영역에서 그 관계가 바로 세워진다는 것이다. 요엘 2장 28절과 29절에 따르면 하나님의 신은 신분의 차별 없이 주어진다. 젊든 늙든 남종이든 여종이든 관계치 않는다. 사도행전의 오순절 사건은 이 예언이 구체적으로 성취되었음을 보여준다.

5. 마지막 날에 우리에게 요구되는 삶의 모습

요엘 2장 32절은 여호와의 크고 두려운 날, 곧 환난 날에 "누구든지 여호와의 이름을 부르는 자는 구원을 얻으리니"라고 말하고 있다. 우리는 이 말씀을 과거 하나님과의 관계와 상관없이 그날에 여호와를 찾기만 하면 구원을 얻는 것으로 착각하고 있다. 여기서 "여호와의 이름을 부르는 자"는 단지 그 날에 하나님의 이름을 힘껏 외쳐 부르는 것을 의미하는 것이 아니라, 그 나라와 그 의를 끝까지 포기하지 않고 하나님과 바른 관계를 가지고 사는 자를 의미한다. 구원의 문은 누구에게나 열려있다. 그러나 그날까지 믿음을 굳게 지키며 하나님과 관계를 바로 갖는 자만이 들어갈 수 있다. 이러한 삶 속에 무엇보다 필요한 것은 말뿐인 형식적인 믿음이 아니라 하나님을 향한 흔들리지 않는 믿음이다. 이렇듯 확실한 관계를 유지할 때 우리는 이 세상에서 승리의 삶을 살 수 있다.

제16장 어떻게 사랑할 것인가

1. 우리의 이중성

그리스도인 중 성경의 기본 정신이 "마음과 뜻을 다하여 하나님을 사랑하고 이웃을 네 몸과 같이 사랑하라"는 것임을 모르는 사람은 없다. 모세의 율법과 선지자들의 가르침, 예수님의 가르침과 사도들의 가르침 모두가 이것에 대한 규범적 성격을 띠고 있다. 규범이란 그것을 지키지 않으면 그리스노인이 될 사격이 없음을 의미하는 것이다. 에수님은 "나는 율법을 폐하러 온 것이 아니라 이를 완성하러 왔다"고 말씀하시며 하나님과 이웃을 사랑하는 일이 곧 영생을 얻는 것임을 분명히 하셨다(눅 10:25-28). 그러므로 그 규범은 우리가 지켜 나가야 할 영원한 규범임을 알 수 있다.

그러나 그리스도인들이 이 가르침을 실현함에 있어서 문제가 있음을 지적하지 않을 수 없다. 이것을 듣고, 읽고, 말하기는 쉬워도 좀처럼 실행에 옮기지는 않는다는 점이다. 말만 많이 하고 실천하지 않은 사람을 우리는 '이중인격자'라고 한다. 이중성이 있다는 것은 정신적으로 심각한 상태에 있음을 말한다. 병원에서는 중태를 가리켜 'critical condition'이라 하고 이런 상태에 있는 사람에게 집중적인 보호

(intensive care)를 하게 된다. 우리가 바로 영적으로 이런 상태에 있는 것이다. 이렇듯 위험한 상태에 있음에도 불구하고 우리는 우리 자신을 가리켜 가끔 몸이 말을 듣지 않는다는 정도로 말하곤 한다. 이것은 우리가 얼마나 심각한 상태에 있는가를 알지 못하고 있다는 사실을 스스로 드러내는 것이다.

우리는 이 이중성을 고치는 작업을 해야 한다. 차가 고장이 나면 매뉴얼을 보고 고치듯이, 성경 말씀을 매뉴얼 삼아 우리 자신을 고쳐 가는 작업을 시작하지 않으면 안 된다.

2. 이웃사랑, 어떻게 할 것인가

우리는 이웃에 관한 이야기를 많이 한다. 그러나 정작 이웃이라는 개념조차 확실하게 정립되어 있지 않으며, 이웃 사랑을 함에 있어서도 많은 미숙함을 드러내고 있다. 이웃 사랑, 어떻게 할 것인가?

1) 차별이 없어야 한다

성경이 말하는 이웃의 개념 속에는 가깝게는 가족에서부터 멀게는 모든 인류까지 포함된다. 이처럼 확대된 이웃 개념은 모든 인류가 주 안에서 한 형제라는 사실을 일깨워 주고 있다. '한 형제'라는 것은 근본적으로 차별이 있어서는 안 된다는 것을 의미한다. 종족, 귀천, 빈부, 노소, 남녀의 차별이 있을 수 없으며 심지어 원수까지도 사랑의 대상이 된다.

성경은 나그네, 과부, 고아, 기업이 없는 가난한 자, 재난을 당한 자 등 사회적 약자나 곤경에 처한 자를 특별히 배려하고 있다. 일반적으로 볼 때 이들은 관심을 받지 못하는 사람들이다. 성경은 이들에 대한 관심을 잊지 않도록 당부하고 있다. 따라서 우리도 이 점에 유의하여 불쌍한 이웃을 돕는 데 특별한 관심을 두어야 한다. 이는 우리의 이웃 사랑이 차별적이어서는 안 된다는 것을 가르친다.

2) 물질만으로는 안 된다

'이웃 사랑' 하면 우리는 제일 먼저 물질적인 도움을 생각한다. 물론 물질이 필요한 이웃에게 물질적으로 도움을 주는 것이 사랑의 한 방법이 될 수 있다. 그러나 이것만을 강조하는 것은 바람직한 일이 아니다. 우리는 물질을 주기 전에 그들을 사랑할 수 있는 풍부한 감정을 가지고 있어야 한다. 사랑하는 마음이 없는 물질적 구제는 아무런 영향력을 나타낼 수 없다. 현대를 살아가는 우리에게 있어서 가장 중요한 것은 물질 그 자체보다 이웃에 대한 인격의 존중이다. 이웃 관계에서 물질보다 사랑이 먼저라고 말하는 것은 인격의 중요성 때문이다. 칼빈은 우리의 생활이 이웃에게 유익을 줄 때 이것이 하나님의 뜻과 율법에 가장 근접한 것이라고 말했다. 이웃에게 유익을 준다는 것은 이웃에게 피해를 주는 행위를 하지 않는다는 것을 의미한다. 그러므로 살인, 상해, 강도, 강간, 절도, 사기, 방화, 무고 등 고의적인 행위에서부터 주의 태만으로 인한 비고의적 과실에 이르기까지 윤리적으로 비난받는 모든 행위를 해서는 안 된다. 사소한 부주의로 인한 사고 역시 비록 파렴치한 악행은 아닐지라도 이웃을 손상시킨 행위임에는 틀림이 없다. 그러므로 그리스도인들은 비윤리적 행위로 이웃을 손상시키는 일을 피해야 함은 물론 일상생활의 작은 영역에 이르기까지 이웃에게 불쾌감을 주는 일을 해서는 안 된다.

이웃을 적극적으로 돕는 것은 이웃에게 유·무형의 유익을 주는 것을 말한다. 유형적으로는 물질을 주는 행위가 손꼽히지만 무형적으로 우리가 이웃을 사랑할 수 있는 길도 많다. 이웃을 하나님 앞에 인도하여 그 영혼이 구원을 얻도록 하는 것은 신앙적 측면에서 이웃에 대한 가장 큰

사랑이 된다. 다른 사람의 잘못을 깨우쳐 주고 바른 길로 인도해 주는 것
은 물론 다른 사람의 질문에 친절하게 대답해 주는 것, 그들의 건강과 신
앙을 위해 기도해 주는 것도 훌륭한 이웃 사랑이다.

3) 정의가 함께 있어야 한다

이웃 사랑은 자발적으로 행해지는 것이다. 이런 의미에서 이웃 사랑은
무조건적이고 형식을 필요로 하지 않는다. 이에 반해 정의는 합리적인
도덕으로서 규칙을 떠나서는 파악될 수 없으며 타산적이고 조건에 의해
제약을 받는다. 따라서 정의를 적용함에 있어서 우발적이고 정서적인 것
은 배제된다. 그러면 이웃 사랑은 정의와는 서로 반대되는 것인가? 그렇
지 않다.

페렐만(Perelman)은 정의와 이웃 사랑을 비교하면서 이웃 사랑이 없
는 불완전한 정의는 진정한 의미의 정의가 아니라고 말한다. 이 말은 특
히 그리스도인들로부터 주목을 받아왔다. 하나님은 우리를 그분의 정의
안에서 사랑하셨다. 하나님께서 독생자 예수를 이 땅에 보내신 것은 바
로 우리를 향한 그분의 사랑이다. 또한 예수님이 보혈의 피를 흘리신 것
은 바로 하나님의 공의를 세우기 위한 것이다. 이것은 그리스도인으로서
이 땅에서 이웃에게 사랑을 실천하는 것도 하나님의 공의를 실현한다는
맥락에서 이루어져야 한다는 것을 가르쳐 준다. 그러므로 우리는 공의를
하수같이 흐르게 하는 사랑을 실천해야 한다. 우리가 그리스도를 닮아
이웃을 사랑한다고 하면서 정의롭지 못한 방법으로 사랑을 한다면 그것
은 진정으로 이웃 사랑을 하는 것이 아니다. 성경은 말한다. 사랑은 "불
의를 기뻐하지 아니하며 진리와 함께 기뻐하고"(고전 13:6).

4) 하나님의 사랑에 바탕을 두어야 한다

이웃 사랑은 하나님의 사랑에 기반을 두고 있다. 하나님을 사랑하기 때문에 그분의 형상을 닮은 우리가 이웃을 사랑해야 하는 것이다. 이러한 점에서 그리스도인의 이웃 사랑은 단순히 인정에 입각한 친절이나 자선과는 그 기반을 달리하고 있다.

우리는 이웃 사랑을 실천함에 있어서 한 가지 잘못된 생각을 가지고 있다. 그것은 바로 '하나님 사랑은 하나님 사랑이고, 이웃 사랑은 이웃 사랑이다' 라는 이분법적인 생각이다. 이러한 잘못된 이중적인 잣대 때문에 우리는 말씀을 실천에 옮김에 있어서 중대한 오류를 범한다. 이웃 사랑은 하나님의 엄한 명령이다. 하나님의 명령이기 때문에 이를 따르는 것은 넓은 의미에서 하나님에 대한 사랑이 된다. 하나님을 사랑하지 않는 자가 그 명령에 기꺼이 순종할 리 만무하기 때문이다. 따라서 하나님에 대한 사랑이 이웃 사랑의 전제가 된다. 이웃 사랑이 하나님의 사랑과 연관된다는 이 사실에 대한 철저한 인식이 없으면 이웃에 대한 우리의 사랑은 한정될 수밖에 없으며 진정으로 사랑할 수도 없게 된다.

5) '하나님 앞에서' 한다는 것을 잊어서는 안 된다

우리는 모든 인간관계에 대해 '하나님 앞에서'(Coram Deo) 행한다는 의식을 가져야 한다. '하나님 앞에서'란 우리가 무엇을 생각하고 무슨 일을 하든지 항상 자기 앞에 하나님이 계신다는 것을 의식하고 주의 깊게 행동하는 것을 말한다.

회사에서 윗사람이 간섭하지 않아도 매사에 성실하게 일할 때, 자녀가 항상 부모님이 옆에 계신 것처럼 주의 깊게 행동할 때, 그들은 누구에게나 칭찬받는 사람이 될 것이다. 우리는 이웃과의 관계에서 어느 때나 어디서나 '하나님 앞에서' 하는 것처럼 행동해야 한다. 하나님이 우리 앞에 계신다고 생각할 때 우리는 감히 이웃을 함부로 여기거나 그들에 대해 죄를 범할 수 없을 것이다.

6) 자기보다 하나님의 영광을 드러내야 한다

우리는 자기의 행위를 드러내기를 좋아한다. 그래서 이웃 사랑을 실천하고서도 그것을 자랑하고 싶어 한다. 그러나 성경은 이웃 사랑과 관련하여 이웃을 돕는 자의 내면적 자세를 중시하고 있다. 이웃을 돕는 진정한 마음 없이 자기의 선행을 남에게 보이기 위해 그들을 돕는 것은 참된 의미의 이웃 사랑이 아니라고 말한다. 이웃을 사랑하는 자의 내면적 자세가 어떠해야 하는가에 대해서는 관점에 따라 표현이 다를 수 있다.

바울은 "사랑은 오래 참고 온유하며 투기하는 자가 되지 아니하며 자랑하지 아니하며 무례히 행치 아니하며 자기의 유익을 구치 아니하며 성내지 아니하며 악한 것을 생각하지 아니 한다"고 하였다. 이웃을 사랑한다고 하면서 그 선행을 바탕으로 자신을 자랑하는 것은 자기의 영광을 드러내는 것이지 하나님의 영광을 드러내는 것이 아니다. 주님은 이런 사람은 이 땅에서 자기의 영광을 이미 취했으므로 하늘에서의 상급은 없다고 하셨다.

하나님은 우리에게 하나님과 이웃을 사랑하라는 규범을 주셨다. 그럼에도 불구하고 우리는 일상생활에서 이것을 어떻게 실현해 나갈 것인가에 대해서조차 갈피를 잡지 못하고 있을 뿐 아니라 그것을 실천함에 있어서도 지극히 이기적이다. 우리는 사랑을 실천할 때와 그에 대해 판단할 때 모두 그 기준을 말씀에 두어야 한다.

완벽하게 준비가 된 후에 이웃 사랑을 실천하겠다고 말해서는 안 된다. 우리는 결코 정신적으로나 물질적으로 완전해질 수 없다. 따라서 당장 작은 실천부터 실행해야 한다. 지금부터, 나부터, 작은 것부터 시작해야 한다. "천리 길도 한 걸음부터"라는 말이 있다. 한 걸음 한 걸음이 모두 중요하다는 뜻이다. 하나님은 지금 당신이 서 있는 그곳에서부터 이웃 사랑을 시작하라고 말씀하신다.

제4부
신학, 삶 속으로 들어오다

제17장 진리 안에서 누리는 자유

그리스도인의 여러 가지 특징 가운데 하나는 자유인이라는 점이다. 그러나 상당수의 그리스도인들은 실제 신앙생활에서는 자유보다 구속이 더 많다고 말한다. 교인으로서 해야 할 일들이 많기 때문이다. 그 일들이 정말 벗어나야 할 구속인지 아니면 자유를 위해 지켜야 할 구속인지 다시 생각해 볼 필요가 있다.

1. 세상의 자유와 그리스도인의 자유

세상이 말하는 자유는 인간이 스스로 원하는 것을 어느 누구의 간섭도 받지 않고 자기 마음대로 할 수 있는 것을 의미한다. 육신의 정욕과 안목의 정욕과 이생의 자랑이 여기에 속한다(요일 2:16). 그러나 성경에서는 이것을 자유라 하지 않는다. 성경이 말하는 그리스도인의 자유는 인간이 하나님께서 기뻐하시는 것을 마음껏 이룰 수 있는 것을 말한다. 따라서 그리스도인의 자유는 세상의 자유와는 그 속성이 다르다. 세상과 자기 자신, 그리고 사탄이 원하는 대로 행하면 하나님이 원하시는 방향과는 정반대로 가는 것이고, 결국은 하나님께 등을 돌리는 결과를 가져온다. 하나님과 반대 방향으로 가는 것은 결국 죽음을 향해 가는 것이다. 그 길의 끝은 사람의 영혼을 죽이기 때문이다. 영적인 면에서 볼 때 세상의 자유는 죽음의 길을, 성경적 자유는 생명의 길을 열어 준다.

2. '리버티'와 '프리덤'

영어에 자유를 나타내는 말 가운데 '리버티'(liberty)와 '프리덤'(freedom)이 있다. '리버티'는 구속 상태로부터 벗어나고 싶어 하는 자유를 말하고, '프리덤'은 바람직한 목표를 향해 가고자 하는 자유를 말한다. 모두 자유를 말하지만 상태와 지향하는 목표가 서로 다르다.

리버티는 일종의 해방 개념으로 '~로부터의 자유'를 말한다. 즉 구속 상태로부터의 해방이다. 억압, 질병, 가난 등의 상태로부터 벗어나고자 할 때 이 단어를 사용한다. 현재의 매우 바람직하지 못한 상태로부터 벗어나고자 하는 것이다. 프랑스가 미국의 독립을 기념하여 준 선물이 바로 자유의 여신상이다. 이 때의 자유는 '리버티'이다. 영국의 억압적 식민 통치로부터 해방된 것이기 때문이다. 당시 패트릭 헨리(P. Henry)가 "자유가 아니면 죽음을 달라(give me liberty or death)"고 했는데 이 때의 자유는 '프리덤'이 아니고 '리버티'이다.

그리스도인의 경우 죄 속에 있던 사람이 죄로부터 벗어나고자 할 때 그것은 '리버티'이다. 그리스도인은 본질적으로 죄의 세력으로부터, 죄의식으로부터, 죄로 인한 여러 고통으로부터 벗어나고자 한다. 멋대로 행동하는 것, 남을 미워하는 것과 질투하는 것, 불안과 초조, 갈등과 전쟁, 질병과 노쇠와 죽음, 공해와 무질서와 퇴화 등 이 모든 것들이 우리를 구속하고 있는 어둠의 세력들, 즉 '네거티브 리스트'(negative list)이다. 우리는 그것들로부터 벗어나고자 한다. 이것들로부터의 해방이 바로 '리버티'이다. 그리스도인은 이렇듯 우리를 억압하고 있는 것들로부터 해방을 선언한다. '프리덤'은 소망을 갖고 목표를 향해 나아간다는 점에서 미래 지향적이다. 즉, '~을 향한 자유'이다. 앞으로도 지속적으로 그 목표를 향해 나아갔으면 좋겠다는 것이다. 언론의 자유, 결사의 자유, 행복 추구의 자유 등 '포지티브 리스트'(positive list)가 보기에 속한다.

그리스도인이 추구하는 '프리덤'에는 영적인 자유, 지성적인 자유, 사회적인 자유, 육체적인 자유, 환경적인 자유 등이 있다. 영적인 자유는 구원을 받아 하나님을 진심으로 사랑하고 섬길 수 있는 자유를 말한다. 지성적인 자유는 하나님과 이웃과 자신과 자연에 대한 하나님의 뜻을 정확히 알고 깨닫고자 하는 자유이다. 사회적 자유는 용서와 화해와 사랑을 추구한다. 육체적 자유는 영적인 삶을 통해 받는 건강과 죽음에서 완전히 해방되는 부활의 자유이다. 환경적 자유는 파탄되어 가는 환경으로부터 벗어나 궁극적으로 받을 새 하늘과 새 땅에서 살 수 있는 자유를 말한다. 개인적으로나 사회적으로 그리스도 안에서 영·육간에 건강한 삶을 살게 하는 이 자유는 매우 포괄적이고 통합적이다.

3. 우리를 향하신 하나님의 뜻

일반적으로 자유에는 '리버티'와 '프리덤'의 개념 모두가 담겨 있다. 자유를 나타내는 희랍어 'eleutheria'에도 두 개념이 혼재되어 있다. 그러나 자세히 살펴보면 먼저 '리버티' 과정이 있고, 그 다음에 '프리덤' 과정이 있음을 알 수 있다. 이 두 과정을 잘 나타내는 것이 바로 출애굽 사건이다. 출애굽이 '리버티'의 과정이라면 가나안으로의 입성은 '프리덤'의 과정이다. 하나님께서 사랑과 자비로 이스라엘 민족을 노예의 상태로부터 이끌어 내어 출애굽 시킨 것은 '리버티'이다. 하나님은 그들을 자신의 백성으로 삼으시고 어둠의 땅으로부터 건져내셨다. 이것은 우리를 죄악으로부터 건지고자 하시는 하나님의 '리버티' 과정이다. 애굽을 벗어나 긴 광야의 길을 건넌 사람들은 가나안을 바라보며 걷는다. 그들은 어둠의 세력으로부터 자유함을 얻었지만 이는 아직 최고의 상태가 아니다. 가나안에 입성하고 그곳에 정착을 해야 비로소 안정된 상태에 놓이게 된다. 약속된 땅에 정착하고 그곳에서 하나님을 섬기며 정치적 독립과 경제적 안정을 유지해야 하는 것이다. 그 상태에서 보다 높고 궁극적인 목표를 지향하며 나아가는 것이 바로 '프리덤'의 과정이다.

이스라엘을 향해 이러한 계획을 가지셨던 하나님은 우리를 향해서도 동일한 계획을 가지고 계신다. 하나님은 우리를 죄악의 어둔 세력으로부터 해방시키기 위해 예수 그리스도를 보내셨다. 그의 죽으심으로 우리는 해방을 얻었다.

예수님은 이사야 61장 1절의 내용을 이루기 위해 이 세상에 오셨다고 말씀하시면서 그의 공적 사역을 시작하셨다. "주의 성령이 내게 임하셨으니 이는 가난한 자에게 복음을 전하게 하시려고 내게 기름을 부으시고 나를 보내사 포로 된 자에게 자유를 눈먼 자에게 다시 보게 함을 전파하며 눌린 자를 자유케 하고 주의 은혜의 해를 전파하게 하려 하심이라"(눅 4:18-19). 주님은 로마로부터의 국가적인 독립을 갈구했던 유대 광신자들의 열망을 무시하고 죄와 사단에게 종 된 자들을 해방시키기 위해 오셨다고 선언하신 것이다(요 8:34-36, 41-44). 주님은 이 세상 임금, 곧 강한 자를 쫓아내고 그에게 갇힌 자들을 풀어 주고자 하셨다(요 12:31-32; 막 3:27; 눅 10:18). 귀신을 쫓아내고, 병을 고치시는 것 모두 해방을 위한 사역이다.

주님은 우리를 해방시키실 뿐 아니라 영원한 하나님 나라에 들어가도록 하신다. 우리로 하여금 '프리덤'의 과정을 걷게 하시는 것이다. 여기서 주님께서 왜 그토록 하나님의 나라를 강조하셨는가를 이해하지 않으면 안 된다. 바울은 우리가 그리스도를 믿게 되면 이전에 매여 있던 여러 파괴적인 세력으로부터 해방된다고 말한다. 죄로부터(롬 6:18-23), 흑암의 권세로부터(골 1:13), 미신으로부터(고전 10:29), 율법으로부터(갈 4:21), 형식주의적인 유대교의 짐으로부터(갈 2:4), 육체적인 쇠퇴와 죽음으로부터(롬 8:18-21) 해방된다고 하였다. 이러한 것들은 모두 그 동안 우리를 지배해 오던 것들이다. 우리는 해방의 과정을 거치면서 '프리덤'으로 나아간다. 그리스도인이 나아가고자 하는 최종 목적지는 하나님의 나라이다. 이처럼 추구하는 목표가 완전히 달라진다. 하나님은 '리버티'의 과정을 거쳐 우리를 어둠으로부터 해방시키시며, '프리덤'의 과정을 거쳐 하나님의 의에 이르게 하신다. 그것이 우리를 향해 가지신 하나님의 놀라운 계획이자 뜻이다.

4. 자유는 그리스도의 선물

우리가 사단으로부터 자유를 얻게 된 것은 그리스도의 선물이다. 우리가 어떤 자유를 얻게 되든지 그 자유는 우리의 인간적인 노력이나 업적에 달려 있는 것이 아니다. 그것은 전적으로 하나님의 은혜이다. 이스라엘이 출애굽을 할 수 있었던 것은 그들의 공로 때문이 아니다. 우리가 죄로부터 구원을 얻게 된 것도 우리 자신의 행실 때문이 아니다. 그것은 전적으로 하나님의 초자연적인 축복이었다. 우리는 아무 공로도 없었다. 오직 주님이 우리를 위해 일하셨다. 그러나 자유인이 된 우리는 그 자유를 지켜나감에 있어서 성령의 도움을 입어야 한다. "자유는 지키는 자의 것이다"는 말이 있다. 주님으로부터 얻은 자유를 참되게 이어 나가려면 사단의 집요한 유혹과 침투에 당당히 맞설 수 있는 방위력을 갖추어야 한다. 우리가 성령 충만해야 하는 이유도 여기에 있다.

5. 중요한 것은 하나님의 종이 되는 것

세상의 자유가 지탄을 받는 것은 사단이 그것을 지배하기 때문이다. 그러므로 세상의 자유에 빠지게 된다는 것은 사단의 노예가 되는 것과 다름이 없다. 이와 반대로 성경의 자유는 하나님의 지배를 받는 것이며, 그 자유 속에 있는 사람은 하나님의 종으로서 살게 된다. 여기에서 우리가 인식해야 할 것은 인간은 누구나 사단의 종 아니면 하나님의 종으로 살게 된다는 것이다. 중요한 것은 우리가 어디에 속해 있어야 하는가 하는 것이다.

그리스도인의 삶에 있어서 중요한 것은 하나님 편에 서서 하나님께 복종하는 삶을 사는 것이다. 하나님은 그러한 사람이나 민족에게 축복을 주시지만 그렇지 않을 경우 저주를 내리신다. 자유는 분명 하나님이 주시는 선물임에 틀림없다. 하지만 여기에는 그리스도인은 노예의 신분을 기꺼이 받아들이지 않으면 안 된다는 아이러니가 있다. 이 신분은 하나님에 대해, 그리스도에 대해, 의에 대해, 그리고 복음을 위해 모든 사람의 종이 되는 것이다. 그리스도인의 자유 상태는 창조하신 분에게로 속박되는 것을 의미한다. 바울도 그의 서신에서 언제나 자신을 '하나님의 종 바울'로 기록하고 있다. 스스로 하나님의 종 되기를 청한 것이다. 사단은 자기의 종으로 옭아매지만 그리스도의 종들은 스스로 그리고 기꺼이 종 되기를 기뻐한다. 종에게는 아무런 소유권도 없다. 모든 권한은 오직 주인에게 있다. 그리스도인들은 그 모든 권한을 주님에게 일임한 사람들이다. 남은 생애를 오직 주님의 뜻대로 살아갈 뿐이다. 이 자유의 종들은 사랑을 통해 그리스도의 법을 실현함으로써 하나님께 영광을 돌리게 된다. 그리스도인은 바로 사랑이라는 희생을 통해 자유를 실현한다. 그리스도인이 사랑의 삶을 살 수 있는 것은 은혜로 내리신 복음에 대한 감사의 반응이다. 그리스도인의 자유는 사랑하고 봉사할 수 있는 자유이다. 그러한 자유가 사랑 없는 방종이나 남을 고려하지 않는 형태로 나타날 경우 그것은 자유가 아니라 남용이다. 그리스도인의 자유는 남용을 거부한다.

6. 진리를 알수록 자유를 누리게 된다

예수님은 자신을 믿는 유대인들을 향해 이런 말씀을 하신다. "너희가 내 말에 거하면 참 내 제자가 되고 진리를 알지니 진리가 너희를 자유케 하리라"(요 8:31-32). 사람들은 이 말씀의 참 뜻을 이해를 하지 못하고 "우리가 아브라함의 자손이라 남의 종이 된 적이 없거늘 어찌하여 우리가 자유케 되리라 하느냐"고 반응한다. 이에 대해 주님은 "죄를 범하는 자마다 죄의 종이라"고 하시며, "종은 영원히 집에 거하지 못하되 아들은 영원히 거하나니 그러므로 아들이 너희를 자유케 하면 너희가 참으로 자유하리라"고 말씀하신다(요 8:35-36). 주님만이 자유를 주실 수 있고, 주님이 주시는 자유만이 참된 자유이다. 죄의 멍에와 속박에서 구원받은 그리스도인은 마땅히 그가 해야 할 일을 한다. 구원받지 못한 사람은 계속 죄에 탐닉하여 결국 그것에서 벗어나지 못한다. 사단이 그를 주장하며 얽매고 있기 때문이다. 그러나 그리스도인은 오직 하나님을 기쁘시게 하는 삶을 산다. 이것은 그만큼 하나님께 속해 있다는 증거다. "진리를 알지니 진리가 너희를 자유케 하리라"는 말씀은, 자유는 결과이고 그 원인은 진리라는 것을 가르쳐 준다. 진리를 찾았을 때 자유는 저절로 오는 것이다. 주님은 자신을 가리켜 "나는 길이요 진리요 생명이니"라고 하셨다(요 14:6). 진리이신 주님을 더 친숙하게 알면 알수록 우리는 참다운 자유가 무엇인가를 알게 되고 그 자유의 삶을 살며, 결국 그러한 우리의 삶을 주님은 기뻐하신다.

7. 다시는 종의 멍에를 메지 말라

갈라디아서를 가리켜 '기독교 자유의 대헌장'이라 부른다. 특히 5장
과 6장은 그리스도인의 자유에 대한 중요한 말씀이 언급되어 있는데, 이
말씀은 주님의 말씀과 맥을 같이 한다.

첫째, "그리스도께서 우리로 자유케 하려고 자유를 주셨으니 그러므
로 굳세게 서서 다시는 종의 멍에를 메지 말라"는 것이다(갈 5:1). "종의
멍에를 메지 말라"에서의 종은 사단의 종을 가리킨다. 더 이상 사단의
종이 되지 말고 그리스도의 종이 되어야 한다는 것이다. 바울은 그리스
도께서 율법으로부터 우리를 자유케 하셨다는 것을 강조하고 있다. 율법
을 행함으로 의롭다 함을 얻으려 하기보다 그리스도를 믿음으로 의롭다
함을 얻어야 한다는 것이다.

둘째, "형제들아 너희가 자유를 위하여 부르심을 입었으나 그러나 그
자유로 육체의 기회를 삼지 말고 오직 사랑으로 서로 종노릇하라"는 것
이다(갈 5:13). 자유가 주어졌다고 방종을 해서는 안 되며 서로 더욱 사
랑하라고 말하고 있다. "오직 사랑으로 서로 종노릇하라"는 말씀에서의
종은 사단의 종이 아니라 그리스도의 종을 의미한다. 그리스도의 종이
되면 성령을 좇아 행하기 때문에 육체의 욕심을 이루지 않는다.

그리스도 안에서 육체의 일과 성령의 열매를 맺는 일은 확연히 다르
다. 성경은 육체의 일을 하는 사람은 하나님 나라를 유업으로 받지 못한
다고 말하고 있다. 사단의 종으로 사는 사람과 그리스도의 종으로 사는
사람에게는 이처럼 명백한 차이가 있다. 바울은 말한다. "그리스도 예수
의 사람들은 육체와 함께 그 정과 욕심을 십자가에 못 박았느니라 만일

우리가 성령으로 살면 또한 성령으로 행할지니 헛된 영광을 구하여 서로 격동하고 서로 투기하지 말지니라"(갈 5:24-26).

육체의 일과 성령의 열매

육체의 일	성령의 열매
음행, 더러운 것, 호색, 우상숭배 원수를 맺는 것, 분쟁, 분냄 술취함, 방탕	사랑, 희락, 화평, 오래 참음, 자비, 양선, 충성, 온유, 절제

사단의 종들은 사람들로 하여금 육적인 열매를 맺게 하고 그리스도인들을 유혹하기 위해 바삐 움직이고 있다. 하나님의 종들은 스스로 성령의 열매를 맺을 뿐 아니라 사단의 올무에 걸려 넘어진 사람을 구하기 위해 더 바삐 움직여야 한다. 이 점 때문에 많은 사람들이 신앙생활하면서 자유보다는 구속을 느끼게 되기도 한다. 이 세상에서 그리스도인으로서 산다는 것은 결코 쉬운 일이 아니다. 다시 말해 진정한 자유인으로 산다는 것은 쉽지 않다. 그러나 보다 온전한 신앙생활을 위해 받는 구속은 하나님께서 기뻐하시는 일이자 축복이 약속된 것이므로 오히려 감사해야 할 일이다.

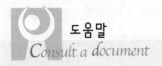
도움말
Consult a document

〈아들을 위한 맥아더 장군의 기도문〉

오 하나님. 저에게 이런 아들을 주옵소서

그 창자나 척추가 있어야 할 곳에 있지 않다 할지라도, 먼저 주님을 알고 자기 자신을 아는 것이 지식의 근본임을 아는 아들을 저에게 허락하여 주옵소서

세상을 쉽게 살아가는 길이나 안락하게 사는 길로 그를 인도하지 마옵시고 고난과 도전에 분투 항거할 줄 알도록 지도하여 주옵소서

그 마음이 깨끗한 아들, 그 목표가 높은 아들, 남을 정복하려고 하기 전에 먼저 자신을 정복하는 아들, 웃을 줄 아는 동시에 울음을 잃지 않는 아들, 장래를 바라봄과 동시에 과거를 잃지 않는 아들을 저에게 주옵소서

제18장 나 같은 죄인 살리신

S대 물리학과를 졸업한 한 학생이 세계적인 학자가 되기를 꿈꾸며 버클리 대학으로 유학을 갔다. 그 학교에는 노벨상을 수상한 학자만도 다섯 명이나 있었다. 그가 얼마나 꿈에 부풀어 있었을지 짐작이 간다. 그런데 그런 그가 경제학으로 전공을 바꾸더니, 나중에는 신학을 공부하여 결국 목사가 되었다. 목회 생활을 시작한 지도 30년이 넘었다. 한국에 온 그는 자신을 '노벨상 대신 천국 상을 탄 사람' 이라고 소개했다. 사람들은 그의 변화에 대해 이유를 물었다. 그러자 그는 "하나님의 은혜를 깨닫게 된 다음부터 삶이 바뀌었다."고 대답했다. 하나님의 사람은 하나님의 은혜에 감격하고 그로 인해 자신의 삶을 바꾼다.

우리가 잘 아는 대로 헬렌켈러는 보는 것, 듣는 것, 말하는 것의 문제로 고통을 겪은 사람이었다. 하루는 어떤 이가 그를 찾아와 "하나님이 원망스럽지 않습니까?" 하고 물었다. 그러자 그녀는 대답했다. "하나님이 저에게 주신 은혜를 헤아릴 수 없을 만큼 많은데 원망은 무슨 원망입니까?" 그녀는 하나님의 은혜를 아는 사람이었다. 헬렌켈러는 임종이 가까운 나이에 이런 말을 남겼다. "나의 일생은 정말 아름다웠습니다."

경영학자 피터 드러커는 "어떻게 해서 기독교인이 되었는가?"라는 물음에 "주님이 나에게 주신 은혜를 깨달았기 때문이다."고 대답했다. 은혜, 그것은 주님으로부터 사랑을 받은 것에 대한 깊은 감격을 이끌어낸다. 바울은 "나의 나 된 것은 하나님의 은혜로 된 것이니 … 내가 아니요 오직 나와 함께 하신 하나님의 은혜로다"(고전 15:10), "우리가 다 그의 충만한 데서 받으니 은혜 위에 은혜러라"(요 1:16)라고 고백하고 있다.

1. 운명이냐 행위냐 은혜냐

우리는 지금 어떤 생각을 하며 살아가고 있을까? 다시 말해 어떤 가치관 내지 세계관을 가지고 살아가고 있는가? 우리의 삶에는 운명 중심, 행위 중심, 은혜 중심 등 세 종류의 삶의 모습이 있다. 운명 중심적 사고는 무슨 일이 생기면 "자기 팔자가 그런 걸 어떻게 하겠나!"라며 모든 것을 팔자의 탓으로 돌린다. 이러한 삶의 태도는 운명이라는 것에 맹목적으로 복종을 하게 되고 결국 자신의 삶을 패배와 좌절로 이끈다. 행위 중심의 경우, "다 심은 대로 거두는 법이야. 모든 것은 내가 어떻게 하는가에 달려있어."라며 자기 행위를 강조한다. 이런 경우는 자기 행동, 곧 자기 성취에 몰입하여 결국 스스로를 교만한 존재로 만든다. 은혜 중심의 경우에는 "모든 것이 하나님의 은혜이다. 나는 부족하지만 하나님께서 나에게 은혜를 주셨기 때문에 내가 일할 수 있게 되었다. 모든 일이 감사할 것뿐이다."라고 말한다. 은혜 중심은 자기의 부족함을 깨닫는 겸손한 자세로 하나님을 바라보게 한다.

이런 모습들은 혼재되어 나타나기도 하지만, 우리는 대부분 그 가운데 어느 하나를 중시하며 살아간다. 성경은 우리에게 운명이나 행위 중심의 삶보다 은혜 중심의 삶을 살라고 가르친다. 우리 삶의 모든 요소는 하나님의 은혜로 가득 채워져 있다. 공기는 79퍼센트의 질소와 21퍼센트의 산소로 구성되어 있다. 그 비율에 조금만 이상이 생겨도 우리는 살아남을 수 없다. 산소가 희박하면 질식할 것이고, 질소가 조금만 많아지면 폭발할 것이다. 폭발과 질식 사이에 있으면서 이처럼 평안하게 살 수 있다는 것은 하나님의 은혜가 아닐 수 없다. 다만 우리가 그 많은 은혜에도 불구하고 심각하게 의식하고 있지 않을 뿐이다. 바울은 모든 것에 우선하여 하나님의 은혜가 있다고 말한다. 은혜보다 앞선 것은 어느 것도 없다는 것이다. 학자들은 이것을 가리켜 '은혜의 선재성'이라 한다. 은혜가 먼저 있고 그 은혜 안에 내가 있다는 것이다. 은혜 속에 사는 사람은 자신의 모든 수고와 노력, 기쁨들이 은혜에서 비롯되고 은혜 안에서 결실을 맺는다고 말한다. 은혜 속에 사는 사람, 믿음의 사람은 결코 자신을 내세우지 않고 하나님만을 높인다.

2. 은혜와 믿음의 관계

은혜는 무엇보다 받을 자격이 없는 자에게 주어진 하나님의 놀라운 선물이다. 하나님이 우리에게 주신 가장 귀한 은혜는 구원의 은혜(saving grace)이다. 그 은혜로 인해 우리의 죄과가 모두 깨끗하게 된 것이다. "우리가 그리스도 안에서 그의 은혜의 풍성함을 따라 그의 피로 말미암아 구속 곧 죄 사람을 받았으니"(엡 1:7). 하나님이 주신 그 큰 은혜는 우리의 행위 때문이 아니다. 은혜를 받을 자격이 있어서 받은 것이 아니라 진정 받을 자격이 없지만 하나님의 무조건적인 사랑으로 우리에게 값없이 주신 놀라운 선물이다.

- "너희가 그 은혜를 인하여 믿음으로 말미암아 구원을 얻었나니 이것이 너희에게서 난 것이 아니요 하나님의 선물이라 행위에서 난 것이 아니니 이는 누구든지 자랑치 못하게 함이라"(엡 2:8-9)

- "그리스도 예수 안에 있는 구속으로 말미암아 하나님의 은혜로 값없이 의롭다하심을 얻은 자 되었느니라"(롬 3:24)
- "만일 은혜로 된 것이면 행위로 말미암지 않음이니 그렇지 않으면 은혜가 은혜 되지 못하느니라"(롬 11:6)
- "자기 아들을 아끼지 아니하시고 우리 모든 사람을 위하여 내어주신 이가 어찌 그 아들과 함께 모든 것을 은사로 주지 아니하시겠느뇨" (롬 8:32)

은혜를 나타내는 히브리어 가운데 '헨'(hen)이라는 말이 있다. 이 속에는 '받을 만한 자격이 전혀 없는 사람에게 하나님께서 베푸시는 은총'이라는 뜻이 담겨 있다. 은혜는 그것을 받을 수 없는 자에게 주어질 때 은혜로서의 진정한 의미가 있다. 받을 자격이 있는 사람에게 주어지는 것은 보상이지 은혜일 수 없다. 그러므로 우리는 하나님의 은혜를 받을 자격이 있어서 받는 것이 결코 아니라는 것을 깊이 인식할 필요가 있다.

바울은 에베소 교인을 향해 이런 말을 했다. "전에는 우리도 … 다른 이들과 같이 본질상 진노의 자녀이었더니 긍휼에 풍성한 하나님이 그 큰 사랑을 인하여 … (너희가 은혜로 구원을 얻은 것이라)"(엡 2:3-5). 이 말씀 가운데 우리가 뼈아프게 인정해야 할 것은 우리는 '본질상 진노의 자녀였다'는 사실이다. 이것은 인간이 얼마나 악했는가를 보여 주는 말씀이다. 은혜는 '나는 본질상 나쁜 사람이다. 모든 사람 중에 가장 악한 사람이다'는 것을 인정하는 데서 나온다. 바울도 자신을 가리켜 '죄인 중에 괴수'라고 고백했다. 이러한 철저한 자기 부정과 자기 고백이 있어야 하나님의 은혜를 체험할 수 있게 된다. 많은 사람들은 은혜를 하나님이 값없이 주시는 공짜 선물 정도로 여기는 잘못된 인식을 가지고 있다. 은혜는 기본적으로 값없이 주시는 것이지만 죄에 대한 회개와 용서가 밑받

침되어야 한다. 죄가 더한 곳에 은혜가 넘치는 것은 이 때문이다(롬 5:20). 칼빈은, 하나님께서 죄 때문에 전적으로 부패하고 전적으로 무능한 우리에게 구원의 은총을 주심으로 우리를 감격케 하신다고 말한다. 위틀(D. W. Whittle)은 "아 하나님의 은혜로 이 쓸데없는 자"가 구원을 받았다며 그 은혜에 감격을 담아 찬송하고 있다.

은혜는 하나님이 우리를 사랑하신다는 징표이다. 은혜 속에는 우리가 하나님을 거역함에도 불구하고 하나님께서는 우리를 위하신다는 하나님의 깊은 사랑이 담겨 있다. 하나님께서는 우리에 대한 사랑의 마음을 가지고 계실 뿐 아니라 실제적으로 그 사랑을 보여 주셨다. 그 사랑은 예수 그리스도로 집약될 수 있다.

"… 하나님이 우리를 사랑하신 그 큰사랑을 인하여 허물로 죽은 우리를 그리스도와 함께 살리셨고 또 함께 일으키사 그리스도 예수 안에서 함께 하늘에 앉히시니 이는 그리스도 예수 안에서 우리에게 자비하심으로써 그 은혜의 풍성함을 오는 여러 세대에 나타내려 하심이니라"(엡 2:4-7).

이 말씀은 한마디로 '은혜란 예수 그리스도를 의미하고, 예수 그리스도는 은혜를 의미한다'는 뜻을 담고 있다. 예수 그리스도는 우리를 위한 하나님의 은혜 자체이다. 즉, 예수 그리스도는 하나님께서 우리를 사랑하신다는 산 증거이다. 그러므로 예수 그리스도를 떠나서는 은혜를 논할 수 없다. 우리는 하나님의 은혜로 값없이 의롭다 함을 얻은 것이다(롬 3:24).

은혜는 믿음으로만 얻을 수 있다. 은혜의 삶을 살기 위해서는 무엇보다 하나님을 향한 믿음이 있어야 하며, 보다 강한 믿음을 가지려면 은혜 속에 살아야 한다. 은혜와 믿음은 이처럼 서로 깊게 연결되어 있다.

- "너희가 그 은혜를 인하여 믿음으로 말미암아 구원을 얻었나니"(엡 2:8a)
- "그러므로 후사가 되는 이것이 은혜에 속하기 위하여 믿음으로 되나니 이는 그 약속을 그 모든 후손에게 굳게 하려 하심이라"(롬 4:16a)

교만하면 은혜를 받을 수 없다. 은혜는 교만과 상극 관계를 유지하고 있기 때문이다. 교만해지면 그 교만은 이런 말을 한다. '나는 더 이상 은혜와 함께 살지 못하겠다.' 결국 은혜는 믿음과 함께 그 집을 떠나지 않으면 안 된다. 교만과 은혜는 함께 살 수 없기 때문이다. 이것은 우리가 하나님을 향해 자신을 낮추는 겸손한 믿음이 있을 때 은혜를 은혜로 받아들일 수가 있다는 것을 말해 준다.

사도 바울은 얼마든지 교만할 수 있는 조건을 갖고 있었다. 하지만 그는 결국 그 모든 것을 버리고 교회와 그리스도의 복음을 위해 헌신했다. 매도 맞고, 굶주림도 당하고, 투옥도 되었다. 그 많은 수고를 겪은 후, 그는 오히려 이렇게 고백한다. "나의 나 된 것은 하나님의 은혜로 된 것이니"(고전 15:10). 주님을 향한 믿음이 없는 자는 이런 고백을 할 수 없다.

지금도 겸손히 주님을 찾는 자는 누구나 은혜를 받을 수 있다. 주님께서 "누구든지 주의 이름을 부르는 자는 구원을 얻으리라"고 약속하셨기 때문이다(롬 10:13).

우리는 주의 보좌 앞에 나아가야 은혜를 얻을 수 있다. 은혜는 성부 하나님, 성자 하나님, 성령 하나님의 협동 작전으로 부여되는 하늘의 은사이다. 그 은혜는 우리에게 값없이 주어지지만, 하나님이 예수 그리스도를 통해 십자가의 피 값을 치르고 사신, 어느 것과도 바꿀 수 없는 고귀한 것이다. 이 일에 성령 하나님이 참여하셨다. 히브리서 기자는 성령을 가리켜 "은혜의 성령"이라고 말한다(히 10:29).

- "여호와여 주는 의인에게 복을 주시고 방패로 함같이 은혜로 저희를 호위하시리이다"(시 5:12)
- "… 오직 주는 사유하시는 하나님이시라 은혜로우시며 긍휼히 여기시며 더디 노하시며 인자가 풍부하시므로 저희를 버리지 아니하셨나이다"(느 9:17)
- "… 하나님의 은혜와 또는 한 사람 예수 그리스도의 은혜로 말미암은 선물이 많은 사람에게 넘쳤으리라"(롬 5:15b)
- "하나님과 우리 주 예수를 앎으로 은혜와 평강이 너희에게 더욱 많을지어다 그의 신기한 능력으로 생명과 경건에 속한 모든 것을 우리에게 주셨으니 이는 자기의 영광과 덕으로써 우리를 부르신 자를 앎으로 말미암음이라"(벧후 1:2-3)
- "우리가 … 주 예수의 은혜로 구원받는 줄을 믿노라"(행 15:11)

값없이 주시는 하나님의 은혜는 그리스도 예수를 통해 영원히 지속된다. "죄의 삯은 사망이요 하나님의 은사는 그리스도 예수 우리 주안에 있는 영생이니라"(롬 6:23). "우리에게 큰 대제사장이 있으니 하나님 아들 예수시라 우리가 믿는 도리를 굳게 잡을지어다 … 그러므로 우리가 긍휼하심을 받고 때를 따라 돕는 은혜를 얻기 위해 은혜의 보좌 앞에 담대히 나아갈 것이니라"(히 4:14-16).

하나님의 은혜는 우리를 강하게 만들고 강하게 세운다. 우리를 강하게 만드는 하나님의 은혜(strengthening grace)는 우리의 삶을 새롭게 한다. 하나님은 우리를 만드신다. "마음은 은혜로써 굳게 함이 아름답고 식물로써 할 것이 아니니"(히 13:9). 이 말씀은 '영적으로 강하게 됨'이 식물, 곧 '의례적 규칙'(ceremonial rules)에 따른 것이 아니라 '하나님의 은혜'이기 때문에 아름답다는 것이다. 그래서 말한다. "그러므로 너희가 그리스도 예수를 주로 받았으니 그 안에서 행하되"(골 2:6). 이는 '은혜 안에서 자라라'(growing in grace)는 것이고, 은혜 안에서 강해지라는 것이다.

하나님의 은혜는 우리의 아픔을 이기게 한다. 바울은 육체의 가시(병)를 가지고 있었다. 그는 그 문제를 두고 하나님을 향해 세 번 간구하였다. 그러나 주님은 그를 향해 "내 은혜가 네게 족하도다 이는 내 능력이 약한 데서 온전하여짐이라"고 하셨다. 이를 두고 바울은 "도리어 크게 기뻐함으로 나의 여러 약한 것들에 대하여 자랑하리니 이는 그리스도의 능력으로 내게 머물게 하려 함이라"고 하였다(고후 12:9). 이 말씀은 '우리에게 필요한 모든 것은 바로 하나님의 은혜'라는 것이다. 왜냐하면 하나님의 능력은 우리가 약할 때 강하게 나타나기 때문이다. 또한 하나님의 은혜는 우리의 아픔조차도 이기게 만든다. 우리로 하여금 아픔조차 이기게 하시는 하나님의 유지적 은혜(sustaining grace)를 잊어서는 안 된다. 우리는 때를 따라 우리를 돕는 그 은혜, 곧 주님의 능력을 얻기 위해 은혜의 보좌 앞에 담대히 나가야 한다(히 4:16).

3. 은혜는 우리의 변화된 삶을 요구한다

우리는 흔히 은혜란 그저 받기만 하면 되는 것으로 잘못 생각하고 있다. 은혜를 받는 것도 중요하지만 더 중요한 것은 그 못지않게 은혜가 요구하는 삶을 살아야 한다는 사실이다. 은혜는 그에 따른 우리의 바른 행동, 변화된 삶을 요구한다. 은혜가 지금 우리에게 요구하는 것은 무엇인가?

1) 은혜를 바로 알라

무엇보다 은혜를 은혜로 깨달을 줄 알아야 한다. 은혜를 깨닫지 못하는 사람에게는 그 은혜가 아무런 소용이 없기 때문이다. 간혹 자녀들이 부모를 향해 "엄마 아빠가 나를 위해 해 준 것이 뭐가 있어요?"라며 불평하는 말을 듣게 된다. 그 때 부모의 마음은 참담할 수밖에 없을 것이다. 지금까지 키우느라 마음 졸이며 잠 못 이룬 날들의 수고가 한꺼번에 무너지는 기분이 들 것이다. 자녀들이 은혜를 은혜로 알지 못하기 때문이다. 이것은 마치 하나님의 은혜가 너무 크고 헤아릴 수 없는데도 불구하고 우리가 하나님 앞에 늘 불평을 토로하는 것과 같다.

우리는 하나님이 주신 은혜를 더 깊이 인식해야 한다. 이를 위해서는 하나님 앞에 보다 겸손할 필요가 있는데 그것은 오직 믿음으로만 가능하다. 믿음으로만이 비로소 겸손하게 자기됨을 깨닫고, 은혜를 은혜로 받아들이게 되고, 은혜의 그 깊고 넓은 뜻을 알게 되기 때문이다. 은혜를 아는 사람은 자신보다 하나님을 바라보게 되고, 자기의 영광보다 하나님의 영광을 위해 산다.

2) 더욱 낮아지고 겸손하라

하나님의 은혜를 많이 받은 자일수록 더욱 낮아지고 겸손해야 한다. 은혜는 하나님의 선물이므로 자신이 자랑할 것은 하나도 없기 때문이다. 선물이란 그 근원이 자신에게서가 아니라 선물을 주는 사람에게서 나오는 것이다. 성경은 말한다. "이것이 너희에게서 난 것이 아니요 하나님의 선물이라 행위에서 난 것이 아니니 이는 누구든지 자랑치 못하게 함이니라"(엡 2:8-9). "이것"은 바로 구원의 은총을 가리킨다. 모든 은혜는 값 없이 주시는 하나님의 선물이기 때문에 결코 자신을 자랑할 수 없다. 더욱이 하나님 앞에서는 할 말이 없다. 그럼에도 불구하고 우리는 자신을 자랑하기에 급급하다. 성경은 강조한다. "은혜로 된 것이면 행위로 말미암지 않음이니 그렇지 않으면 은혜가 은혜 되지 못하느니라"(롬 11:6).

3) 기쁨과 감격, 그리고 감사의 삶을 살라

신약성경에서 은혜를 뜻하는 가장 보편적인 단어는 '카리스'(charis)인데 이것은 '기쁨'이라는 의미를 담고 있다. 은혜는 우리를 감격케 하고 기쁨에 넘치게 하기 때문이다. 사람들은 자주 어디까지가 하나님의 은혜이고 어디까지가 자신의 노력인가를 따지고자 한다. 그러나 하나님의 은혜를 진정으로 깨닫는 사람은 100퍼센트 모두 하나님의 은혜라고 말하며 감사할 것이다. 하나님의 사람은 하나님의 은혜 없이 살 수 없고, 절망 속에 있다 할지라도 감사할 수밖에 없다고 말한다. 또한 우리가 자랑할 것은 아무 것도 없음을 고백한다. 빌린 돈은 갚을 수 있지만 하나님이 우리에게 주신 은혜는 갚을 수가 없다. 그래서 우리는 오직 하나님께 감사하고 영광을 돌릴 뿐이다.

4) 변화하라

성경은 "하나님의 은혜를 헛되이 받지 말라"고 가르치고 있음에도 불구하고(고후 6:1), 오늘날의 많은 그리스도인들은 받은 은혜로 하나님이 원하시고 기뻐하시는 삶을 살고 있지 못하다. 하나님께서 우리에게 은혜를 주실 때는 변화된 삶을 살 것을 기대하신 것이었는데도 그 기대를 충족시키지 못하고 있다. 우리를 더욱 슬프게 하는 것은 이 땅의 많은 그리스도인들 가운데 하나님의 은혜를 은혜로 아는 사람들의 모습이 사라져 가고 있다는 사실이다.

이제 그리스도인도, 교회도 달라져야 한다. 자신의 교만한 모습과 체념으로 얼룩진 옷을 벗어버리고 하나님의 은혜를 은혜로 알고, 그 은혜에 감격하며, 은혜를 전하고, 은혜를 힘입어 살아가는 사람들이 보다 많아져야 한다.

노만 빈센트 피일 목사가 소망도 없고 생기도 없이 살아가는 미국의 그리스도인들을 일깨우기 위해 쓴 『적극적 사고방식』이라는 책은 지금까지도 세계적인 베스트셀러가 되고 있다. 그는 그리스도인의 삶의 방식은 비그리스도인이 그것과 전적으로 달라야 한다고 전제하고, 하나님의 은혜 가운데 사는 사람은 그 은혜를 깨닫고 적극적으로 살아야 한다고 역설하였다. 그의 책은 실의에 빠진 많은 미국인들을 하나님의 말씀으로 일으키는 데 성공했다. 은혜를 감정으로만 끝낼 것이 아니라 우리의 삶 구석구석에 그 은혜가 살아 움직이도록 해야 한다. 베드로는 우리에게 이렇게 권고하고 있다. "각각 은사를 받은 대로 하나님의 각양 은혜를 맡은 선한 청지기 같이 서로 봉사하라"(벧전 4:10).

5) 더욱 착한 일을 하라

"하나님이 능히 모든 은혜를 너희에게 넘치게 하시나니 이는 너희로 모든 일에 항상 모든 것이 넉넉하여 모든 착한 일을 넘치게 하게 하려 하심이라"(고후 9:8). 은혜를 넘치게 부어 주신 만큼 착한 일을 넘치게 하라는 것이다. 은혜를 받아 착한 일을 넘치게 하면 하나님은 기뻐하신다.

"저가 흩어 가난한 자들에게 주었으니 그의 의가 영원토록 있느니라 심는 자에게 씨와 먹을 양식을 주시는 이가 너희 심을 것을 주사 풍성하게 하시고 너희 의의 열매를 더하게 하시리니"(고후 9:9-10).

4. 나 같은 죄인 살리신 주 은혜 놀라와

1736년 당시 11살이었던 존 뉴턴(John Newton)은 아버지의 배를 타고 항해를 시작하였다. 그것은 바로 하나님을 향한 반역과 비도덕적인 삶의 출발이 되었다. 그 배는 주로 노예를 사고파는 상선이었기 때문이다. 그는 이따금 그 배에서 일하면서 노예들을 돈 많은 지주들에게 파는 일을 거들었다. 결국 야망에 찬 젊은 청년 뉴턴은 곧 노예 상선 한 척을 소유하게 되었고, 피비린내 나고 잔인하기 그지없는 이 사업의 중심에 자신이 있다는 것을 자랑스럽게 생각했다.

악랄한 아프리카 노예 상인이었던 그가 주님께 돌아온 것에 대해 두 가지 이야기가 전해오고 있다. 첫째는 어느 날 자신의 배가 무서운 풍랑을 만나게 되자 지나온 자기 삶에 대해 두려움을 갖게 되어 하나님을 향해 완전히 방향을 바꾸게 되었다는 것이다. 절망 가운데서 주님을 만난 그는 경건한 그리스도인이 된 것이다. 둘째는 어느 날 토마스 아 켐피스의 『그리스도를 본받아』를 읽고 감동을 받아 회심했다는 것이다. 처음으로 예수님의 희생적인 사랑을 접하면서 그의 삶은 변하기 시작했다. 결국 그는 노예 무역의 직업을 버렸고, 능력 있고 자신감 넘치는 목회자가 되었다. 몇 년 뒤 뉴턴은 자신이 주님께 돌아온 것에 대한 감사와 은혜를 담아 작사를 했다. 그것이 바로 우리가 널리 애창하는 "나 같은 죄인 살리신 주 은혜 놀라와"(Amazing Grace)이다. 그 가사는 그의 자서전적 간증으로 자신의 비천했던 과거에 대한 고백과 하나님의 구원 사역에 대한 넘치는 감사를 담고 있다.

이 세상에는 예수님이 용서하시지 못할 만큼 큰 죄는 없다. 그 어떤 가공할만한 행위도, 그 어떤 사악한 생각도 용서받을 수 있다. 예수 그리스도의 놀라운 은혜가 모든 죄악을 덮는 것이다. 그분이 십자가에서 우리 죄악에 대한 대가를 지불하셨음을 인정하고 그분을 생명의 구주로 영접할 때 우리는 완전히 깨끗해진다. 과거에 저지른 우리의 그 많은 실패들이 더 이상 우리를 붙잡지 못하는 것이다.

"그런즉 누구든지 그리스도 안에 있으면 새로운 피조물이라 이전 것은 지나갔으니 보라 새것이 되었도다"(고후 5:17).

하나님은 우리의 낡은 것을 모두 씻어 새로운 피조물로 만드셨다. 그리스도인의 삶은 죄악이나 비탄에 바탕을 둔 삶이 아니라 은혜에 바탕을 둔 삶이다. 우리가 주님으로부터 받은 은혜는 결코 무시해도 좋은 것이 아니다. 그런데도 우리는 그 은혜를 휴지처럼 구겨 아무 곳에나 버리고 있다. 우리는 차차 흔들리는 그리스도인, 은혜를 모르는 배은망덕한 그리스도인이 되어가고 있다. 주님은 이 시간에도 흔들리는 우리에게 말씀하신다. "내가 너에게 준 은혜는 피로 값 주어 산 것이다." 우리는 주님에 대한 믿음을 확고히 해야 한다.

제19장 믿음으로 살리라

윌리엄 해밀턴(William Hamilton)은 『그리스도는 누구인가?』라는 책을 통해 현대 교회가 갖추어야 할 세 가지 요소가 있다고 주장했다.

- 우리가 믿는 신앙에 대해 더 많이 알아야 한다.
- 우리가 믿는 신앙에 대해 더 많은 확신을 가지고 있어야 한다.
- 우리가 믿는 신앙에 대해 더 많이 전도해야 한다.

이것은 우리의 신앙에 문제가 있음을 보여 준다. 성경의 여러 곳에서도 예수님께서는 당시 여러 제자들을 가리켜 '믿음이 적은 자들아' 라는 말씀을 통해 제자들의 믿음 없음을 경고하셨다.

1. 하나님의 신실하심과 믿음의 관계

믿음은 무엇보다 하나님의 신실하심으로부터 출발되어야 한다. 한자의 '신(信)' 은 '사람의 말' 에 대한 신뢰를 나타내고 있다. 그러나 믿음은 '하나님과 그분의 말씀' 에 대한 전적인 신뢰성에 바탕을 두어야 한다. 왜냐하면 하나님은 본질적으로 미쁘신 하나님이시며 그 신실하심이 그분의 본질적인 성격이기 때문이다. 하나님은 자신을 가리켜 "신실한 나 여호와"(사 49:7)라 말씀하셨으며 바울도 "하나님은 미쁘시도다"(고전 1:9)라고 표현하신다. 하나님은 진실하시기 때문이다(롬 3:3-4).

성경은 하나님에 대해 이렇게 기록하고 있다.

- "주는 미쁘사 너희를 굳게 하시고 악한 자에게서 지키시리라"(살후 3:3)
- "너희를 부르시는 이는 미쁘시니 그가 또한 이루시리라" (살전 5:24)
- "만일 우리가 우리 죄를 자백하면 저는 미쁘시고 의로우사 우리 죄 를 사하시며 모든 불의에서 우리를 깨끗게 하실 것이요"(요일 1:9)
- "… 오직 하나님은 미쁘사 너희가 감당치 못할 시험을 허락지 아니 하시고 …"(고전 10:13)
- "… 하나님의 일에 자비하고 충성된 제사장"(히 2:17)

이러한 고백적 기록을 통해 우리가 확실히 알 수 있는 것은 우리가 신 뢰해야 할 분은 오직 하나님 한 분이라는 사실이다. 하나님께서 신실하 시다는 것은 하나님의 형상을 지닌 우리도 신실해야 한다는 것을 의미한 다. 우리의 신실함은 무엇보다 하나님에 대하여 충성되게 나타나고, 사 람들 사이에서도 성실하게 나타나야 한다.

바울은 "맡은 자들에게 구할 것은 구할 것은 충성"이라고 하였다(고전 4:2). 이것은 우리가 하나님에 대해 신실해야 함을 보여 주는 것이다. 하 나님을 믿는 우리가 하나님의 형상인 이웃들에게 신실함을 보여 주어야 하는 것은 당연하다.

2. 믿음이란 무엇인가

아담스는 편의주의적 그리스도인들을 경계해야 한다고 말한다. 편의주의적 그리스도인이란 단순히 무엇을 얻기 위해 거짓으로 신앙을 고백한 사람들이다. 선교사들이 주는 쌀 한 가마니 때문에, 혹은 마음에 드는 신부를 얻기 위해 거짓 고백하는 것을 말한다(Adams, 255). 진정한 믿음은 이런 편의주의와는 거리가 있다.

1) 믿음은 인간 자신보다 하나님을 전적으로 신뢰하는 것이다

믿음(faith)은 희랍어 '피스티스'(pistis)이다. 이것은 하나님과 그분의 말씀, 그리고 예수님의 증거에 대한 확신, 신뢰, 믿음, 충실을 뜻한다. 라틴어의 '피데스(fides)'도 믿음을 나타낸다. 히브리어의 '에무나'(emunah)는 '신실함,' '진실함'을 나타내는 말로 주로 하나님을 언급할 때 사용되고 있다.

대부분의 사람들은 자신만을 위하고 자신만을 신뢰하며 살아간다. 그러나 성경은 이러한 삶의 방식이 틀렸다고 말한다. 연약한 인간이 믿음의 대상이 될 수 없으며 오직 하나님 한 분만이 믿음의 대상일 뿐임을 가르치고 있다. 성경은 기본적으로 믿음은 오직 성부 성자 성령 하나님을 전적으로 신뢰하고 그 말씀에 전적으로 충실해야 함을 강조한다.

예수님과 관련해서도 우리는 그분을 이 땅에 보내신 자를 믿어야 한다는 사실로 귀결된다. 믿음의 원천은 하나님이시다. 그분이 예수 그리스도를 이 땅에 보내셨으므로 예수님을 믿는 것은 바로 하나님을 믿는 것이다. 더욱이 예수님은 하나님의 현현이라는 점에서 예수님에 대한 믿음은 하나님에 대한 믿음임을 알 수 있다. 성경은 이것을 확실히 증거하고 있다. 그래서 예수님은 "그 말씀이 너희 속에 거하지 아니하니 이는 그의 보내신 자를 믿지 아니함이라"(요 5:38)고 하셨다. 예수 그리스도를 믿지 아니하는 것은 우리 속에 하나님의 말씀이 거하지 아니하기 때문이라는 것이다. 이것은 우리 믿음의 대상이 하나님이자 예수 그리스도라는 것을 가르쳐 주고 있다. "이제 내가 육체 가운데 사는 것은 나를 위하여 자기 몸을 버리신 하나님의 아들을 믿는 믿음 안에서 사는 것이라"(갈 2:20)고 말하는 바울의 고백도 이를 입증한다. 예수 그리스도를 화목제물로 세우사 우리를 위해 흘리신 보혈을 믿는 믿음을 가져야 하며(롬 3:25) 그분을 이 땅에 보내신 하나님을 믿어야 한다.

우리가 이 하나님을 전적으로 신뢰하며 나아갈 때 아무 두려움이 없게 된다. 우리는 주로 자신의 문제로 염려하고 걱정한다. 이것은 믿음의 대상이 하나님이 아니라 자기 자신임을 보여 주는 것이다. 자신에 대한 믿음이 흔들리기 때문에 걱정하게 되는 것이다. 이것은 우리가 얼마만큼 하나님보다 자신을 믿고 살아왔는가를 보여 준다.

예수님은 우리의 믿음 없음에 대해 이렇게 지적하신다.

믿음을 나타내는 말

언어	단어	의미
희랍어	pistis	말씀과 증거에 대한 확신, 신뢰, 믿음, 충실
라틴어	fides	믿음, 신뢰
히브리어	emunah	신실함, 진실함

- "오늘 있다가 내일 아궁이에 던지우는 들풀도 하나님이 이렇게 입히시거든 하물며 너희일까 보냐 믿음이 적은 자들아 …"(마 6:30)
- "… 어찌하여 무서워하느냐 믿음이 적은 자들아 …"(마 8:26)
- "… 믿음이 적은 자들아 왜 의심하였느냐 …"(마 14:31)
- "… 믿음이 적은 자들아 어찌 떡이 없음으로 서로 의논하느냐"(마

16:8)

믿음이 없으면 이처럼 매사에 염려하고 걱정하고 의심한다. 이것은 거꾸로 말하면 믿음만이 우리의 물적 필요를 해결해 주는 열쇠요, 공포를 해결해 주는 열쇠가 된다는 것을 가르쳐 준다.

2) 믿음은 가장 확실하고 증거가 명백한 것이다

히브리서 기자는 믿음을 한마디로 "바라는 것들의 실상이요 보지 못하는 것들의 증거"라고 정의하고 있다(히 11:1). 믿음은 우리가 바라고 희망하는 것들 가운데 가장 본질적인 것(substance)이다. 그 본질에 대해서 어떤 성경은 이렇게 기록하고 있다.

- 확실한 것(confident assurance)
- 확인된 것(confirmation)
- 집 문서(title-deed)처럼 확실한 것

나아가 믿음은 보이지 않는 것이지만 증거가 뚜렷한 실제 사실임을 확고히 하고 있다. 히브리서 기자는 그 증거로서 아벨, 에녹, 노아, 아브라함, 모세, 다윗 등 여러 믿음의 영웅들이 어떤 믿음을 가졌고 그들의 결과가 어떠했는가를 제시하고 있다. 믿음 때문에 아벨은 의로운 자라는 증거를 얻었고, 에녹은 하나님을 기쁘시게 하는 자라는 증거를 받았으며, 노아는 의의 후사가 되었고, 다윗은 약속을 받았다. 어떤 사람들은 더 나은 본향을 사모한 나머지 돌로 맞고, 투옥되고, 갖은 환난과 학대를 받기도 했다. 그들은 이런 가운데서도 본향을 사모하는 믿음으로 어려움을 이길 수 있었다. 하박국 선지자가 "의인은 그 믿음으로 말미암아 살리라"고 외칠 수 있었던 것도 이 때문이다(합 2:4).

3. 믿음은 어떻게 생기는가

1) 들음에서 난다

성경은 "믿음은 들음에서 나며 들음은 그리스도 말씀으로 말미암았느니라"(롬 10:17), "이 말씀이 또한 너희 믿는 자 속에서 역사하느니라"(살전 2:13)고 말한다. 먼저 하나님의 말씀을 들어야 자신을 하나님께 맡길 수 있고, 말씀에 자신을 완전히 맡길 때 그 말씀이 우리 안에 역사할 수 있다. 그래서 우리는 보다 많은 사람에게 복음의 말씀이 전파되도록 해야 한다. 성경은 말한다. "그런즉 저희가 믿지 아니하는 이를 어찌 부르리요 듣지도 못한 이를 어찌 믿으리요 전파하는 자가 없이 어찌 들으리요 보내심을 받지 아니하였으면 어찌 전파하리요 기록된바 아름답도다 좋은 소식을 전하는 자들의 발이여 함과 같으니라"(롬 10:14-15). 따라서 신앙의 성립을 위해서는 하나님의 말씀을 전하는 입과 듣는 귀가 필요함을 알 수 있다.

2) 선한 싸움을 통해 자란다

바울은 "믿음의 선한 싸움을 싸우라 영생을 취하라 이를 위하여 네가 부르심을 입었고 많은 증인 앞에서 선한 증거를 증거하였도다"고 말하고 있다(딤전 6:12). 우리는 그가 믿음을 선한 싸움으로 간주했음에 주목할 필요가 있다. 이것은 우리의 믿음이 정체된 것이 아니요 사단과의 계속적인 투쟁이 있어야 한다는 것을 보여 준다. 믿음의 시련이 없이 믿음이 성장할 수 없기 때문이다. 우리의 믿음은 단지 '믿음에 관한 것'(about belief)을 논하는 것이 아니라 '적극적으로 믿고 나아가는 것'(believe on)이어야 한다. 사도행전 16장 31절은 '주 예수 그리스도를 적극적으로 믿고 나아가라'(believe on the Lord Jesus Christ)라고 말하고 있다. 우리의 믿음은 단지 무엇을 믿는다(believe in)는 차원을 벗어나 적극적인 믿음의 행위(believe on)가 중요하다. 야고보가 믿음뿐 아니라 행위를 강조하는 것은 이 때문이다.

유다는 이렇게 말한다. "사랑하는 자들아 내가 우리의 일반으로 얻은 구원을 들어 너희에게 편지하려는 뜻이 간절하던 차에 성도에게 단번에 주신 믿음의 도를 위하여 힘써 싸우라라는 편지로 너희를 권하여야 할 필요를 느꼈노니 이는 가만히 들어온 사람 몇이 있음이라 저희는 우리 주 예수 그리스도를 부인하는 자니라"(유 1:3-4). 적그리스도를 대적하여 믿음의 선한 싸움을 싸우라는 것이다. 베드로는 이 싸움의 결과가 클 것을 예고하고 있다. "너희 믿음의 시련이 불로 연단하여도 없어질 금보다 더 귀하여 예수 그리스도의 나타나실 때에 칭찬과 영광과 존귀를 얻게 하려함이라"(벧전 1:7).

4. 믿음의 결과

1) 구원
베드로는 "너희가 예수를 보지 못하나 믿고 말할 수 없는 영광스러운 즐거움으로 기뻐하니 믿음의 결국 곧 영혼의 구원을 받음이라"고 말하였다(벧전 1:8-9). 이 말씀은 믿음의 결국은 곧 영혼 구원이라고 단정한다. 예수님은 여리고의 소경 바디매오를 비롯하여 여러 사람들을 향해 "네 믿음이 너를 구원하였느니라"고 말씀하심으로써 믿음의 결과가 구원임을 명확히 하셨다. 이 때 구원은 고침을 받는 것이지만 육적인 것에만 해당되는 것은 아니다. 그것은 하나님을 향한 전적인 신뢰의 결과이므로 영적인 것과도 연결된다. 바울은 여러 부분에 걸쳐 이를 확인시켜 주고 있다. "네가 만일 네 입으로 예수를 주로 시인하며 또 하나님께서 그를 죽은 자 가운데서 살리신 것을 네 마음에 믿으면 구원을 얻으리니 사람이 마음으로 믿어 의에 이르고 입으로 시인하여 구원에 이르느니라"(롬 10:9-10). 그러나 우리는 그 구원이 하나님의 은혜라는 사실을 잊어서는 안 된다. "너희가 그 은혜를 인하여 믿음으로 말미암아 구원을 얻었나니 이것이 너희에게서 난 것이 아니요 하나님의 선물이라"(엡 2:8).

2) 의롭다 함

우리는 누가 의로운 행동을 하면 그를 의인으로 간주한다. 그러나 성경은 행위를 보고 그를 의롭다 할 것이 아니라 믿음으로 의롭게 된다는 것을 강조한다(롬 3:28). 사람이 자기의 행위를 인정받으려 하는 것은 그 의를 자신에게 돌려 자기 영광을 취하려는 것과 같다. 이것은 기본적으로 믿음을 인간에 적용하려한다는 점에서 문제가 있다. 성경은 인간이 의롭게 됨은 자신의 행위를 통해서가 아니라 오직 하나님의 무한하신 사랑과 은혜 때문임을 말한다. 성경은 아브라함이 자기 자신이 아니라 하나님을 전적으로 신뢰함으로 하나님께서 이를 의로 여기셨다고 말씀하고 있다. 바울은 우리가 율법을 잘 지켜서가 아니라 오직 예수님을 믿는 믿음, 곧 성자 하나님을 전적으로 신뢰함으로 말미암아 의롭게 되었음을 강조한다. 이것은 믿음이 우리를 의롭게 한다는 것을 가르쳐 주고 있다. 그렇다고 해서 우리가 의로운 행동을 하지 않아도 된다는 것은 결코 아니다.

3) 영생

예수님께서는 다음과 같이 말씀하신다. "내 말을 듣고 또 나보내신 자를 믿는 이는 영생을 얻었고 심판에 이르지 아니하나니 사망에서 생명으로 옮겼느니라"(요 5:24). "하나님이 세상을 이처럼 사랑하사 독생자를 주셨으니 이는 저를 믿는 자마다 멸망치 않고 영생을 얻게 하려 하심이니라"(요 3:16). "모세가 광야에서 뱀을 든 것같이 인자도 들려야 하리니 이는 저를 믿는 자마다 영생을 얻게 하려 하심이니라"(요 3:14-15). 이 말씀들은 믿음과 영생이 직결되어 있음을 가르쳐 주는 말씀들이다.

4) 하나님의 아들

성경은 믿음으로 하나님의 아들이라 칭함을 얻게 된다고 말하고 있다. "너희가 다 믿음으로 말미암아 그리스도 예수 안에서 하나님의 아들이 되었으니"(갈 3:26). 하나님의 아들이 된다 함은 죄로 인해 잃었던 하나님의 형상을 회복하고 하나님의 뜻대로 사는 사람이 된다는 것을 의미한다.

5) 성령

갈라디아서 여러 곳에서는 믿음을 통해 성령을 받는다는 것을 가르쳐 주고 있다. 바울은 묻는다. "너희가 성령을 받은 것은 율법의 행위로냐 듣고 믿음으로냐"(갈 3:2). 그는 믿음으로 성령을 받았음을 확실히 함은 물론 "믿음으로 말미암아 성령의 약속을 받게" 된다고 하였다(갈 3:14). 나아가 그는 "우리가 성령으로 믿음을 좇아 의의 소망을 기다리노니"라고 말하였다(갈 5:5).

6) 지혜

성경은 믿음의 분량과 지혜의 상관관계를 제시하였다. 바울은 "내게 주신 은혜로 말미암아 너희 중 각 사람에게 말하노니 마땅히 생각할 그 이상의 생각을 품지 말고 오직 하나님께서 각 사람에게 나눠 주신 믿음의 분량대로 지혜롭게 생각하라"고 말하였다(롬 12:3). "믿음의 분량대로"란 '각자 교회에서 해야 할 일들을 감당할 수 있도록 하나님께서 그들에게 주신 능력대로' 라는 뜻을 가지고 있다. 이것은 '그 이상의 생각을 품지 말고' 에서 드러나는데 이는 교만하지 말고 겸손하라는 뜻을 담고 있다. 그러므로 믿음을 갖게 되면 주어진 믿음의 분량대로 일할 수 있는 지혜를 갖게 되며 그 이상 교만한 생각을 하지 않게 된다는 것을 알 수 있다. 믿음이 있는 자는 교만하지 말고 보다 겸손한 가운데 지혜롭게 행동할 필요가 있다.

7) 고침

예수님은 믿음을 육체적인 치료와 연결시키셨다. 백부장이 하인의 병 때문에 예수님을 찾아와 "말씀만 하시면 내 하인이 낫겠나이다."라고 말했을 때 "이스라엘 중에서도 이만한 믿음을 만나보지 못하였노라 가라 네 믿은 대로 될지어다."고 말씀하시니 바로 하인의 병이 나았다. 혈루증을 앓는 여인이 예수님의 옷만 만져도 나을 줄 알았다고 했을 때 주님은 "딸아 네 믿음이 너를 구원하였으니 평안히 가라."고 하셨다. 또한 두 소경을 고치시면서도 "너희 믿은 대로 될지어다."고 하셨다. 딸의 죽음 때문에 찾아 온 회당장 야이로를 향해서도 믿음을 강조하셨다. "두려워 말고 믿기만 하라."

벙어리 귀신 들린 자의 아비가 예수님을 향해 "하실 수 있거든"이라고 말했을 때, 예수님은 고침을 받으려면 보다 확고한 믿음이 중요함을 말씀하셨다. "할 수 있거든이 무슨 말이냐 믿는 자에게는 능치 못할 일이 없느니라"(막 9:23). 성경은 주님에 대한 확고한 믿음을 가져야 고침을 받을 수 있음을 보여 주고 있다.

8) 능력을 얻는다

믿음은 능력을 발휘할 수 있게 한다. 예수님은 이에 대해서 몇 번이나 강조하셨다. "너희가 만일 믿음이 한 겨자씨만큼만 있으면 이 산을 명하여 여기서 저리로 옮기라 하여도 옮길 것이요 또 너희가 못할 것이 없으리라"(마 17:20). "만일 너희가 믿음이 있고 의심치 아니하면 이 무화과 나무에게 된 이런 일만 할 뿐 아니라 이 산더러 들려 바다에 던지우라 하여도 될 것이요 너희가 기도할 때 무엇이든지 믿고 구하는 것은 다 받으리라"(마 21:21-22).

확고한 믿음이 있으면 불가능한 일도 가능하게 될 수 있다는 것이다. 야고보는 이렇게 말하고 있다. "오직 믿음으로 구하고 조금도 의심하지 말라 의심하는 자는 마치 바람에 밀려 요동하는 바다 물결 같으니 이런 사람은 무엇이든지 주께 얻기를 생각하지 말라 두 마음을 품어 모든 일에 정함이 없는 자로다"(약 1:7-8).

5. 믿음과 행함

루터는 야고보서를 가리켜 '지푸라기 서신'이라고 하였다. 야고보서가 믿음보다 행함을 강조한다고 생각했기 때문이다. 그러나 이에 대해 칼빈은 "루터는 성경을 다 읽고 생각지 않았다."고 비판했다. 그는 성경이 믿음과 행함 모두를 강조하고 있다는 것을 알았다. 믿음이 없으면서 행함만 있으면 자기 행위만을 자랑하는 것이 되므로 구원과는 관계없는 것이 되고, 믿음은 있는데 행함이 없으면 그 믿음은 죽은 믿음이므로 그역시 무가치한 것이다.

믿음과 행함, 곧 신앙과 행위는 하나이다. 영혼과 몸이 불가분의 관계를 가지는 것처럼 믿음과 행함은 서로 깊게 연결되어 있다. 믿음이 뿌리라면 행함은 그 열매와 같다. 따라서 믿음은 그 생활에서 나타나야 한다. 그럼에도 불구하고 우리는 종종 행함을 덮어두고 믿음만 강조하는 우를 범하고 있다.

야고보는 믿음에는 크게 행함이 있는 믿음과 행함이 없는 믿음이 있다고 말하고 있다. 행함이 있는 믿음과 행함이 없는 믿음의 차이를 말하면서 행함이 없는 믿음은 죽은 믿음임에 반하여 행함이 있는 믿음은 온전케 하는 믿음이라고 말한다. 행함이 없는 믿음은 거짓 믿음임에 반하여 행함이 있는 믿음은 참 믿음, 산 믿음, 구원하는 믿음이다.

6. 행함이 없는 믿음

1) 죽은 믿음, 그러므로 아무 유익이 없다

행함이 없는 믿음은 아무 쓸모가 없다(약 2:14). 성경은 행함이 없는 믿음은 그 자체가 죽은 것임을 강조하고 있다(약 2:17, 26). 영혼이 없는 몸이 아무 쓸데없는 것과 같이 행함이 없는 믿음은 그 안에 영적인 움직임이 없어 죽은 것이다.

야고보는 죽은 믿음의 보기를 다음과 같이 들고 있다. "만일 형제나 자매가 헐벗고 일용할 양식이 없는데 너희 중에 누구든지 그에게 이르되 평안히 가라, 더웁게 하라, 배부르게 하라 하며 그 몸에 쓸 것을 주지 아니하면 무슨 이익이 있으리요"(약 2:15-16). 초대 교회에는 이렇듯 가난한 사람들이 많았음에도 불구하고 실천이 적었던 것으로 보인다. 요한은 다음과 같이 적고 있다(마 25:26; 요 21:7). "자녀들아 우리가 말과 혀로만 사랑하지 말고 오직 행함과 진실함으로 하자"(요일 3:18). 참된 믿음의 증거는 구제 행위로 나타나야 한다. 바울도 말한다. "내가 예언하는 능이 있어 모든 비밀과 모든 지식을 알고 또 산을 옮길만한 모든 믿음이 있을지라도 사랑(행함)이 없으면 내가 아무것도 아니요."(고전 13:2).

2) 귀신의 믿음, 그러므로 헛되다

성경은 죽은 믿음이 자기를 구원할 수 있겠느냐고 묻는다(약 2:14). 물론 행위가 구원의 조건은 아니다. 그러나 성령의 역사하심을 거절한 것이므로 산 믿음이 아니다. 산 믿음이 아니면 구원을 이룰 수 없다. 그래서 성경은 죽은 믿음을 가리켜 단적으로 '헛것'이라고 말한다(약 2:20). 자기를 구원하지도 못하는 믿음은 그야말로 헛된 것이기 때문이다.

야고보는 그 보기를 귀신의 믿음을 들어 말하고 있다. 귀신도 하나님은 한 분이신 것을 잘 알고 이것으로 인하여 떤다. 귀신이 하나님이 한 분이신 것을 지식과 감정적으로 알고 느낀다고 해도 구원을 얻을 수는 없다. 왜냐하면 하나님의 뜻대로 행하지 않기 때문이다.

행함이 없는 지식적인 믿음은 진정한 믿음이 아니다. 지식적으로 아는 것을 믿음이라고 한다면 그런 지식은 마귀도 가지고 있다. 마귀는 예수님뿐 아니라 바울도 알고(행 19:15), 예수님이 '하나님의 거룩한 자'이신 것도 잘 알고 있다(막 1:24, 3:11; 눅 4:34, 41, 8:28). 그렇다고 마귀가 예수님을 믿은 것은 아니다. 스스로 나와 상관이 없다고까지 말했다(막 1:24). 알고 있으면서도 행동으로는 부정하는 실천적 무신론은 구원에 이를 수 없다. 우리가 아무리 성경 말씀을 잘 알고 예수님에 대해서 많은 것을 안다고 해도, 예수님을 참으로 믿고 사랑하며 그 말씀대로 행하지 않으면 구원을 얻지 못한다.

7. 행함이 있는 믿음

1) 온전한 믿음, 행함으로 믿음이 온전케 된다

행함이 있는 믿음은 의롭다 하심을 얻게 한다. 야고보는 아브라함이 믿음과 행함으로 인해 의롭다함을 얻었다고 증거하고 있다(약 2:21). 아브라함이 "하나님을 믿음으로 하나님이 이를 의로 여기고 하나님의 벗이라 칭함을 받게" 된 것은(약 2:23), 이삭을 하나님께 바치기 전이었으므로 사실 믿음으로 의롭다함을 받은 것이다(창 15:6). 그러나 아브라함에게 믿음이 있다는 것이 그 아들 이삭을 바치는 결단적 행위, 곧 '행함으로' 확증됨으로써 전에 아브라함이 의롭다하신 말씀이 그대로 입증되었다(창 22:12). '응하였고'(약 2:23)는 바로 그 믿음이 행동으로 '이루어졌다'는 것이다. 이루었다는 것은 인정될 수 있게 알려졌다는 것이자 믿음이 행위와 일치되었다는 뜻이다. 아브라함은 믿음과 행위가 별개로 나타나지 않고 함께 나타난 것이다. 성경은 이를 가리켜 "행함으로 믿음이 온전케 되었느니라"고 말하고 있다(약 2:22). 그러므로 믿음과 행함은 동일하게 필요하다.

2) 믿음 없는 행함이나 행함이 없는 믿음은 모두 온전하지 못하다

믿음 없는 행함(세상적 윤리)이나 행함 없는 믿음(죽은 믿음)은 모두 온전하지 못하다. 따라서 야고보는 행함이 없는 믿음, 말만의 믿음만으로는 의롭다 함을 얻지 못한다는 것을 강조하고 있다. 그가 "믿음으로만 아니니라"고 단정적으로 말한 것은 행위가 수반되지 않고 단순히 이론적으로 아는 것으로만은 안 된다는 것을 결론적으로 말한 것이다(약 2:24). 야고보는 행함이 있는 믿음을 라합의 경우를 통해 더욱 강조하고 있다. 라합은 가나안이 이스라엘에게 허락된 땅이라는 점과 출애굽 후의 여러 사건을 통해 이스라엘이 승리하리라는 점을 믿고 있었다. 히브리서 11장은 라합이 "믿음으로" 주의 사자들을 영접하였다는 것을 말함으로써 믿음을 강조하고 있음에 반해(히 11:31), 야고보서 2장은 "행함으로" 주의 사자들을 탈출시킴으로 의롭다함을 받은 사실을 말함으로써 행함을 강조하고 있다(약 2:25). 히브리서는 영접의 상황을 부각시키고, 야고보서는 탈출의 상황을 부각시켜 장면의 차이를 보이고 있다. 전자는 다소 수동적인 장면임에 비하여 후자는 능동적인 장면을 보여 주고 있다. 성경은 믿음과 행위 가운데 어느 것을 강조하느냐에 따라 다른 장면을 소개하고 있지만 믿음과 행위를 분리시킨 것이 아니라 믿음으로 용기 있는 행위가 가능했다는 것을 보여 줌으로써 두 가지 모두가 필요하다는 것을 가르치고 있다.

야고보는 행함이 있는 믿음이야말로 산 믿음이요, 구원하는 믿음임을 확신하면서 그 보기로 아브라함과 라합을 들었다. 그들은 행함이 있는 믿음을 통해 그리스도 조상의 반열에 참여하는 영광을 얻었다(마 1:2, 5).

두 사람 모두 의롭다 함을 얻게 된 내면적인 가르침을 보다 깊게 살펴보면 다음과 같다.

가) 믿음은 남녀 모두에게 동일하게 적용된다

아브라함은 남자이고 라합은 여자이다. 우리는 신앙에서마저 남성을 여성보다 위에 두려는 잘못된 생각을 가지고 있다. 그러나 야고보는 행함이 있는 믿음의 보기로 아브라함과 라합을 듦으로써 이러한 차별 의식을 불식시켰다.

나) 유대인이나 이방인이나 믿음과 행함으로 하나님의 자녀가 된다

아브라함이 히브리인 중의 히브리인이요 참 이스라엘 사람이라면, 라합은 이방 여인이다. 많은 사람들에게 있어서 이방 사람, 더욱이 이방 여인이 하나님의 자녀가 된다는 것은 생각조차 할 수 없는 일이었다. 그러나 라합은 믿음대로 행함으로써 의롭다 함을 얻었다.

다) 사회적 조건과 관계없이 믿음과 행함으로 하나님의 사람이 된다.

아브라함은 경건한 사람이었으나 기생 라합은 사회적으로 볼 때 타락한 인물이었다. 인간적으로 볼 때 타락의 상징인 기생이 구원을 받는다는 것은 생각할 수 없을 것이다. 그러나 하나님의 눈은 사람의 눈과 다르다. 하나님에게는 오직 믿음과 행함이 구원의 기준이 된다. 야고보는 "나는 행함으로 내 믿음을 네게 보이리라"라고 말함으로써 행함이 없는 믿음을 비판하였다(약 2:18). 그는 행함으로 믿음이 있음을 보일 것과 행함이 없이 믿음이 있다는 것을 증거하기가 어렵다는 것을 말함으로써 믿음의 독창성을 가르쳐 주었다. 믿음과 행함은 서로 구분된 별개의 것이 아니고 그 나타나는 방향만 다를 뿐이다. 그러므로 우리는 믿음을 언제나 생활을 통해 나타나도록 해야 한다. 보이는 형제를 사랑하지 아니하면서 보이지 않는 하나님을 사랑할 수 없기 때문이다(요일 4:20).

8. 하나님이 기뻐하시는 믿음

1) 사랑으로 역사하는 믿음

그리스도 안에서는 그의 신분이 중요한 것이 아니라 사랑으로 살아있는 믿음이 중요하다(갈 5:6). 여기서 '사랑으로 역사하는 믿음'을 강조하는 것은 믿음이란 단순한 지적 동의가 아니라 사랑으로 나타나는 하나님의 은혜를 신뢰하고 살아가는 삶을 의미하기 때문이다.

2) 굳은 믿음

믿음을 가지는 것만으로 모든 것이 해결되는 것은 아니다. 믿음을 굳게 지키는 것이 무엇보다 중요하다. 바울은 믿음과 선한 양심을 가진 교인들 가운데서도 파선한 믿음 혹은 양심을 버린 믿음을 가진 사람이 있음에 주목하였다(딤전 1:19). 우리는 조금의 풍랑에도 파선되는 믿음이 아닌 보다 강하고 굳센 믿음을 가져야 한다.

3) 온전한 믿음

히브리서는 온전한 믿음을 강조하고 그 믿음을 가지고 하나님께 나아가자고 독려하고 있다. "우리가 마음에 뿌림을 받아 양심의 악을 깨닫고 몸을 맑은 물로 씻었으니 참 마음과 온전한 믿음으로 하나님께 나아가자"(히 10:22). 온전한 믿음을 갖기 위해서는 우리의 믿는 도리의 소망을 움직이지 말고 굳게 잡아야 하고 "믿음의 주요 또 온전케 하시는 예수를 바라보아야 한다"(히 12:2).

9. 하나님이 싫어하시는 믿음

1) 말씀에 화합하지 못하는 믿음

히브리서는 우리에게 말씀에 화합하지 않는 믿음을 경계하고 있다. "저희와 같이 우리도 복음 전함을 받은 자이나 그러나 그 들은 바 말씀이 저희에게 유익 되지 못한 것은 듣는 자가 믿음을 화합치 아니함이라"(히 4:2). 듣는 자가 믿음을 화합치 아니한다는 말씀은 듣는 자에게 믿음이 결여되어있음을 강조한 것이다. 복음을 듣는 자는 보다 적극적인 믿음으로 그 말씀을 받을 필요가 있다.

2) 행함이 없는 믿음

야고보는 행함이 있는 믿음을 강조한다. "내 형제들아 만일 사람이 믿음이 있노라 하고 행함이 없으면 무슨 이익이 있으리요 그 믿음이 능히 자기를 구원하겠느냐… 행함이 없는 믿음은 그 자체가 죽은 것이라 … 영혼이 없는 몸이 죽은 것같이 행함이 없는 믿음은 죽은 것이니라"(약 2:14, 17, 26). 그에 따르면 믿음은 행함과 함께 일하고, 행함으로 믿음이 온전케 된다(약 2:22). 이것은 믿음이 있다고 그것만으로 만족해서는 안 된다는 것을 가르쳐 준다. 믿음이 있는 자에게는 마땅히 행함이 따라야 한다. 성경은 행함이 없는 믿음을 가르치지 않는다.

10. 믿음과 율법의 관계

성경은 믿음과 율법의 관계에 대해 명확히 밝히고 있다. 갈라디아서에 따르면 믿음이 오기 전에 우리는 율법 아래 매인 바 되었으나 믿음이 온 후에는 율법 아래 있지 않다(갈 3:23, 25). 성경이 율법의 역할을 이처럼 격하시킨 것은 우리가 구원을 얻게 된 것은 우리의 행위 때문이 아니라 그리스도를 믿는 믿음 때문인 것을 강조하기 위한 것이었다. 당시 그리스도인 가운데도 자신들이 율법을 지킴으로써, 즉 자신의 행위를 통해 구원을 받을 수 있다고 생각하는 사람이 많았다. 바울은 우리의 행위 때문이 아니라 우리 죄를 위하여 십자가 위에서 피를 흘려 대속해 주신 그리스도 예수를 믿는 믿음 때문이라는 것을 강조하기 위해 율법의 역할을 "우리를 그리스도에게로 인도하는 몽학 선생"으로 한정한 것이다(갈 3:24). "율법의 행위로 그의 앞에 의롭다 하심을 얻을 육체가 없나니 율법으로는 죄를 깨달음이니라"(롬 3:20). 중요한 것은 행위의 법이 아니라 믿음의 법이다(롬 3:27).

그렇다고 믿음이 율법을 무시하거나 폐하는 것은 아니다. 바울은 "그런즉 우리가 믿음으로 말미암아 율법을 폐하느뇨 그럴 수 없느니라 도리어 율법을 굳게 세우느니라"고 하였다(롬 3:31). 믿음은 율법을 무의미하게 하지 않고 오히려 율법을 완성한다(마 5:17).

11. 불신앙에 대한 경고

성경은 불신앙에 대해 강하게 경고하고 있다. "형제들아 너희가 삼가 혹 너희 중에 누가 믿지 아니하는 악심을 품고 살아 계신 하나님에게서 떨어질까 염려할 것이요"(히 3:12). 히브리서 기자는 이스라엘이 광야 생활을 할 때 많은 사람들이 가나안에 들어가지 못하고 광야에서 엎드러지게 된 것은 불신앙 때문임을 분명히 하고 있다. "이로 보건대 저희가 믿지 아니하므로 능히 들어가지 못한 것이라"(히 3:19). 우리도 하나님을 전적으로 신뢰하지 않으면 약속된 하나님의 나라에 들어갈 수 없다.

12. 믿음이 약한 자에 대한 우리의 태도

바울은 다음과 같이 말한다. "믿음이 연약한 자를 너희가 받되 그의 의심하는 바를 비판하지 말라 어떤 사람은 모든 것을 먹을 만한 믿음이 있고 연약한 자는 채소를 먹느니라"(롬 14:1-2). 여기서 믿음이 연약한 자는 예수 그리스도에 관한 복음의 진리를 잘 깨닫지 못한 채 구약의 율법만 잘 지키면 좋은 믿음을 가진 것으로 생각하는 율법주의적 신자를 가리킨다. 그들은 율법이 금지한 고기 대신 채소를 먹음으로써 금욕적으로 살았고 주일보다 안식일을 엄격하게 지켰다. 그러나 복음의 도리를 아는 사람들은 율법에서 금지된 고기를 자유롭게 먹었다. 바울은 그들이 다 같은 하나님의 백성이므로 서로 비판해서는 안 된다고 하였다. "먹는 자는 먹지 않는 자를 업신여기지 말고 먹지 못하는 자는 먹는 자를 판단하지 말라 이는 하나님이 저를 받으셨음이니라"(롬 14:3).

믿음이 약한 자에 대해 우리가 가져야 할 태도는 그들의 믿음이 강해지도록 기도하는 일이다. 만찬 중에 제자들이 서로 누가 큰가에 대해 인간적인 싸움을 하고 있을 때, 예수님은 베드로의 믿음을 위해 기도했다고 말씀하셨다. "시몬아 시몬아 보라 사단이 밀 까부르듯 하려고 너희를 청구하였으나 그러나 내가 너를 위하여 네 믿음이 떨어지지 않기를 기도하였노니 너는 돌이킨 후에 네 형제를 굳게 하라"(눅 22:32).

귀신들린 아이의 아버지는 예수님으로부터 믿음이 부족하다는 사실을 지적당한 후 이렇게 외친다. "내가 믿나이다 나의 믿음 없는 것을 도와주소서"(막 9:24). 예수님의 이러한 지적은 우리에게 그대로 적용된다. 우리는 믿음 없음을 고백함으로써 나 자신과 주님에 대해 보다 솔직할 필요가 있다. 그리고 그분 앞에 겸손히 나아가야 한다. 그때 주님은 우리의 마음속에 좌정 하실 것이며 하나님과 이웃을 향한 우리의 태도가 달라질 것이다. 믿음, 그것은 신실하신 하나님과 그 말씀을 전적으로 신뢰하는 것이며 주님의 말씀대로 적극적으로 살아가는 것이다.

도움말
Consult a document

　행함이 없는 믿음은 사해 신앙이요 행함이 있는 믿음은 갈릴리 신앙이다. 사해는 물을 받기만 하고 주지 않음으로 죽은 바다가 되었다. 이에 반해 갈릴리는 물을 받을 뿐 아니라 받은 물을 내어 주어 살아있는 바다가 되었다. 사해에는 고기가 살지 못하지만 갈릴리에는 물고기가 많다. 믿음은 하나님께서 우리 각자에게 주시는 선물이다. 이에 비해 행함은 받은 선물을 남들에게 내어 주는 것이다. 믿음과 행위는 불가분의 것으로 믿음에는 반드시 행함이 따라야 한다. 따라서 믿음을 선물로 받았으면 이것을 행동으로 나타내야 한다. 믿음의 행동화가 되지 않는 신앙은 사해의 고인 물처럼 썩어버린다. 썩은 물이 아무 쓸모가 없듯이 죽은 믿음은 아무 쓸모가 없다.

　믿음은 사실을 사실대로 믿는 것이다. 불신앙은 사실을 사실이 아니라고 하는 것이다(롬 3:3-4). 통계학에서는 이를 '알파 에러'라고 부른다. 미신은 사실이 아닌 것을 사실이라고 한다(롬 1:23, 25). 이는 '베타 에러'라 불린다. 신앙이 아닌 것은 모두 에러이다. 신앙은 과학과 진실에 대해 서로 다른 방법으로 접근한다. 과학은 봐야 믿는다(seeing is believing). 그러나 신앙은 믿음으로 본다(believing is seeing).

제20장 하나님을 닮은 마음

새 천년이 시작되면서 '밀레니엄'(millenium)이라는 단어가 키워드로 등장하였다. 새로운 밀레니엄에 대한 기대와 함께 많은 학자들은 앞으로 무엇보다 가난의 문제가 사회에 큰 위협을 줄 것이라고 예견했다. 새천년이 지난 지금, 실제로 많은 사람들이 직장을 잃었다. 더 큰 문제는 그로인해 인간이 열등한 존재로 전락하게 된다는 점이다. 지식 사회는 무엇보다 창의성을 요구하지만 그 창조적 지식은 소수에 국한될 뿐 대부분의 사람은 컴퓨터보다 못한 열등한 존재 취급을 받으면서 자기 정체감을 상실하게 된다. 이런 가운데서 상대적으로 영적인 관심도 커진다.

'영성' 하면 흔히 고요 속으로 침잠해 가는 가운데 묵묵히 그리고 집중하는 자세로 명상하는 것을 떠올린다. 명상이 영성에 도움이 되지 않는 것은 아니지만 그것이 그리스도인이 가져야 할 영성의 모습은 아니다. 그러면 방언을 하고 하늘을 향해 소리쳐 울어야 영성이 충만한가? 때로 그러한 몸부림도 필요하지만 그것만이 영성은 아니다.

영성은 무엇보다 하나님이 원하시고 기뻐하시는 것이 우리 안에 가득한 것을 말한다. 우리가 생각할 때에도 "무엇을 어떻게 해야 하나님이 기뻐하실까?"를 생각하고, 행동할 때에도 하나님이 기뻐하시는 길을 택하여 가는 것이 바로 영성이다. 그리스도인은 흔히 성령 충만한 삶을 강조한다. 그러나 성경은 하나님 충만, 그리스도 충만을 말하기도 하며 기쁨 충만을 말하기도 한다. 어떤 것이든 그 속에는 하나님이 기뻐하시는 것이 가득해야 한다. 따라서 우리 속에 무엇보다 하나님의 뜻이 가득하고, 그 뜻대로 힘 있게 움직일 때 영성이 충만하다고 할 수 있을 것이다.

1. 작품을 작품 되게 하는 것

조각가는 조각을 할 때 자기의 작품이 가장 아름다운 작품이 될 수 있도록 최선을 다한다. 그 작품 속에 자기의 뜻을 충분히 나타내도록 정성을 다하는 것이다. 때로는 잠을 설치기도 하고 골똘하게 생각에 잠기기도 한다. 그리고 정성스럽게 모든 힘을 다해서 작품을 만들어 나간다. 우리가 정확하게 인지할 수는 없지만 하나님은 우리 각 사람에게 이보다 더한 정성을 쏟으신다. 모든 사람을 통해 하나님의 형상이 바로 드러나기를 바라신다. 하나님은 우리 각 사람에게 자신의 뜻을 투입시키고 우리를 통해서 하나님의 깊은 뜻이 풍성하게 자라기를 바라고 계신다. 하나님이 바라시는 이러한 상태가 바로 영성이다. 그리스도인은 언제나 영성을 충만히 가지고 생활해야 한다. 무엇이 작품을 작품되게 하는가? 그것은 그 작품이 갖고 있는 정신성, 곧 내면성에 있다. 내면성은 흉내를 낸다고 해서 되는 것이 아니다. 어떤 이름 모를 석공이 다빈치의 작품을 흉내 낸다고 해서 그것이 다빈치의 작품이 될 수는 없다. 내면에서 풍기는 멋과 정신이 다르기 때문이다. 외형이 아무리 비슷하다 해도 내면까지 흉내 낼 수는 없다.

우리 각자도 하나님의 정신, 곧 내면성을 닮고 있다. 그 내면성은 각자 조금씩 다르다. 한 사람 한 사람이 모두 하나님 앞에서 독특한 존재이기 때문이다. 그러나 우리는 때로 내면적인 것을 무시하고 외형적인 것에 치중하는 잘못을 범하고 있다. 특히 요즘 한창 유행하고 있는 젊은이들의 성형수술은 이러한 사회적 분위기를 잘 나타낸다. 외형적인 변화를 통해 다른 사람으로부터 인정받으려는 것이다. 이것은 토기장이의 뜻을 무시한 채 자기의 욕심만을 고집하는 것과 같다. 우리의 문화는 이처럼 외형을 숭상하고 외형으로 평가받고 싶어 하는 잘못된 인식과 태도들로 형성되어 있다.

2. 외모가 아닌 내면의 변화

바울은 로마서, 갈라디아서, 에베소서, 골로새서 등을 통해, 베드로는 베드로전서 1장을 통해 외모로 사람을 취하지 말라고 가르치고 있다. 야고보는 외모로 사람을 취하면 죄를 짓는 것이라고 강조한다(약 2:9). 사무엘상 16장 7절에 따르면 하나님은 사람을 외모로 취하지 않고 그 중심을 보신다. 이사야 선지자는 메시아의 탄생을 예언하면서 그의 모습을 다음과 같이 묘사하고 있다. "그는 주 앞에서 자라나기를 연한 순 같고 마른 땅에서 나온 줄기 같아서 고운 모양도 없고 풍채도 없은즉 우리 보기에 흠모할만한 아름다운 것이 없도다"(사 53:2). 우리가 바울의 서신을 통해서 여러 가지 면모를 많이 배우지만 바울의 풍채도 인간적으로 보기에는 매우 미흡한 것으로 알려져 있다.

인간적으로 보기에, 즉 외적으로 판단하기에는 미흡하고 볼품없다 할지라도 예수님이나 바울 모두 놀라운 내적 깊이를 가지고 있다. 이처럼 하나님 보시기에 좋은 것은 외면의 아름다움이 아니라 내면의 아름다움에 있다.

이 문제를 예배를 통해 살펴보자. 무엇이 참 예배인가? 참 예배는 겉으로 드러난 것으로 평가해서는 안 된다. 성가대가 아름답고 장엄한 곡으로 완벽하게 음을 내었다고 해서 참 예배를 드렸다고 말하지 않는다. 기도자가 아무리 기도를 잘했다 해도 그것이 예배를 참되게 만든 것은 아니다. 목사가 아무리 멋진 설교를 했다고 해도 그것 때문에 온전한 예배를 드렸다 말하지 않는다. 참 예배는 예배에 참여한 각 사람 모두가 얼마나 자신을 하나님께 진지하고도 진실되게 드렸느냐에 있다. 겉보다는 속이 중요하다. 중요한 것은 형식이 아니라 하나님을 향한 우리의 진정한 마음과 결단적 삶의 자세이다. 하나님은 우리의 예배 형식을 받으시는 것이 아니라 마음을 받으신다. 그것이 겉옷이 아니라 마음을 찢는 예배일수록 하나님은 기뻐하신다.

참 영성도 마찬가지다. 참 영성은 우리의 겉사람의 모습이 아니라 속사람의 변화에 초점을 맞춘다. 속사람이 먼저 변해야 살 수 있기 때문이다. 윌리엄 바클레이는 로마서 12장 1-2절을 설명하면서 진정한 예배는 하나님께 정교한 기도를 드리는 것도 장엄한 의식을 드리는 것이 아니라 하나님께 매일 매일의 삶을 드리는 것이라 했다(Barclay, 1964: 230). 진정한 영성은 바로 삶에서 일어나는 실제적인 변화를 위한 것이다. 성경은 '좀 더 자자하면 빈궁이 강도같이 임한다'고 했다. 빈궁은 경제적인 것만 의미하지 않는다. 거듭나지 못하면 영적으로도 빈곤해진다. 영적인 생활은 날마다 거듭나고 앞서는 삶이다. 영성은 변화를 위한 것이다. 주님이 내 안에 계신다는 것을 생각하면서, 감사할 줄 모르고 원망하고 불평만 하고 살았던 자신 잘못된 습관, 나쁜 생각들을 고쳐가야 한다.

3. 영적인 인식의 필요성

영적인 인식은 무엇인가? 그것은 우리 한 사람 한 사람 모두가 하나님의 자녀라는 사실과 함께 그 개체가 하나님을 통해 고귀한 인격과 능력이 있는 존재로 창조되었음을 인정하는 것이다. 이것은 인간을 주 안에서 긍정적으로 생각하고 주 안에서 성장하도록 하는 인식이다. 하나님은 인간 모두가 이와 같은 존재로 창조되었기 때문에 하나님 안에서 하나님의 방식대로 살아가기를 바라신다. 즉, 하나님은 인간을 처음 만드실 때부터 우리 안에 하나님의 정신을 투입하고 우리의 삶을 완전히 하나님의 체계와 혼연 일체 되도록 하신 것이다. 하나님은 우리 속에 하나님의 정신이 충만하여 우리의 외면뿐 아니라 내면 모두에서 이 정신이 우러나기를 바라고 계신다. 그리스도인은 비그리스도인과는 무언가 질적으로 다르다는 것을 보여 주어야 한다.

성경이 왜 우리로 하여금 질적인 삶, 영적인 삶을 살도록 바라시는가를 살펴보자.

4. 생령

성경은 우리를 가리켜 생기를 가진 생령이라고 말하고 있다. 창세기 2장 7절은 "여호와 하나님이 흙으로 사람을 지으시고 생기를 그 코에 불어넣으시니 사람이 생령이 된지라"라고 밝힌다. 흙은 히브리어로 '아파르'라 하는데 진토, 먼지, 티끌이라는 뜻을 가진다. 우리 인간의 외면적인 것은 한낱 티끌에 불과하다는 것이다. 티끌과 같은 존재에 하나님이 생기를 불어넣으심으로 생령이 되었다. 이 생기는 바로 하나님의 영을 가리킨다. 사람이란 하나님의 영을 받은 존재라는 뜻이다. 생령이란 살아있는 혼, 살아있는 생명체를 일컫는 말이다. 우리 속에 하나님의 영이 있다면 우리는 살아있는 사람이지만, 반대로 하나님의 영을 가지고 있지 않으면 죽은 사람이다. 아퀴나스는 이성과 영성을 구분함으로써 영성을 이분법적으로 인식하게 만들었다. 그러나 영성을 단지 이성과 대비되는 것만으로 인식해서는 안 된다. 영성은 하나님과의 관계에서만 찾을 수 있기 때문이다.

우리가 생령이 된 이유는 목숨을 부지하고 있기 때문이 아니라 살아 계신 하나님의 영이 우리 안에 내재해서 영과 혼을 살아있게 만들기 때문이다. 그러므로 하나님은 인간을 처음부터 하나님의 영으로 창조하셨고 그 영이 우리 안에 계속 살아 움직이도록 바라고 계신다. 인간은 이처럼 처음부터 영적인 존재로 창조되었다고 하는 인식을 가지고 영적인 존재로 살아야 할 책임이 있다.

남극과 북극 주변에는 얼음 조각과 빙산이 널려 있다. 이것은 모양이 비슷하지만 성격은 아주 다르다. 얼음 조각은 물 위에 뜨며 바람이 부는 곳으로 밀려다닌다. 속에 들어있는 것이 별로 없으므로 조그만 외풍에도 흔들린다. 빙산은 겉으로 드러난 부분보다 보이지 않는 부분이 크다. 따라서 외풍에도 움직이지 않는다. 빙산은 다만 큰 조류에 따라 조금씩 움직일 뿐이다. 표면의 작용에 의해 움직이는 것이 아니라 속 작용에 의해 움직인다. 그만큼 단단한 면모가 있다. 타이타닉과 같은 거대한 배가 와서 부딪혀도 오히려 배가 침몰한다. 하나님과의 관계를 크게 얼음 조각과 빙산의 관계로 나눌 수 있다. 얼음 조각의 관계는 조금의 어려움에도 금방 깨진다. 그러나 빙산은 그 관계가 깊어 어떤 어려움도 견디어 내며 흔들림이 없다. 영성은 바로 쉽게 깨어지는 관계가 아니라 어떤 어려움도 극복하며 흔들리지 않는 관계를 지향한다. 우리 안에 하나님의 영이 살아있기 때문이다.

5. 하나님의 형상

성경은 우리를 가리켜 하나님의 형상을 가진 자라고 말하고 있다(창

1:26). 하나님은 자기의 형상, 곧 하나님의 형상대로 남자와 여자를 창조하셨다. 인간이 하나님의 형상대로 창조되었다고 하는 것은 하나님의 외적인 모습과 인간의 외적인 모습이 닮았다는 것이 아니라 인간이 하나님의 신적인 속성을 닮았다는 뜻이다. 하나님은 영이시기 때문에 어떤 보이는 형체로 존재하지 않는다. 성경에서 여호와의 팔, 여호와의 눈이라는 단어를 사용함으로써 마치 하나님께서도 인간이 가지고 있는 것을 함께 가지고 있는 것처럼 묘사하는데, 이는 우리의 이해를 돕기 위한 것이지 실제로 그러한 형체를 가지셨기 때문이 아니다. 여호와의 팔은 그분의 전능하심을, 여호와의 눈은 공의로우심을 나타낸다. 하나님의 신적속성은 형체와는 달리 영성을 말한다. 그 영성은 '하나님은 거룩하다' '하나님은 사랑이시다' '하나님은 의로우시다' 라는 말로 표현되어 있다. 하나님이 거룩하시기 때문에 우리도 거룩해야 하고, 하나님이 우리를 그토록 사랑하시므로 우리도 그 분을 사랑해야 하고, 하나님이 의로우시기 때문에 우리도 마땅히 의로워야 한다. 이것이 바로 하나님의 형상됨이다. 요한일서 4장 11절은 "사랑하는 자들아 하나님이 이같이 우리를 사랑하셨은즉 우리도 서로 사랑하는 것이 마땅하도다"라고 가르친다. 이것은 하나님의 사랑을 본받는 것이자 하나님의 형상됨을 실현하는 것이다. 에베소서 5장 1-2절은 "그러므로 사랑을 입은 자녀같이 너희는 하나님을 본받는 자가 되고"라고 하면서 하나님을 본받아 그 형상됨을 실천하라고 가르친다. '그리스도께서 너희를 사랑하신 것같이 너희도 사랑 가운데서 행하라' 는 말씀은 그리스도의 사랑을 본받아 그리스도의 형상됨을 이루라는 것이다.

이러한 요한과 바울의 말은 모두 하나님의 형상을 이루라는 당부이다. 우리가 거룩함을 사모하고 사랑과 공의를 나타내고자 하는 것 모두는 우리가 하나님으로부터 영성을 받았기 때문에 가능한 것이다. 우리가 영성

을 발휘할 때 속에 하나님의 모습이 드러나 우리 주변이 더욱 밝아지게
된다. 이것이 바로 하나님 자녀들의 빛 된 생활일 뿐 아니라 축복된 생활
의 모습이다. 영성을 드러낼수록 우리는 복의 근원이 된다. 물론 복의 근
원은 하나님이시다. 그 하나님이 우리로 하여금 영적 속성을 드러내 계
속 그 복을 퍼지도록 함으로써 복의 근원이 되게 하신다. 복의 근원이란
축복을 그저 담고만 있는 것이 아니다. 우리로 인해 복이 넘쳐서 우리 주
변에 생기가 넘치도록 한다. 복의 근원이신 하나님께서 우리를 통해서
그 복이 나타나도록 함으로써 믿는 자로 하여금 복의 근원이 되게 하시
는 것이다.

우리가 그리스도인이라고 말하면서 거짓과 미움과 불의에 가득 찬 생
활을 한다면 그것은 우리 안에 하나님의 형상이 없는 것이다. 우리 안에
하나님이 없고 그 영이 죽어 있는 것이다. 결국 복의 근원이 아니라 불행
의 근원이 된다. 이런 사람이 자신을 가리켜 아무리 그리스도인이라고
해도 그는 이름뿐인 성도, 즉 죽은 성도에 불과하다. 살아있는 성도는 하
나님의 영을 가진 자이자 하나님의 형상을 이루는 자이다.

6. 그리스도의 형상

신약은 우리를 가리켜 그리스도의 형상이라 말하고 있다. 바울은 갈라
디아서 4장 19절에 그리스도의 형상을 언급하고 '너희 속에 그리스도의
형상이 이루기까지 너희를 위하여 해산하는 수고를 한다'고 말한다. 바
울은 감옥에 갇히고 맞고 죽을 지경에 이르면서까지 사역을 하면서 우리
로 하여금 그리스도의 형상을 이루는 데 그 사역의 목표를 두었다.

그리스도의 형상은 때로 그 아들의 형상으로 묘사된다. 로마서 8장
29-30절에 따르면 하나님이 미리 아신 자들로 그 아들의 형상을 본받게

하기 위하여 그들을 부르시고, 부르신 그들을 의롭다 하시고, 의롭다 하신 그들을 영화롭게 하셨다. 우리를 부르시고 의롭게 하시고 영화롭게 하신 이 모든 것의 목적은 그리스도의 형상을 이루는 데 있다. 에베소서 4장 13절에 따르면 우리가 그리스도의 형상을 이루면 "우리가 다 하나님의 아들을 믿는 것과 아는 일에 하나가 되어 온전한 사람을 이루어 그리스도의 장성한 분량이 충만한 데까지" 이른다.

그리스도의 형상을 지닌 우리는 마땅히 예수님을 닮아가야 한다. 그리스도의 형상이라 말할 때 그 속에는 그리스도를 닮으라는 뜻이 포함되어 있다. 바울은 에베소서 4장 15절 말씀을 통해 "오직 사랑 안에서 참된 것을 하여 범사에 그에게까지 자랄지라 그는 머리니 곧 그리스도라" 하였다. 우리가 사랑을 함으로써 그리스도까지, 곧 그리스도가 우리 안에 충만한 데까지 자라가야 한다는 것이다. 우리는 바로 그리스도에까지 자라가야 할 하나님의 형상들이다. 바울은 "우리가 그를 전파하여 각 사람을 권하고 모든 지혜로 각 사람을 가르침은 각 사람을 그리스도 안에서 완전한 자로 세우려 함이니"라고 말한다(골 1:28). 바울은 또한 "너희 안에 이 마음을 품으라 곧 그리스도 예수의 마음이니"라 하였다(빌 2:5). 그리스도 예수의 마음, 곧 그리스도의 형상을 본받으라는 것이다.

7. 하늘에 속한 자의 형상

성경은 우리를 가리켜 하늘에 속한 자의 형상이라 말하고 있다. 고린도전서 15장 49절에는 두 가지 종류의 형상이 나타난다. 하나는 흙에 속한 형상이요 다른 하나는 하늘에 속한 자의 형상이다. 흙에 속한 형상은 아담의 형상이다. 아담의 형상은 죄로 인해서 하나님의 나라를 유업으로 받을 수 없는 혈과 육의 형상이다. 혈과 육의 형상을 가지게 되면 하나님의 나라에 들어 갈 수 없다. 우리가 가져야 할 형상은 이러한 형상이 아니라 하늘에 속한 자의 형상이다. 하늘에 속한 자의 형상은 그리스도의 형상이다. 우리는 썩어질 수밖에 없는 육신의 몸을 가지고 있는 죄인들이다. 그렇지만 구속함을 받음으로써 하나님 나라에 참여할 수 있는 신령한 모습들을 가지고 있다. 바울은 이것을 가리켜 비밀이라 말하고 있다. "보라 내가 너희에게 비밀을 말하노니 우리가 마지막 나팔에 순식간에 홀연히 다 변화하리니 죽은 자들이 다시 썩지 아니할 것으로 다시 살고 우리도 변화하리라"(고전 15:51-52). 마지막 나팔 소리가 들리는 그 순간에 우리는 홀연히 변화한다. 여기서 "우리"는 흙에 속한 자들의 변화가 아니다. 하늘에 속한 형상을 가진 사람들만이 변화될 수 있다는 것이다.

썩을 것이 불가불 썩지 아니할 것으로 입고 죽을 것이 죽지 아니함을 입는 것은 우리가 하늘에 속한 자의 형상을 가지고 있기 때문이다. 우리가 성도라 하면서 아직도 육에 속한 형상을 그대로 유지하고 있다면 이 비밀을 가질 수 없다. 변화에 동참할 수 없다. 그러므로 우리가 하나님의 형상을 유지하고 그리스도의 장성한 분량까지 충만하게 되는 것은 모두 영적인 자, 하나님의 영을 소유한 자의 궁극적인 승리를 의미하는 것이다.

8. 언제나 필요한 영성 회복

주님은 우리가 소유해야 할 가장 중요한 것은 하나님이 우리에게 주신 영성임을 말씀하신다. 하나님의 형상, 그리스도의 형상, 하늘에 속한 자의 형상은 그 보기이다. 최근 영성 훈련, 영성 개발이라는 말이 많이 퍼지고 있다. 이러한 말이 자주 언급되는 것은 그만큼 우리의 영성에 문제가 많기 때문일 것이다. 영성 훈련이란 심리 훈련이나 체력 단련 훈련이 아니다. 그 근본은 아담이 잃어버렸던 하나님의 형상을 회복하고 그리스도를 닮아 가는 일이다. 우리의 옛사람을 벗어버리고 새사람이 되는 것이다. 성경은 왜 그토록 하나님의 형상으로 변화되는 것을 강조하는가? 바울은 이렇게 말하고 있다. "… 너희를 거룩하고 흠 없고 책망할 것이 없는 자로 그 앞에 세우고자 함이라"(골 1:22). 하나님의 형상을 말하고 영성을 말하는 이유는 우리를 하나님 앞에 거룩하고 흠 없는 자로 세우고자 함이다. 성경은 여러 곳에서 외면적인 것, 육체의 아름다운 것만을 좇을 때 문제가 발생한다는 것을 가르쳐 주고 있다. 성경은 육체의 아름다움을 보게 되면 매혹을 느끼게 된다고 지적한다. 그리고 그것을 사모하게 된다. 그러나 그 결국은 헛된 것이다. 우리가 더 유념해야 할 것은 외적인 것으로 구원을 받는 것이 아니라는 사실이다. 내면적인 것, 곧 하나님의 영을 갖는 것으로 구원을 받는다.

우리가 추구하고 궁극적으로 유지해야 할 것은 하나님의 형상, 곧 하나님이 우리에게 주신 영성이다. 우리 모두 이 영성을 소유하고 지키고 가꾸어야 할 것이다. 하나님은 우리의 삶 속에 하나님의 정신이 차고 넘치기를 원하고 계신다. 우리 안에 영성이 회복되고 실천되기를 지금도 바라신다.

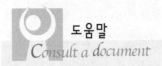

〈프라미스 키퍼스〉

프라미스 키퍼스(Promise Keepers)는 영적 갱신과 도덕성 회복을 목표로 미국 내에서 급격하게 영향력을 확대해 나가고 있는 남성 단체이다. 1991년 미식축구 코치였던 빌 매카트니가 창설하여 현재 100만 명에 육박하는 회원을 확보하고 있다. 이 단체는 현대 사회의 많은 문제는 남자들이 가정과 신앙을 충실히 지키지 못한 데에서 비롯된다고 지적하고 타락한 사회를 정화하는 일에 남성들이 나서야 한다고 주장한다. 워싱턴에서 70만 명이 모여 회개 집회를 가져 세계적으로 주목을 받기도 했다. 이 단체의 이름을 풀어보면 '약속을 지키는 사람들'이다. 그들은 무슨 약속을 지키고자 하는가? 그들이 지키고자 하는 약속은 다음 7가지이다.

- 예수 그리스도를 영화롭게 하는 데 헌신한다.
- 영적, 도덕적, 성적인 순결을 유지한다.
- 성경에 따라 가정 생활을 영위한다.
- 시간과 물질로 선교한다.
- 인종과 교파를 초월해 전도한다.
- 그리스도의 명령을 의지해 세상에 영향을 준다.
- 다른 기독교인과 절대적인 관계를 유지한다.

제21장 변화, 성장, 열매

그리스도인은 영적으로 계속 성숙되어야 한다. 그럼에도 불구하고 많은 그리스도인들은 영적으로 성숙하기보다는 사실상 정체된 삶을 살고 있다. 몇십 년 교회를 다녀도 초신자와 같은 수준의 신앙생활을 하고 있을 뿐이다. 어른아이 혹은 미숙아의 모습을 하고 있다. 아이가 정상적으로 성장을 하지 못한다면 부모의 마음은 본인 이상으로 아플 수밖에 없다. 마찬가지로 우리가 영적으로 성장하지 못한다면 하나님께서는 매우 안타깝게 생각하시고 슬퍼하실 것이다. 우리는 자신의 영적인 모습을 똑바로 인식해야 할 필요가 있다.

그리스도인이 영적으로 성장하기 위해서는 크게 세 가지에 주목해야 한다. 첫째는 변화이고, 둘째는 성장이며, 셋째는 열매를 맺는 것이다. 이것은 그리스도인이 영적으로 성숙하기 위해 무엇이 필요한가를 보여 준다.

1. 변화하라

예수님은 변화를 특히 강조하셨다. 변화에는 두 가지 종류가 있다. 믿음이 없던 사람이 그리스도를 구주로 인정하고 받아들이는 변화와, 기계적이고 허식적인 신앙생활에서 역동적이고 진실된 신앙생활로 변화하는 것 등이 그것이다. 신앙이란 한마디로 하나님에 대해 보다 긍정적으로 사고하고 적극적인 태도를 가지는 것이다. 기독교에서 신앙이란 하나님과 그분의 말씀을 믿고 이제부터 하나님 쪽에 적극적으로 서며 그분이 기뻐하시는 대로 실행해 나아가는 삶을 말한다. 하나님을 믿지 않았던 과거의 우리가, 믿는 사람으로 변화되었다는 것은 놀라운 변화임에 틀림 없다. 그러나 예수님은 하나님을 믿는 사람이라 할지라도 가식적인 신앙 생활이 아닌 질적으로 변화된 신앙생활을 하지 않으면 안 된다는 것을 강조하신다.

예수님께서 바리새인들을 공격하신 것도 바로 이 때문이다. 바리새인들은 신앙생활에 있어서는 어느 누구보다 열심인 사람들이었다. 그런데 주님은 '너희들의 신앙적 태도는 거짓되었다'고 말씀하신 것이다. 하나님을 사랑한다고 하면서 자신만을 위하고 이웃을 사랑하지 않는 형식적이고 가식적인 믿음 생활을 신랄하게 지적하고, 그것은 하나님을 참으로 사랑한다고 할 수 없는 삶이라고 말씀하셨다. 그들의 병든 신앙, 화석화된 신앙을 지적하신 것이다. 주님은 그들의 깊은 회개와 변화된 모습을 보시고자 했다. 그러나 그들은 오히려 주님을 미워하고 심지어 죽이고자 했으며 결국 주님을 십자가에 못 박는 주동자들이 되었다.

주님은 지금도 우리의 잘못된 신앙의 모습을 지적하신다. 우리는 주님의 경고를 '어찌 할꼬' 하며 진정 애통하는 마음으로 받아들이고 매순간 성실하게 고쳐나가도록 노력해야 한다. 주님이 우리의 잘못된 모습을 지적하실 때 그것을 거부하는 마음을 갖는다면 결국 우리도 바리새인들과 똑같이 주님을 미워하고 십자가에 못 박는 무리에 동참하는 것이다.

2. 성장하라

바울은 우리의 믿음이 성장하지 않으면 안 된다는 것을 강조한다. 바울은 에베소 교인들에게 "우리가 다 하나님의 아들을 믿는 것과 아는 일에 하나가 되어 온전한 사람을 이루어 그리스도의 장성한 분량이 충만한 데까지 이르리니 이는 우리가 이제부터 어린아이가 되지 아니하여 사람의 궤술과 간사한 유혹에 빠져 모든 교훈의 풍조에 밀려 요동치 않게 하려함이라 오직 사랑 안에서 참된 것을 하여 범사에 그에게까지 자랄지라 그는 머리니 곧 그리스도라"고 말하였다(엡 4:13-15). 그는 교인들에게 우리의 믿음이 성장하되 '그리스도의 지배를 완전히 받는 데까지 성숙하라, 계속 어린 아이로 있지 말라, 모든 일에 그에게까지 자라라' 라고 강조하고 있다. 우리의 신앙이 성장하지 않으면 안 된다는 것이다.

히브리서 기자는 다음과 같이 말하고 있다. "때가 오래므로 너희가 마땅히 선생이 될 터인데 너희가 다시 하나님의 말씀의 초보가 무엇인지 누구에게 가르침을 받아야 할 것이니 젖이나 먹고 단단한 식물을 못 먹을 자가 되었도다 대저 젖을 먹는 자마다 어린아이니 의의 말씀을 경험하지 못한 자요 단단한 식물은 장성한 자의 것이니 저희는 지각을 사용하므로 연단을 받아 선악을 분변하는 자들이니라 그러므로 우리가 그리스도 도의 초보를 버리고 죽은 행실을 회개함과 하나님께 대한 신앙과 세례들과 안수와 죽은 자의 부활과 영원한 심판에 대한 교훈의 터를 다시 닦지 말고 완전한 데 나아갈지니라"(히 5:12-6:2). 이 말씀은 우리가 영적으로 계속 성장하지 못하고 미숙아처럼 믿음 생활을 하고 있는 것을 경책한 말씀이다. 믿음 생활을 하면 할수록 성장한 모습을 보여 주어야 할 터인데 도무지 그러한 모습이 보이지 않고 처음의 어린아이 수준에 그대로 머물러 있다는 것이다. 초등학생이 그 과정을 지나면 중학교에

가고, 그 다음 고등학교에 가며, 그 다음에는 대학교에 가야할 터인데 계속 초등학교 수준을 넘어서지 못하고 있다는 것이다.

시간이 지나면 초보 상태를 벗어나 열매를 맺는 단계로 넘어가야 한다. 그런데도 여전히 회개가 무엇인가, 세례란 무엇인가, 부활은 무엇인가를 듣는 수준에 있다는 것이다. 물론 기본적인 도를 아는 것은 매우 중요한 일이다. 이것은 신앙을 가지고자 하는 초보자들에게는 없어서는 안 될 단계이다. 그래서 초신자들에게 교리도 가르치고 성경을 공부하도록 지도하는 것이다. 그러나 몇십 년 동안 신앙생활을 한다는 사람들이 계속 이러한 초보 상태에 머물러 영적으로 성장하지 못하고 있다면 그것은 참으로 문제가 아닐 수 없다. 초등학생일 때 구구단을 외우는 것은 중요하다. 그 구구단은 중학교와 고등학교에서 보다 복잡한 계산을 위해 아주 중요하게 활용된다. 그런데 고등학생이 되어서도 그것을 활용할 줄 모르고 계속 구구단만을 외우고 있다면 문제가 아닐 수 없다. 히브리서 기자는 우리가 계속 젖만 먹는 아이로 머물러 있지 말고 연단된 신앙생활, 곧 성장하여 단단한 식물을 먹을 줄 아는 신앙인으로 성장하고 남도 가르칠 수 있을 만큼 성숙하라고 말하고 있다.

우리가 어떤 기도를 하고 있는가를 살펴보면 우리의 신앙이 얼마나 성장했는가를 가장 쉽게 알 수 있다. 기도는 우리가 얼마나 영적으로 성장했는가를 적나라하게 보여 준다. 기도 가운데 우리가 영적으로 성장하지 못하고 있음을 단적으로 보여 주는 가장 대표적인 기도가 바로 '주시옵소서' 만을 되풀이하는 기도이다. 성장한 사람이면 '주시옵소서' 하는 기도보다는 자신을 드리는 기도를 많이 한다. 그런데도 우리는 처음 믿을 때나 지금이나 변함없이 '주시옵소서' 하는 기도만을 되풀이하고 있다. 어린아이처럼 계속 조르기만 하는 것이다.

그러나 중요한 것은 그 끈질긴 기도 역시 하나님의 뜻에 합당하고 보다 성숙한 기도여야 한다는 것이다. 케네디 대통령은 "당신은 조국이 당신에게 무엇을 해 줄 것인가를 묻지 말고 당신이 조국을 위해 무엇을 할 수 있는가를 물으라."는 위대한 말을 남겼다. 성숙한 시민은 자기의 이익만을 구하는 사람들이 아니라 조국을 위해 힘써 일을 하는 사람이라는 것이다. 하나님 나라도 마찬가지이다. 영적으로 성숙한 성도는 '주시옵소서' 하는 기도보다 '어떻게 하면 하나님과 이웃을 위해 나의 몸과 마음 모두를 드릴 수 있을까'를 생각한다.

3. 열매를 맺으라

영적 성장의 마지막은 결실이다. 우리의 믿음은 모든 생활의 양식에서 결실의 모습으로 나타나야 한다. 예수님께서도 여러 비유의 말씀을 통해 한 달란트 받은 자가 두 달란트, 다섯 달란트, 열 달란트를 남기는 것과, 30배, 60배, 100배의 결실을 맺는 것을 강조하셨다. 신앙생활에서 그 결실은 일반적으로 성령의 열매로 나타난다. 성령의 열매는 성령 충만한 믿음 생활의 결과로 나타나기 때문이다. 그러나 성령 충만에 관해 짚고 넘어갈 부분이 있다. 한국 기독교인들은 '성령 충만하게 하옵소서'라는 기도를 많이 한다. 우리는 성령에 관해서 매우 잘못된 관념을 가지고 있다. 성령을 물건처럼 소유할 수 있는 것으로 잘못 생각하고 있는 것이다. 성령은 주고받는 물건도 아니요 목사가 줄 수 있는 것도 아니다. 뜨끈뜨끈한 것도 아니며 창고에 가득 쌓아 둘 수 있는 것도 아니다. 성령은 하나님이시다. 영이신 하나님이시다. 그 영이신 하나님을 우리 마음대로 주고받거나 창고에 쌓아 두려 하는 것은 하나님에 대한 중대한 도전 행위가 아닐 수 없다. 성령에 대한 우리의 관념이 고쳐지지 않으면 안 된다.

성령 충만은 우리가 성령에 대해서 어떻게 하겠다는 것이 아니라, 오히려 우리가 성령의 완전한 지배 아래 복종하겠다는 의미를 가진다. 다시 말하면 성령 충만은 성령께서 우리를 얼마나 소유하고 지배하고 계시는가를 나타내는 말이다. 그러므로 우리가 성령이 충만하도록 기도하는 것은 앞으로 자신이 '완전히 성령의 지배를 받아 성령이 기뻐하시는 대로 신앙생활을 하겠다'는 하나님에 대한 자신의 맹세이다. 다시 말하면 성령 하나님을 나의 왕으로 삼고 하나님의 명령에 충실한 삶을 살겠다는 것이다. 그러므로 성령 충만한 사람은 '내가 얼마나 많이 성령을 소유하느냐'에 관심을 둘 할 것이 아니라 '내가 얼마나 많이 성령의 통치를 받아 그분의 뜻에 따라 살고 있느냐'에 관심을 두어야 한다. 성령 충만한 사람은 무엇보다 성령 하나님의 지배를 받기 위해서, 그리고 그분의 뜻을 바로 알기 위해서 말씀을 사모하게 된다. '성령 충만이 말씀 충만'이라고 함은 이 때문이다. 성령 충만한 사람은 무엇보다 하나님의 말씀에 복종하고 그분의 뜻을 최우선으로 하는 삶을 산다. 에베소서 5장과 6장은 성령 충만한 사람들이 어떠한 삶을 살고 있는가를 구체적으로 보여주고 있다. 이에 따르면 성령 충만한 사람은 하나님을 본받는 자가 되어 음행과 탐욕을 멀리하고 빛의 자녀들처럼 행하며 항상 '무엇으로 주님을 기쁘시게 할까'를 생각한다. 찬양과 감사의 생활을 하며 그리스도를 경외함으로 피차 복종하고, 자녀들은 주 안에서 부모에게 순종하고 부모는 자녀를 주의 교양과 훈계로 양육하며, 종은 주님을 섬기듯 상전을 성실과 한 마음으로 섬기고 상전은 자기 위에 하늘의 상전이 있다는 것을 생각하여 진심으로 종을 사랑한다. 이러한 모든 것은 성령 충만이 단순한 느낌이 아니라 말씀에 바탕을 둔 올바른 실행에 있다는 것을 가르쳐 준다. 즉, 이러한 삶을 살아가는 것이 바로 성령 충만이다. 그래서 바울은 성령 충만한 삶을 살게 되면 사랑, 희락, 화평, 오래 참음, 자비, 양선, 충성, 온유, 절제 등 성령의 아홉 가지 열매를 맺게 된다고 말한다(갈 5:22, 23).

우리의 신앙생활에서 참으로 잘못된 것 가운데 하나는 성령의 열매를 맺기보다 성령의 은사를 더 많이 받고자 한다는 점이다. 이것은 우리가 얼마나 이기적이고 소유 중심적인가 하는가를 보여 준다. 그러나 아무리 방언과 예언을 잘한다 해도, 아무리 오래 교회를 다녔다 해도 성령의 열매를 맺지 못하는 생활을 한다면 그러한 사람은 결코 영적으로 성숙한 사람일 수가 없다. 그러므로 우리는 "성령의 은사를 주시옵소서!"라고 소리 높여 간구하기보다 "나의 삶 속에서 성령의 열매를 맺게 하시고 그 열매를 이웃과 기쁨으로 나눌 수 있게 해 주옵소서!" 하고 기도해야 한다. 주님은 '그의 열매로 그들을 알리라' 고 말씀하셨으며, 야고보도 "행함이 없는 믿음은 그 자체가 죽은 것"이라고 하였다(약 2:17).

고린도전서를 보면 고린도 교회는 성령의 은사를 받았는지 몰라도 영적으로 볼 때 성숙하지도 않았고 성령의 열매를 맺지 못한 것이 분명하다. 바울은 그들을 향해 "… 내가 신령한 자들을 대함과 같이 너희에게 말할 수 없어서 육신에 속한 자 곧 그리스도 안에서 어린아이들을 대함과 같이 하노라 내가 너희를 젖으로 먹이고 밥으로 아니하였노니 이는 너희가 감당치 못하였음이거니와 지금도 못하리라 너희가 아직도 육신에 속한 자로다 너희 가운데 시기와 분쟁이 있으니 어찌 육신에 속하여 사람을 따라 행함이 아니리요"라고 말했다(고전 3:1-3). 이것은 그들이 얼마나 영적으로 미성숙하고 열매를 맺지 못하고 있는가를 입증하고 있다.

우리도 결코 고린도 교인과 다르지 않다. 다르다고 생각한다면 그것은 우리 스스로 얼마나 교만한가를 입증할 뿐이다. 우리는 하나님 보시기에 그들보다 더 기형적인 모습을 하고 있을지 모른다. 우리는 영적으로 변화되어야 하고, 영적으로 성장해야 하며, 영적으로 결실을 맺어야 한다. 주님은 이 순간도 우리의 영적 신앙이 보다 성숙되기를 기대하고 계신다.

제22장 참된 안식에 관하여

    주일은 주 안에서 하나님께 영광을 돌리는 거룩한 날이다. 따라서 주일만큼은 세상적인 욕심을 추구하지 않고, 매매행위나 자기의 유익을 구하는 일을 삼가면서 하나님의 뜻대로 참된 안식을 누려야 한다(느 13:15-22). 참된 안식을 누리면 하나님으로부터 영적으로나 육적으로 유익을 얻기 때문이다. 하나님은 안식일을 거룩하게 지키라 하셨고, 안식일을 범하지 않도록 하셨다. 이 때문에 보수와 정통을 내세웠던 교단들은 주일에 대중 교통 수단을 이용하는 것조차 금하였다. 버스나 전차를 타고 교회에 오는 것은 주일을 거룩하게 지켜야 할 하나님의 법에 어긋난다는 것이다. 그 법을 어긴 교역자나 교인들에 대한 치리 문제로 교단이 시끄러웠던 때도 있었다. 당시 멀리까지 걸어 교회에 오는 땀으로 젖어야 했다. 기진맥진한 가운데 예배를 드리고 다시 기진맥진한 상태로 집에 도착해야 했다. K 목사는 신학생 시절 교육책으로 전차를 타되 전차에서 전도를 하면 하나님께서도 이해해 주실 것이라 생각하고 이 방법을 사용했다고 실토했다. 교인들은 주일 성수의 방법을 놓고 고민하지 않을 수 없는 상황이 종종 발생한다. 성경은 어떻게 가르치며 실제 상황에서 우리는 어떻게 행동해야 하는가?

1. 안식일에 대한 우리의 잘못된 인식

예수님께서 안식일에 날 때부터 소경 된 자를 고시셨을 때 바리새인들은 이 사실에 격분하며 "이 사람이 안식일을 지키지 아니하니 하나님께로서 온 자가 아니라"고 하면서 예수님을 죄인 취급하였다(요 9:16, 24). 당시의 바리새인들은 스스로 모세의 제자라 하면서 예수를 시인하는 자를 출교시켰다(요 9:22). 바리새인들이 안식일 문제로 예수님을 죄인시한 것처럼 우리는 주일 성수를 하지 못하는 사람을 먼저 판단하려고 든다. 이것은 대부분 우리의 주일 성수관이 바리새적임을 보여 준다. 예수님은 분명하게 안식일은 사람을 위해 있는 것이지 사람이 안식일을 위하여 있는 것이 아니며, "인자는 안식일에도 주인이니라"라고 말씀하셨다(막 2:27-28). 안식일이 여호와의 날임은 분명하며 예배하는 자는 신령과 진정으로 예배해야 한다(요 4:24). 그러나 그 안식일은 인간을 위해 하나님께서 정하신 날이라는 점을 인식하지 않으면 안 된다. '인간을 위해'라고 해서 자기 마음대로 해도 좋다는 것은 결코 아니다. 안식일의 진정한 의미를 잊고 율법적인 형식에 매달려 있는 것은 안식일에 대한 바른 인식이 아니라는 말이다. 외식적인 율법 준수는 인간에게 멍에가 되고 고통이 된다. 그래서 구약은 이러한 제사에 대해 경고하였고 예수님은 바리새인의 외식에 대해 비판적이셨다. 중요한 것은 율법의 외형에 있는 것이 아니라 그 정신을 살리는 데 있다. 안식일의 근본정신은 인간을 위해 존재하기 때문이다.

예수님께서 안식일에 관해 보여 주신 다음의 두 사건은 안식일에 대한 우리의 잘못된 인식을 고치는 데 중요한 도움을 준다.

1) 제자들이 안식일에 이삭을 잘라 먹은 사건

유대인의 전승에 따르면 안식일에 금지된 39가지 행동이 있다. 그 가운데 하나가 바로 안식일에 수확하는 일을 해서는 안 된다는 것이다. 그런데 제자들이 안식일에 밀밭 사이를 지나면서 이삭을 자르고(마 12:1; 막 2:23) 비비어 먹음(눅 6:1)으로써 문제가 되었다. 바리새인들은 이삭을 자르고 비비어 먹는 것은 수확의 일부분에 해당되므로 안식일의 규례를 어겼다고 본 것이다. 물론 평일에 남의 보리밭에서 이삭을 잘라 먹는 것은 허용되었다(신 23:25). 그러나 안식일에 그런 일을 했기 때문에 문제가 된 것이다. 바리새인들의 이러한 지적에 대해 예수님은 다윗과 그일행들이 배가 고파 진설병을 먹었던 사건을 들어 말씀하셨다(막 2:25-26). 다윗은 하나님 전에 들어가 제사장 외에는 먹지 못하는 진설병을 먹고 그 일행들에게 나누어주었다. 사무엘상에 보면 평상시에 제사장 이외의 사람은 먹을 수 없는 신성한 진설병을 특별한 비상시에 대제사장이 굶주린 다윗 일행에게 먹게 하기도 하였다. 이 행위는 분명히 율법을 위반하는 행위이다. 그러나 예수님은 율법을 외형적으로 준수하다가 사람들이 배가 고파 죽는 것보다 외형적인 것을 깨뜨려서라도 사람을 살리는 것이 더 율법 정신에 맞는 것임을 가르쳐 주셨다. 다윗은 이스라엘의 이상적인 왕이었고 메시아의 그림자였으므로 예수님께서 다윗을 보기로 들자 바리새인들도 이를 비난하지 못했다. 예수님은 자신을 가리켜 '안식일의 주인'이라고 말씀하심으로써 그 권위를 나타내셨다. 예수님은 나아가 "안식일에 제사장들이 성전 안에서 안식을 범하여도 죄가 없음을 너희가 율법에서 읽지 못하였느냐"고 물으셨다(마 12:5). 이것은 또 다른 보기이다. 주님은 제사장들이 이렇듯 성전에서 안식을 범해도 되거늘 하물며 "성전보다 큰 이"이신 예수님 자신이야 더 말할 나위가 없다는 것을 말씀하신 것이다(마 12:6).

2) 안식일에 손 마른 사람을 고치신 사건

이삭 사건 이후 예수님께서 안식일에 회당에 들어가시다 손 마른 사람이 있는 것을 보시고 "네 손을 내밀라" 하시고 이를 고치셨다(막 3:1-5). 누가복음은 회당에 들어가 가르치실 때 오른손 마른 사람이 있는 것을 보셨다고 기록하고 있다(눅 6:6).

마가복음과 누가복음은 그 과정에서 바리새인들은 예수님이 안식일에 과연 병자를 고치시는가 엿보았다고 기록하고 있다. 송사하기 위한 것이다. 주님은 그들의 마음을 읽으시고 병자를 한가운데 세운 뒤 그들에게 물었다. "안식일에 선을 행하는 것과 악을 행하는 것, 생명을 구하는 것과 죽이는 것, 어느 것이 옳으냐"(막 3:4). 그들이 아무 말도 하지 않고 잠잠하자 예수님은 그들의 완악한 마음을 꾸짖으시며 병자를 고치셨다. '선을 행하는 것이 옳다'고 말하면 예수의 병 고침을 긍정하는 것이 되고, '선을 행하는 것이 옳지 않다'고 하면 그들의 도덕관에 문제가 있는 것이 드러나기 때문에 바리새인들은 율법을 옹호하기 위해 침묵할 수밖에 없었다. 그러나 마태복음은 바리새인들이 보다 적극적으로 물은 것으로 기록하고 있다.

예수를 송사하려고 "안식일에 병 고치는 것이 옳으니이까"라고 물은 것이다(마 12:10). 마태복음은 나아가 주님께서 "너희 중에 어느 사람이 양 한 마리가 있어 안식일에 구덩이에 빠졌으면 붙잡아 내지 않겠느냐 사람이 양보다 얼마나 더 귀하냐 그러므로 안식일에 선을 행하는 것이 옳으니라"라고 하신 말씀까지 덧붙여 더 자세히 기록하고 있다(마 12:11-12). 탈무드에서는 위급한 환자인 경우 안식일에 치료하는 것을 허용하고 있다. 이것은 안식일의 규정보다 생명을 구하는 것을 더 귀중하게 생각하기 때문이다. 그럼에도 불구하고 바리새인들은 예수님을 비난하기 위해 이런 질문을 던진 것이다.

2. 안식일에 할 수 있는 일 세 가지

여러 성경 구절을 비추어 볼 때 안식일에도 인정을 받을 수 있는 행위들이 있음을 알 수 있다. 그것은 다음과 같다.

1) 사람을 위한 일

사람을 위해 부득이하게 해야 일은 아무리 안식일이라 할지라도 인정해야 한다. 여기서 부득이한 일은 자기의 유익만 구하는 것이 아니라 이웃을 위한 일을 가리킨다. 이것은 그리스도의 사랑을 실천하는 일이다. 우리가 가져야 할 마음은 미워하는 마음, 판단하는 마음이 아니라 사랑하는 마음, 자비로운 마음이다. 이러한 마음을 실현함에 있어서 어떤 거침이 있어서는 안 된다. 안식일조차도 거침이 되어서는 안 된다. 그것은 하나님의 일을 실현시키는 일이기 때문이다. 이러한 마음을 가지고 있다면 판단보다 이해의 태도를 가질 수 있을 것이다.

2) 선을 행하는 일

예수님은 안식일에 선을 행하는 것이 옳다고 하셨다(마 12:12). 선을 행하는 것은 안식일의 정신에 속한다. 배고픈 사람에게 음식을 주는 일이나 어려운 처지에 있는 사람들에게 손을 펴는 일 등은 그리스도인으로서 언제나 해야 할 일이다. 주님은 이삭 사건을 놓고 "나는 자비를 원하고 제사를 원치 아니하노라 하신 뜻을 너희가 알았더면 무죄한 자를 죄로 정치 아니 하였으리라"고 하셨다(마 12:7). "나는 자비를 원하고 제사를 원치 아니하노라" 하신 말씀은 하나님께서는 의식적인 법을 준수하는 것보다 의를 행하는 것을 더 기뻐하신다는 뜻이다.

3) 생명을 구하는 일

양이 구덩이에 빠져 있으면 안식일일지라도 건져내야 한다. 하물며 사람이 위급한 지경에 처했을 때 구하는 것은 당연하다. 생명을 구하는 것은 안식일의 정신에 부합된다.

이 세 가지 행동들은 서로 독립적인 것이 아니라 사람을 살리기 위한 것이라는 점에서 공통된다. 이것은 주님의 말씀처럼 안식일은 '사람을 위해 존재한다'는 것을 보여 준다.

3. 보다 실제적인 우리의 문제

우리는 '주일에 실시하는 시험에 응시해도 좋은가?' '주일 예배드린 후 놀러가도 좋은가?' '주일에 결혼식을 올려도 좋은가?' '주일에 쇼핑을 해도 좋은가?' 등 주일 성수에 관련해 여러 가지 질문을 가지고 있다. 우리는 이러한 문제들에 대해 모든 경우에 적용되는 하나의 답을 줄 수는 없다. 한 가지 종류의 사건이라 할지라도 안식일을 범한 정황에 따라 판단이 달라져야 하기 때문이다.

판단의 기준 몇 가지를 들어보면 다음과 같다.

1) 판단하기보다 기도해야 한다

제사 음식에 관한 교훈에서 찾아볼 수 있듯이 제사 음식을 먹을 수 있을 만큼 믿음이 강한 사람도 있고 먹을 수 없을 만큼 연약한 믿음을 가진 사람도 있다. 성경은 먹었다고 해서 먹지 않은 사람을 비난할 수 없고, 먹지 않았다고 해서 먹은 사람을 비난할 수 없다고 가르친다. 주일 성수를 하지 않는 사람에 대해서도 일률적인 기준으로 비난할 수 없다. 아직 믿음이 연약하여 주일 성수를 온전히 할 수 없는 성도가 예배를 드린 후

작업장에 나갔다 해서 죄인 취급을 하는 것은 바르지 못하다. 우리는 오히려 그 성도가 그조차도 이길 수 있는 영적인 힘을 갖게 해달라고 기도해야 할 것이다. 이제 막 신앙생활을 시작하여 진리를 알지 못하는 사람은 말씀을 배우고 영적으로 성장함에 따라 주일을 온전히 지킬 수 있도록 노력해야 함은 물론이다. 그러나 이미 살아 계신 하나님을 체험하고 분명히 믿는 성도가 자기 유익을 좇아 주일을 범한다면 하나님 앞에 죄가 된다. 믿음이 있는 자는 마땅히 가르침을 받은 대로 실천해야 하기 때문이다.

2) 형식보다 주일 정신의 실천이 중요하다

주일은 주일 정신을 중심으로 지켜져야 한다. 만약 우리의 주일 성수가 그 정신이 빠진 형식적인 것이라면 문제가 아닐 수 없다. 따라서 형식보다 주일 정신의 실천이 선행되어야 한다. 우리의 행위가 주일 정신에 얼마나 일치되는가 하는 것을 알기 위해서는 말씀의 내용과 그 정황을 자세히 알 필요가 있으며 이것에 비추어도 알기 어려울 경우 그 행위로 인해 하나님 앞에 부끄러움이 없는가를 살펴야 한다. 하나님 앞에 부끄럼이 없는 일이란 앞서 주님께서 우리에게 보여 주신 행위가 그 기준이 된다.

예수님께서 안식일에 선을 행하시며 사랑으로 병든 자를 고치신 것처럼, 병든 자를 위해 선을 행하는 의사 혹은 국가와 사회를 지키는 군인 및 경찰 등 특수한 직업이나 부득이한 공무 관계로 주일을 온전하게 지킬 수 없는 사람도 있다. 이런 사람의 경우에는 먼저 예배를 드린 다음 기도 가운데 행할 수 있어야 한다. 주일에 관한 물음이 있다면 우리는 무엇보다 그 일을 행함으로 하나님 앞에 부끄러움이 있는가를 먼저 확인하는 자세를 가질 필요가 있다. 그 일로 하나님 앞에 거리낌이 있다면 행하지 않아야 한다.

주일을 거룩하게 지키는 것은 그리스도인의 의무이자 특권이다. 안식일은 사람들에게 축복으로 주신 날이지 우리를 얽어매는 날이 아니다. 이사야의 글을 보면 안식일에 손을 금하여 악을 행치 아니하고, 발을 금하여 내 성일에 오락을 행치 말라고 하심으로써 안식을 굳게 지킬 것을 강조하고 있다(사 56:2-7; 58:13-14). 주일을 온전히 성수하는 것처럼 아름다운 일도 없다. 그러나 자기가 주일을 잘 지킨다고 해서 그럴 형편이 되지 못한 사람을 무조건 판단하고 비난해서는 안 된다.

성도는 비난에 앞서 그를 위해 기도해 주는 사람이 되어야 한다. 나아가 사람을 위한 일, 선을 행하는 일, 그리고 생명을 구하는 일이라면 앞장서야 할 필요가 있다. 주일은 바로 사람을 위해 하나님이 만드신 귀중한 날이기 때문이다. 주일은 신령과 진정으로 거룩하게 지켜져야 한다. 그러나 주일의 참된 정신을 망각한 채 기계적이고 허식적인 성수만을 강조하는 것은 바르지 못하다. 우리에게 무엇보다 요청되는 일은 주일이 갖고 있는 참된 정신을 잇는 것이다. 우리는 영적 소경인 바리새인이 되어서는 안 된다. 안식일에 오히려 선을 행함으로써 눈먼 자에게 빛을 보게 하고 진리를 깨닫게 하며 감격을 줄 수 있는 그리스도인들이 되어야 한다.

제23장 고난 뒤에 만나는 환희

1. 고난 뒤에 기쁨과 환희가 있다

　　화가 렘브란트의 그림 가운데 그리스도의 수난을 나타내는 여러 시리즈가 있다. 그 가운데 '그리스도의 매장'이 있는데, 이 그림에서 예수님의 얼굴은 차갑게 식어 있다. 십자가에서 물과 피를 다 쏟은 예수의 몸 전체는 앙상한 가지처럼 말라 버렸다. 누구도 그리스도 앞에서 말문을 열지 못하고 무거운 침묵만 흐른다. 그러나 그림 '부활'은 다르다. 육중한 관 뚜껑을 여는 천사, 다시 사신 그리스도가 영광의 빛이 드리운 가운데 시야에 들어온다. 이 광경을 지켜보는 경비병들은 무서운 공포 속에서 떨고 있다. 그리고 우측 하단의 모퉁이에는 새벽에 온 막달라 마리아와 다른 마리아가 소스라치게 놀라는 모습이 그려져 있다. 경비병들이나 두 여인 모두 놀라고 겁에 질려 있지만 그 놀람의 내막은 서로 다르다. 경비병들은 공포로 떨고 있지만 두 여인은 겁에 질려 있는 가운데서도 기쁨을 잃지 않는다. 너무나 대조적인 모습이다. 여인들의 시선은 천사를 향해 있고, 막달라 마리아로 보이는 여인은 손을 앞으로 내밀며 기쁨을 감추지 못한다. 바흐는 '부활절 오라토리오'로 부활의 아침을 생생하게 표현하고 있다. 제1곡 신포니아(Sinfonia)는 아름답고 화려한 오케스트라 음악으로 시작된다. 특히 오보에는 고음의 스타카토 소리로 기쁨과 놀라움의 극치를 나타낸다. 제11곡에서는 합창이 이어진다. 이 곡에서 유일한 합창이다. "찬양하고 찬양하세. 살아 계신 하나님께 사탄의 권세를 깨뜨리고 승리하신 주님. 하늘 문을 여셨네. 높이높이 찬양하세." 이 장중한 곡으로 바흐의 오라토리오는 막을 내린다.

고난 뒤에는 이처럼 세상이 알 수 없는 기쁨과 환희가 있다. 이것은 우리의 고난 뒤에도 이처럼 세상이 줄 수 없는, 하늘의 환희가 기다리고 있다는 것을 가르쳐 준다.

2. 부활절

부활절은 예수님의 부활을 기념하여 매년 지키는 절기이다. 부활절을 가리켜 '기독교 절기의 여왕' '큰 날' '한 해의 주일' 이라 부르기도 하는데 이것은 부활절이 기독교에서 차지하는 비중이 그만큼 크다는 것을 나타낸다. 교회에서 부활절을 중요하게 지키는 이유는 부활이 기독교 신앙의 중심 주제가 될 뿐 아니라 그리스도의 군사들인 우리를 부활 신앙으로 완전 무장하도록 만들기 때문이다. 부활절의 원래 명칭은 '빠스카' (Pascha)이다. 이는 '지나감' (passing)을 뜻한다. 부활절이 유대인의 유월절(passover)과 관련되었다고 보는 것은 이 때문이다. '지나간다' 는 것은 하나님이 언약의 자손들에게 주신 약속으로 부활은 믿는 자에게 소망을 준다. 니케아 회의(A. D. 525)에서 부활절 일자를 정할 때 유대인의 유월절을 기준으로 니산월 14일 경의 주일로 했다. 회의에 따르면 부활절은 춘분을 지난 만월 다음의 일요일이다. 따라서 부활절은 3월 21일보다 이르지 않고 4월 25일보다 늦지 않은 날자 가운데서 정해진다. 그 일자를 3월과 4월 사이의 변동 축제일로 하여 일자를 고정시키지 않은 것은 교회가 지나치게 합리주의에 빠져 경직화될 위험이 있기 때문이다. 부활절을 또한 '이스터'(Easter)라고 부르는 것은 유럽인들이 전통적으로 지켜 온 축제일과 관련되어 있다. 베데(Bede)에 따르면 이 명칭은 앵글로색슨 족의 봄의 여신인 이스터(Eastre 또는 Ostara)에서 따온 것이다. 이 여신의 축제는 봄에 거행하게 되는데 봄이 오면 자연의 생명이 다시 죽음을 이기기 시작한다는 의미를 가지고 있기 때문이다. 튜튼 족은 기독교 신앙을 받아들인 후 자기들이 오랫동안 지켜 오던 이스터 여신에 대한 제사와 그리스도의 부활절과 혼동하게 되었다. 그들이 결국 여신을 물리치고 그리스도가 부활하신 부활절의 절기로 세움에 따라 혼동은 사라지게 되었다. 그럼에도 불구하고 우리가 부활절을 계속 '이스터'라고 부르는 것은 사실상 잘못된 것이다. 부활절에 색칠한 달걀을 선물로 주는 것은 새 생명의 상징이자 부활의 상징이 되어 온 달걀을 봄 축제 때 선물로 교환하는 고대 관습을 기독교가 채택한 것이다. 교회 월력에 따르면 부활절 이전 40일간은 사순절(lent)로 지켜지며 부활절은 부활주일 후 40일간, 곧 승천일(ascension day)까지 계속된다. 초대 교회 때 부활절은 초신자들에게 세례를 주고, 죄를 범한 교인들 가운데 회개한 성도를 성찬식에 다시 참여케 하는 특별한 절기였다. 1-3세기에는 알렉산드리아 교회와 로마 교회 사이에 부활절 날짜 계산에 의견 대립이 있었으나 니케아 회의에서 알렉산드리아 역법이 공식적으로 채택됨으로써 부활절 논쟁(paschal controversy)은 그치게 되었다.

성경적으로 중요한 것은 그리스도의 부활을 계기로 구약의 안식일이 주일 중심으로 바뀌게 되었다는 것이다. 주일(Lord's day)은 주님께서 죽음을 이기신 승리의 날을 의미한다. 주일은 단순한 주일(Sunday)이 아니라 주의 날이다. 우리가 이 날을 주일로 지키는 것은 주님이 부활하심으로 그날을 거룩하게 하셨고, 부활이 믿는 자에게 소망을 주며, 부활의 주께서 자기 백성 가운데 함께 하시기 때문이다. 부활로 주님과 우리는 하나가 되었다.

2. 부활과 기독교의 존재 의의

부활 사건을 놓고 사람들은 기절설, 도적설, 환상설 등 다양한 의견을 내놓았다. 기절설은 예수님이 기절했다가 서늘한 동굴 안에서 깨어났다는 주장이다. 주님은 기절이 아니라 많은 피를 흘리고 돌아가셨다. 도적설은 제자들이 예수님의 시체를 훔친 후에 부활했다고 말했다는 주장이다. 예수님의 무덤은 로마 병정으로 이루어진 파수꾼이 지키고 있었고, 예수님을 반대하는 그룹이 단단히 지키도록 당부했던 당시 상황에서 이것이 가능했을 리 없다. 환상설은 부활이란 주관적 환상이라는 주장이다. 부활은 많은 목격자가 있었던 객관적 사실이다. 베드로가 전도할 때 3천 명씩이나 회개했다. 그들이 부활을 믿지 않았다면 어떻게 이런 일이 가능했겠는가? 부활은 객관적 사실에 입각한 것이다.

기독교는 부활의 종교이다. 기독교의 신앙은 부활 신앙이다. 부활은 기독교 복음의 첫 선언이자 기독교 진리의 바탕이 된다. 기독교는 이 진리에서 출발한다. 부활은 기독교의 초석이다. 부활이 있기 전에 기독교는 존재하지 않았다. 그러므로 부활 사건 이전에 그리스도인이 있을 수 없다. 부활은 기독교를 만들었고, 그리스도인을 존재하게 만들었다.

"그리스도께서 만일 다시 살지 못하셨으면 우리의 전파하는 것도 헛것이요 또 너의 믿음도 헛것이며" "그리스도께서 다시 사신 것이 없으면 너희의 믿음도 헛되고 너희가 여전히 죄 가운데 있을 것이요"(고전 15:14, 17). 주님의 부활은 우리가 부활에 참여할 것으로 보여 주는 징조이다. 이로써 우리도 영원히 살 수 있다는 소망을 안겨 주었다.

3. 부활과 믿음의 관계

사람들은 부활 사건을 믿을 수 없다고 말한다. 머리로는 믿을 수 없는 놀라운 일이기 때문이다. 그러나 무에서 유를 만드시고 세상을 창조하시는 하나님에게 있어서 죽은 자의 부활은 그리 어려운 일이 아니다. 그럼에도 불구하고 부활에 대해 의구심을 갖는 사람이 있다.

파스칼의 친구가 그에게 짓궂은 질문을 했다. "파스칼, 자네 설마 예수가 부활했다는 것을 믿는 것은 아니겠지?" "그럼 자네는 부활 사건이 조작되었다고 생각하나? 그렇다면 왜 나머지 열한 명의 제자가 목숨을 걸고 예수는 부활했다고 했겠나. 나는 예수의 부활을 의심하는 사람을 비인간적이라고 생각하네. 자네의 생각은 어떤지 모르지만 나는 비인간적인 사람과 더 이상 이야기를 나누고 싶지 않네."

예수님은 죽은 나사로를 살리시기 전 마르다에게 물으셨다. "나는 부활이요 생명이니 나를 믿는 자는 죽어도 살겠고 무릇 살아서 나를 믿는 자는 영원히 죽지 아니하리니 이것을 네가 믿느냐"(요 11:25-26). 의심 많은 도마는 예수님이 부활하셨다는 말을 듣고 "내가 그 손의 못 자국을 보며 내 손가락을 그 못 자국에 넣으며 내 손을 그 옆구리에 넣어 보지 않고서는 믿지 아니하겠노라"고 선언했다. 주님은 그 도마에게 나타나셔서 "내 손가락을 이리 내밀어 내 손을 보고 네 손을 내밀어 내 옆구리에 넣어 보라 그리하고 믿음 없는 자가 되지 말고 믿는 자가 되라"고 하셨다. 도마가 확인하자 "너는 나를 본 고로 믿느냐 보지 못하고 믿는 자가 복 되도다"고 하셨다(요 20:25-29).

부활은 기독교 신앙의 근간이다. 부활을 믿지 않는 사람은 그리스도인이라고 말할 수 없다. 부활을 믿는다는 것은 과학이나 철학을 통한 판단이 아닌 죽느냐 사느냐에 관한 중대한 신앙의 결단이 필요하다. 성경은 예수님이 부활하셨다고 증거하고 있다. 성경의 증거를 외적 증거라 한다. 우리가 그 말씀을 읽을 때 내 안에 있는 성령이 믿게 하시는 것을 내적 증거라 한다. 믿음이 있는 자는 외적 증거뿐 아니라 내적 증거를 통해 예수님이 부활하셨음을 확신한다.

4. 부활의 의미

1) 우리를 향한 하나님의 구원을 이루셨다

부활절은 예수 그리스도를 통해 인류를 구원하신 하나님의 구속을 기념하는 날이다. 예수님의 부활로 십자가는 인류 대속의 십자가임이 확증되었다.

2) 생명을 주시고자 한 목적을 이루신 것이다

부활은 '깨우다' '일으키다' '건설하다' '고치다'는 의미를 담고 있다. 부활은 죽음에 종지부를 찍고 새 생명의 창조를 선포하는 것이다. 예수님의 관심은 우리의 생명에 있었다.

"하나님이 그 아들을 세상에 보내신 것은 세상을 심판하려 하심이 아니요 저로 말미암아 세상이 구원을 받게 하려 하심이라"(요 3:17).

그리스도의 부활은 우리 안에 생명의 뿌리가 있음을 가르쳐 준다. 톨스토이의 작품 『부활』에 이런 말이 있다. "땅 속에서 솟아나는 풀을 많은 사람들이 아무리 나오지 못하도록 돌을 깔고 풀을 뽑아 버린다 해도 생명은 다시 살아난다. 그 생명을 막을 자는 없다." 그리스도의 부활은 우리 안에 부활이라는 생명이 보이지 않게 심겨져 있음을 의미한다. 메마른 가지에 꽃이 피어나듯 생명은 다시 태어난다. 그리스도인은 부활의 씨앗, 곧 생명의 씨앗을 가진 자이다. 그 생명은 언젠가 꽃잎처럼 피어난다. 사도 바울은 부활하신 주님을 만나 새 사람이 된 후에 "이제는 내가 사는 것이 아니요 내 속에 그리스도가 살아있다."고 고백했다. 부활의 주님을 믿는다는 것은 날마다 죽고 새롭게 태어나는 것이다. 내 안에 그리스도의 생명이 살아있기 때문이다. 마찬가지로 우리는 삶 속에서 날마다 죽어야 새 생명과 부활을 경험할 수 있다. 우리가 저지른 잘못을 시인하고 반성하고 회개하지 않으면 새로운 변화와 부활은 기대할 수 없다.

3) 하나님은 살아 계시고 그의 권능은 크다는 것을 입증한다

"하나님이 주를 다시 살리셨고 또한 그의 권능으로 우리를 다시 살리시리라"(롬 6:5). 그리스도의 부활은 무엇보다 하나님이 존재하신다는 것을 증명한다. 부활은 죽은 예수님을 다시 살려낸 사건이다. 이 사건의 배경에는 우주의 어떤 힘보다 강한 초월자 하나님이 계시고, 그분이 생명을 다시 창조하셨다는 것을 보여 주는 위대한 사건이다. 하나님이 존재하신다는 사실은 어느 신학자의 논리적 증명 때문이 아니라 그리스도의 부활 때문에 더 확증된다. 바울은 무엇보다 하나님을 '죽은 자를 살리시는 전능하신 분'임을 믿었다. "그 능력이 그리스도 안에 역사하사 죽은 자들 가운데서 다시 살리시고 하늘에서 자기의 오른편에 앉히사"(엡 1:20). 예수님을 살리신 그 하나님이 능력으로 우리를 다시 살리신다(김세윤, 2001).

4) 약속의 성취이자 주님의 말씀이 모두 옳다는 것을 입증한다

예수님은 분명하게 자신이 '예루살렘에 올라가신 후에 죽임을 당하고 제삼일에 다시 살아날 것'을 말씀하셨다. 부활은 이 예언의 약속이 그대로 성취된 것이다. 부활은 그리스도의 말씀이 옳다는 것을 확증한다. 그렇다면 그 밖에 주님이 말씀하신 모든 것도 역시 진리로 받아들여야 할 것이다. 성경에는 약 7천여 약속이 있다. 예수 그리스도의 죽음과 부활에 관한 약속은 이미 성취되었다. 남은 약속도 성취될 것이라는 확신 가운데 신앙생활을 해야 한다. 그리스도의 부활을 받아들이면서 그의 입술로부터 나온 말씀의 진실성에 대해 의심을 품는다는 것은 있을 수 없다.

"하나님의 약속은 얼마든지 그리스도 안에서 예가 되니 그런즉 그로 말미암아 우리가 아멘 하여 하나님께 영광을 돌리게 되느니라"(고후 1:20). "내 말을 듣고 또 나 보내신 이를 믿는 자는 영생을 얻었고 심판에 이르지 아니하나니 사망에서 생명으로 옮겼느니라"(요 5:24).

5) 하나님이 이 세상의 역사에 개입하신다는 것을 입증한다

하나님은 불의한 세상의 심판을 받고 무참히 십자가에 못 박힌 예수를 일으키셨다. 예수의 부활은 하나님이 이 세상의 역사에 적극적으로 개입하시어 자신의 거룩한 뜻을 나타내셨다. 그리스도의 부활은 초월자 하나님께서 이 세상에 관심을 가지시고 그 역사를 주관하신다는 것을 가르쳐 준다. 하나님은 늘 하늘 꼭대기에 앉아 우리에게 명령만 내리시는 고고한 하나님이 아니시다. 죽은 예수님을 일으키시듯 이 세상을 일으키고자 하신다. 악한 세력은 이 세상을 죄악의 혼돈으로 떨어뜨리고자 한다. 핵전쟁의 공포, 자원의 고갈과 공해의 위기, 전쟁 등 지구는 항상 악한 세력의 장난으로 완전히 파괴될지도 모를 위험에 처해 있다. 그럼에도 불구하고 하나님은 이 세상을 혼돈 가운데 두지 않으시고 질서와 정의와 아름다움을 주신다. 이 세상이 질서와 아름다움을 가진 채 유지될 수 있는 것은 하나님이 우리를 붙들고 계시기 때문이다. 죄인들이 가져오는 파멸에서 구원하실 분은 오직 하나님 한 분뿐이시다. 예수를 죽음에서 일으키시듯 우리를 일으키실 것이다(김세윤, 2001).

6) 사랑의 하나님이심을 입증한다

하나님이 그리스도를 죽은 자들 가운데서 살리셨다는 것은 그리스도께서 우리의 죄에 대한 벌을 우리 대신 받으시고, 우리의 대표로서 하나님에 대한 순종을 하신 것을 하나님께서 인정하고 받으셨다는 것을 의미한다. 나아가 자신의 아들을 화목 제물로 주시어 우리로 하여금 하나님과의 관계를 회복시키시고 우리로 자신을 아버지라 부를 수 있게 하셨다. 이 모두는 하나님이 우리를 얼마나 사랑하셨는가를 보여 준다.

7) 의의 승리를 의미한다

그리스도의 부활은 의의 승리를 의미한다. 예수님의 죽음은 대속의 죽음이지 죄로 인한 죽음이 아니다. 하나님은 죽은 예수님을 다시 살리심으로 그분의 의로움을 천명하고 세상의 불의와 죄악을 심판하셨다. 부활을 통해 의를 승리케 하신 것이다. 그리스도의 죽음은 이 세상에서 진리와 의가 짓밟힐 수 있다는 것을 보여 주었으며, 이로 인해 세상이 잠시 승리하는 것처럼 보였다. 하지만 부활은 결국 하나님이 이 세상의 왜곡된 판단을 뒤엎고 진리와 의가 승리하신다는 것을 입증하였다. 이 세상에 거짓과 불의가 난무한다 할지라도 이것과 타협하지 않고 인내하면 결국 진리와 의가 승리하게 되는 것을 보게 될 것이다.

8) 죽음의 죽음을 의미한다

부활은 사망 권세를 이기신 주님의 승리를 의미한다. 주님은 사망 권세를 깨뜨리시고 잠자는 자들의 첫 열매가 되셨다. 죽음을 이기신 주님의 날을 우리가 주일(Lord's Day)로 지키는 것은 주님이 주일에 부활하심으로 그날을 거룩하게 하셨고, 부활이 믿는 자에게 소망을 주며, 부활의 주께서 자기 백성 가운데 함께 하심으로 주와 우리가 하나가 되었기 때문이다. 하나님은 죽음의 감옥을 깨뜨리시고 죽은 자들 가운데서 예수님을 살리심으로 "잠든 자들의 첫 열매"가 되게 하셨다(고전 15:20). 이로써 절망할 수밖에 없는 인류를 죽음의 굴레에서 벗어나게 하셨다.

김세윤 교수에 따르면 그리스도의 부활은 '죽음의 죽음'을 의미한다. 그것은 우리 위에 군림하는 죽음이라는 숙명의 힘을 깨뜨린 사건이다. 이러한 부활은 이 세상이라는 유한성에 갇혀 죽음의 감옥 속에 있는 우리에게 하나님께서 주실 생명, 죽음의 그림자가 없는 생명, 곧 영생에 대한 소망을 갖게 한다. 인간에게 궁극적으로 문제되는 것은 사는 것과 죽는 것이다. 사람은 누구나 죽음을 피할 수 없다. 사람들은 죽음을 인생의 종착역으로 생각한다. 하지만 그리스도인들은 그렇지 않다고 믿는다. 그 증거는 그리스도의 부활에 있다. 부활은 죽음의 극복을 선언하고 인류에게 영원히 살 수 있는 소망을 약속한다. 아무리 게놈 프로젝트를 통해 수명을 몇십 년씩 연장시킨다 해도 죽음이 왕 노릇 하는 이 세상으로부터 인간을 영원히 탈출시켜 주지는 못한다.

요한이 밧모 섬에서 본 예수님은 그가 실제로 보았던 예수님의 모습과 달랐다. 그 얼굴은 해가 힘 있게 비취는 것 같았고, 그 음성은 많은 물소리와 같았다. 눈은 불꽃같고 오른손에는 일곱 별을 쥐고 있었다. 그는 주님의 발아래 죽은 자처럼 엎드릴 수밖에 없었다. 그때 주님이 말씀하셨다. "나는 처음이요 나중이니 곧 산 자라 내가 전에 죽었었노라 볼지어다 이제 세세토록 살아있어 사망과 음부의 열쇠를 가졌노라"(계 1:17-18). 사망을 이기신 주님은 이제 그 사망과 음부의 열쇠를 가지고 계신다.

우리는 그리스도의 부활을 통해 하나님과의 관계가 회복되고, 성령으로 오는 생명의 능력을 맛보기 시작했다. 그리스도가 다시 오셔서 죽음을 완전히 멸망시킬 때 우리도 그의 부활의 삶에 온전히 동참하여 죽음의 요소, 곧 악과 고난이 없는 영생을 맛보게 될 것이다.

9) 소망을 갖게 하신다

그리스도의 부활은 그것을 믿는 우리 역시 부활한다는 사실을 확증한다. 주님은 우리를 위하여 처소를 예비하러 가셔서 우리를 영접하실 것을 말씀하셨다. 주님의 부활은 우리를 거듭나게 하고 산 소망을 갖게 하며 기업을 잇게 한다(벧전 1:3-4).

"하나님이 그 많으신 긍휼대로 예수 그리스도의 죽은 자 가운데서 부활하심으로 말미암아 우리를 거듭나게 하사 산 소망이 있게 하시며"(벧전 1:3).

우리는 주 예수를 살리신 이가 예수와 함께 우리도 살리실 것을 믿는다(고후 4:14). 그리스도의 부활로 말미암아 우리의 삶은 희망으로 가득차게 된다. 약속이 성취를 확신하기 때문이다.

5. 그러면 어떻게 할 것인가

1) 부활 신앙을 가지고 살아간다

부활 신앙은 그리스도의 부활을 나의 부활로 인정함이며 장차 하늘에서 누릴 영원한 생명을 가지고 오늘의 고난을 극복하는 삶이다. 그리스도와 사도들은 우리가 그리스도의 부활 안에서 나타난 능력 안에서 매일매일 살아갈 것을 강조했다. 그의 부활을 본받아 그와 연합하는 자가 되는 것이다. 부활 신앙을 가진 자는 부활의 영을 가지고 살아간다. 우리는 단지 그리스도께서 부활하셨다는 것을 시인하는 차원에서 끝나서는 안된다. 내 생각과 마음과 삶 속에 부활하신 주님께서 역사하시도록 삶의 주도권을 그분께 내드려야 한다. 부활의 영을 가지고 사는 성도는 환난을 당하고 답답한 일을 만나고 핍박을 받고 거꾸러뜨림을 당해도, 그 고난을 영원히 죽을 나의 죽을 몸에 예수의 생명이 나타날 기회로 생각하고 모든 역경을 이겨 나가야 한다.

2) 승리의 삶을 살아야 한다

부활은 죽음에 대한 생명의 승리를 상징하고 있다. 부활은 그리스도인을 강하게 한다. 그리스도인은 약한 자 같으나 강한 자요, 가난한 자 같으나 부한 자이다. 주님이 승리의 주이시기 때문이다. 우리는 주 안에서 강하고, 주 안에서 항상 기뻐하는 삶을 살아야 한다. 주님은 부활로서 어두움의 권세를 물리치셨다. 우리가 다시 어두움의 세력에 굴복하여 그것에 종노릇하는 일은 없어야 한다. 종말에 이루어질 큰 소망을 가지고 현재의 고달픔을 기쁨의 삶으로 바꿔야 한다. 부활의 능력으로 말미암아 마음을 새롭게 하고 승리의 삶을 살도록 해야 한다. 나아가 그리스도의 부활에 힘입어 삶을 무의미로 이끄는 허무를 극복하고 그리스도로 승리하는 우리가 되어야 한다. 생명을 방해하는 것은 삶에 대한 무의미와 죽음에 대한 공포이다. 예수님은 인생의 허무와 죽음에 대한 공포를 쓸어내고 우리를 그것으로부터 자유케 하시려고 이 땅에 오셨다. 무가치한 우리를 가치 있게 만들고, 무의미한 우리의 삶을 의미 있게 만들고자 하셨다. 그래서 예수 그리스도 안에 있으면 모든 것이 새로운 피조물로 변한다. 삶의 모습이 달라진다. 그리스도 안에는 오직 승리만 있을 뿐이다.

3) 구원 사역에 동참해야 한다

부활 사건은 자신감을 갖게 하고 다시 그리스도를 바라보게 한다. 그리스도의 부활 이후, 도망했던 제자들은 선교 공동체로 변했다. 비겁하게 도망했던 그들이 다시 뭉쳐 "예수는 부활했다!"고 소리 높여 외쳤다. 자신감을 잃었던 이전의 모습이 전혀 아니었다.

하나님은 그리스도의 십자가와 부활로 온 인류를 구원하셨다. 우리는 이 기쁨을 다른 사람과 함께 나눌 수 있어야 한다. 우리는 부활의 기쁨을 체험하지 못한 우리의 이웃을 외면해서는 안 된다. 구원받은 자에게는 구원받은 자로서의 책임과 의무가 주어진다. 주님의 명령을 좇아 온 세계에 나가 모든 족속으로 제자를 삼는 일이다. 모든 사람들에게 구원의 기쁜 소식을 전하고 주님을 영접하도록 하며 주님의 말씀대로 살아가도록 해야 한다.

6. 부활 역사의 담당자, 그리스도인

그리스도인에게는 부활 역사에 대한 책임이 있다. 이를 위해 힘써 우리 자신과 공동체를 변화시켜야 한다. 부활의 영이 있는 자는 타락한 도덕성을 회복하고 전도된 가치관을 부활시킬 책임을 갖고 있다. 방향 감각과 목적을 잃고 갈팡질팡하는 현대인들에게 뚜렷한 역사의식과 확실한 공동체 의식을 심어 주어야 한다.

1) 자기 자신에 대하여
이를 위해서는 먼저 옛 자신을 죽이자. 그래야 새롭게 부활할 수 있다.

- 미움이 죽을 때 사랑이 부활한다.
- 혈기가 죽을 때 온유가 부활한다.
- 질투와 시기가 죽을 때 깨끗한 인격이 부활한다.
- 허위와 위선, 거짓이 죽을 때 진실이 부활한다.
- 욕심이 죽을 때 정의가 부활한다.

2) 교회에 대하여

교회의 부활도 필요하다. 한국 교회는 안팎으로부터의 비판에 겸손하게 귀를 기울여야 한다. 교파와 교단, 진보와 보수 사이의 벽을 헐고 서로를 이해하는 자세를 가져야 한다. 스스로의 잘못을 과감하게 바로 잡고 힘을 하나로 모을 때 한국 교회는 부활의 참된 의미를 실현하면서 사회와 민족에 이바지할 수 있을 것이다. 무너진 교회가 다시 세워지는 부활의 역사가 일어나야 한다. 교회는 부활의 복음을 효과적으로 선포하여 사람들로 하여금 하나님을 소망하게 하고, 하나님의 진리와 정의와 사랑의 실행자가 되도록 해야 한다.

3) 사회에 대하여

우리 사회에는 거짓과 불의가 난무하고 있다. 경제난은 해결되지 않고 정치는 불안정하며 사회 갈등은 증폭되고 있다. 미신과 우상주의, 극도로 타락한 물질 만능주의로 심히 부패하고 타락한 이 땅에 불의, 불법, 죄악의 세력을 몰아내고 구원의 역사가 충만한 부활이 있어야 한다. 교회는 예수 그리스도를 부활하게 하신 하나님께 기도해야 한다. 우리 사회에서 이 죽음의 현상들을 제거하고 새 생명의 역사가 일어나도록 구해야 한다. 서로에 대한 사랑을 잃고 인간성마저 상실한 시대에 십자가의 사랑을 회복시켜야 한다. 예수님의 고난은 죄에 얽매어 있는 우리 인간을 위한 것이었다.

그리스도의 사람인 우리는 그의 고난과 부활을 어떻게 이 땅에서 실현시켜야 하는가? 그것은 주님을 위해 그리고 이웃을 위해 기꺼이 고난을 받는 것이다. 우리는 자신의 유익을 위한 고난은 몰라도 이웃을 위한 고난은 피하고자 한다. 그러나 우리가 자기 자신이 아니라 주님과 이웃을 위해 고난을 받을 때 예수의 생명이 부활한다는 사실을 잊어서는 안 된다. 우리가 주님을 위해 고난을 당할수록 하늘의 기쁨은 클 것이다.

부활절은 기쁨과 감격이 있는 날이다. 나아가 그리스도인으로서 세상에 대해 책임이 있음을 새롭게 인식하는 날이며, 주와 더불어 새롭게 태어나고 새롭게 살아가기를 다짐해야 하는 날이다. 이러한 의미에서 우리는 부활절의 감격을 일년 내내 누릴 수 있어야 한다.

도움말
Consult a document

〈윤남중 목사의 부활절 이야기〉

1965년 10월 하순 시카고에 있는 한 신학교 게시판에 정원에서 일할 학생 세 사람을 구한다는 공고가 났다. 신학생이었던 윤 목사도 그 공고에 응했다. 일자리는 2천 평이 넘는 저택이었다. 주인 할머니는 내년 봄 2층 베란다에서 꽃을 볼 수 있도록 튤립, 수선화, 백합의 구근을 적당한 곳에 심어 달라는 것이었다. 학생들은 구근을 받아들고 어떻게 심을까 궁리하다가 "주는 다시 사셨네 나는 부활이요 생명이다. 주께서 다시 오시리"(Jesus is risen. I am the resurrection and the life. Jesus is coming)라는 문구의 글씨대로 심기로 했다. 집 주인이 예수님을 믿는지 안 믿는지 확인도 하지 않았다. '안 믿어도 전도는 되겠지' 생각했다. 이 뿌리가 내년 봄에 살아날까 의심하기도 했다. 시카고의 겨울은 춥고 눈도 30-40미터 쌓이는 곳이기 때문이다. 4시간 정도 정성껏 심은 후 16불씩 받고 나왔다. 이듬해 4월 부활절을 앞둔 어느 경건회 광고 시간에 평소와 아주 다른 광고를 들었다. "학생들 중 작년 10월에 레이크 포레스트에 있는 존슨 여사 댁 정원에 튤립을 심은 학생 세 사람은 교무실로 오십시오." 하는 광고였다. 세 사람은 '혹시 잘못 심지는 않았을까?' '결국 꽃씨가 얼어 죽은 것이 아닐까?' '문책을 당하는 것은 아닐까?'를 걱정하며 교무실로 갔다. 교무실에서 학생들은 아주 좋은 소식을 들었다. 존슨 여사가 그들을 부활절 만찬에 초대한다는 것이었다. 더 놀란 것은 존슨 여사 댁에서였다. 그 집 베란다에서 정원을 내려다보니 정말 장관이었다. 형형색색의 꽃들이 예수님이 부활하셨음을 증거하고 있었다. 학생들은 창의적 아이디어에 대해 칭찬을 들으며 즐겁게 식사를 했다. 그 때 윤 목사님의 머리에 말씀이 떠올랐다. 고린도전서 15장 42절의 말씀이었다. "죽은 자의 부활도 이와 같으니…"

제24장 그날이 오면

예수님의 재림과 휴거에 대한 기대는 그리스도인들에게 많은 설렘을 준다. 그러나 휴거와 관련된 일련의 사건은 우리가 어떤 태도로 신앙생활을 해야 하는가에 대한 교훈을 준다.

- 999년 12월 31일 자정, 로마를 중심으로 많은 유럽인들이 예수 재림을 고대하고 휴거를 기대했다. 그러나 아무 일도 일어나지 않았다.
- 안식교에서는 1844년 10월 22일에 예수 재림에 대한 확신을 가지고 세상의 종말이 올 것을 예언했다. 결국 그 기대는 큰 실망으로 바뀌었다.
- 여호와의 증인에서는 1914년에 예수가 재림함으로써 세상의 마지막 날이 되며 하나님의 왕국이 지상에 완전히 건설된다고 예언했다. 결국 이 예언은 빗나갔고, 그 후 여러 차례 연기 내지 변경되었다.
- 용화교는 1964년에 천지가 개벽될 것임을 선포했다.
- 다미 선교회, 다베라 선교회 등에서는 '1992년 10월 28일 0시, 휴거(携去)'를 외쳤다. 그러나 아무 일도 일어나지 않았다.

지난 몇 년 동안 우리는 휴거라는 매우 어려운 종교적 단어를 자주 들어 왔다. 그 동안 휴거에 대한 연구는 많이 있어 왔다(Archer, 1984; Jewett, 1979; Walvoord, 1979). 성경이 우리에게 주어진 이후 그리스도의 재림과 휴거를 대망 하는 사람들이 늘어나고 이에 대한 관심이 늘어감에 따라 휴거가 신학적 논쟁의 하나로 부상된 것이다. 휴거 문제가 사회의 문제로 등장하게 된 것도 이러한 열기를 반영한다.

1. 휴거의 뜻

휴거(rapture)란 라틴어 '라피오' (rapio)에서 유래된 말로 이것은 '붙잡다' '빼앗다' 라는 뜻을 가지고 있다. 이 단어는 또한 신비한 무아지경을 즐기는 한 곳에서 다른 곳으로 옮겨가는 것을 가리키기도 한다. 그리스도인에게 있어서 휴거는 단지 후자의 의미로만 다루어지고 있으며 주님께서 그의 교회를 위해 장차 오실 것이라는 예언적 계시를 취급하는 어구로 간주되고 있다. 바울은 데살로니가 교회에게 보낸 편지에서, 근래에 죽은 신자들을 위로하면서 그리스도께서 재림하실 때 이 사람들이 먼저 들림 받게 될 것을 말하였다. 그들이 일으킴을 받을 때 살아있는 성도들은 모두 그들과 함께 '들림을 받아' (harpagesometha) 공중의 구름 속에서 그리스도를 만나고 다시는 그리스도와 서로 헤어지지 않게 된다(살전 4:17). 이때 또한 신자들의 육체적인 변화도 일어난다(빌 3:20-21; 고전 15:51-52). 그러므로 휴거란 땅에 살고 있는 그리스도인이 부활한 그리스도인과 함께 구름 속으로 끌어 올려 공중에서 주를 영접하게 될 종말론적 사건을 가리킨다.

휴거를 나타내는 동사 '하르파조' (harpazo)는 신약성경에 13회 나온다. 성령께서 가사 근처에서 빌립을 사로잡아 가이사랴로 데리고 가셨다는 기사나(행 8:39), 바울이 낙원에 갔다 왔는데 그가 거기서 말할 수 없는 일들을 체험했다는 기사(고후 12:2-4), 그리고 주님께서 재림하실 때 성도들이 지상에서부터 올라갈 것이라는 바울의 예언(살전 4:17) 모두 이 단어를 사용하고 있다.

휴거에는 종말론적 기대에 대한 여러 측면들이 포함되어 있다.

- 죽음, 지리, 환경에 의해 서로 떨어져 있던 하나님의 백성이 함께 모이게 되며 그들이 주님과 함께 연합된다는 소망(마 24:31; 살전 3:13, 4:16-17)
- 하나님께서 자기 백성을 변호하시고 그들의 원수를 심판하실 것에 대한 소망(눅 18:7-8; 살후 1:6-10)
- 영원한 생명에 대한 소망(고전 15:51-56)
- 돌연한 심판의 기대(마 24:36-44)
- 의인을 고통의 세상으로부터 해방시킬 것에 대한 소망(계 3:10)

2. 휴거의 시기

성경에 기록된 대로 그리스도께서 재림하시기 직전에 있을 대 환난 기간과 이 휴거 사건과의 관계를 두고 세 가지 견해가 제시되고 있다. 이것은 휴거가 일어날 시기에 대해서 해석자들 사이에 상당한 견해 차이가 있음을 보여 주고 있다.

1) 환난 전 휴거설(pre-tribulation)

환난 전 휴거설은 휴거 사건을 대환난 전에 놓고 있다. 이 대환난이란 그리스도를 배척한 세상에 하나님의 진노가 쏟아지는 것을 말한다. 이 주장을 옹호하는 사람들은 하나님께서는 세상에 임하는 모든 환난과 심판의 기간으로부터 교회를 제외시키기로 약속하셨다고 믿는다. 그리스도께서는 휴거 사건과 그리스도께서 세상 사람들 앞에 공적으로 나타나시는 사건 사이에 자기의 백성들에게 상을 주신다.

환난 전 휴거설은 실제로 그리스도의 재림을 두 번 가정하게 되는데 첫번째는 환난 전에 일어날 그리스도인의 불가시적이고도 비밀한 휴거와 관련이 있고, 두 번째는 악한 자를 심판하시고 천년왕국을 시작하기 위해 이미 들림 받은 성도들과 함께 다시 오시는 것과 관련된다. 즉, 환난 전 휴거설에 의하면, 구약성경에서 주님의 강림(초림과 재림)이 선지자들의 예언적 묘사에서 대개 둘로 구분되어 있지 않았으나 정작 둘로 구분되어 오늘날 사람들이 그것을 구분할 수 있듯이, 그리스도의 미래의 재림 사건도 때로는 단일한 사건으로 제시되기도 했지만 결국 두 장면으로 나타날 것이 틀림없다는 것이다. 그 중의 하나는 단지 성도들에게만 재림하실 것(공중 재림)이고 다른 하나는 세상의 불신자들에게도 재림하실 것(지상 재림)이라고 한다.

2) 환난 중 휴거설(mid-tribulation)

환난 중 휴거설에 따르면 성도들은 환난의 시련을 당하지 않을 것이므로 휴거는 평화의 기간과 환난 기간의 중간에서 일어난다. 이 주장은 무엇보다 대환난이 다니엘 9장 27절에 나오는 일곱 이레와 동시적인 사건이라고 말한다는 점에서 합당치 못하다. 그 이유는 다니엘이나 계시록에서는 그 기간이 둘로 구분되어 나타나기 때문이다. 성도는 환난의 시련을 당하지 않을 것이므로 휴거는 이 두 기간 중간에서 일어난다는 것이 이들의 생각이다. 이 주장은 사실상 환난 전 휴거설과 다른 점이 없다. 왜냐하면 두 견해 모두 교회는 대 환난 기간으로부터 제외된다고 주장하기 때문이다.

3) 환난 후 휴거설(post-tribulation)

환난 후 휴거설이란 교회는 앞서 언급한 환난과 진노의 기간 동안 지상에 남아 있어서, 환난은 당하지만 진노하심은 당하지 않을 것으로 보는 견해이다. 여기서 환난이란 사람으로 인해 닥치는 것을 말하고, 진노는 하나님께서 베푸시는 것을 말한다. 이들은 하나님께서 진노하실 때 자기 백성을 위해 보호책을 마련하실 것으로 본다. 또한 휴거 사건과, 휴거 된 성도들과 함께 세상을 심판하고 천국을 세우기 위해서 예수님께서 재림하시는 사건 사이에는 어떤 분명한 시간적 간격이 없을 것으로 생각한다. 환난 후 휴거설 주장자들은 자신들의 견해가 가장 단순하고 타당하다고 주장한다. 데살로니가후서 1장 6-10절에는 재림의 효과가 신자들과 불신자들에게 모두 미칠 것으로 묘사되어 있어, 환난 전 휴거설처럼 재림의 양면성(공중 재림과 지상 재림)을 가지고 있지 않기 때문이다.

4) 국부 휴거설(partial rapturism)

국부 휴거설은 환난 전 휴거설의 다른 변형으로 거룩한 상태에 있는 자들만이 환난 전에 들림 받게 될 것이라고 경고한다. 배교자들은 그 자신들을 그리스도의 최후의 재림에 적합한 자들이 되도록 일종의 연옥처럼 생각하는 환난을 견디어야 한다(벧전 1:6-7; 마 6:13; 눅 21:34-36; 계 3:10).

여러 휴거설 가운데, 환난 전 휴거설과 환난 중 휴거설은 마지막 때 믿는 자들이 세상이 환난을 당할 때 그 환난을 면하게 될 것이라고 생각한다는 점에 특색이 있다. 휴거설에 이렇듯 차이가 있는 것은 성경의 어느 곳에도 이 휴거 사건이 재림 사건과의 관계 속에서 어느 시점에 일어날 것이라고 직접적으로 언급되어 있지 않기 때문이다.

3. 박형룡 교수의 견해

박형룡은 그의 『교의신학 내세론』에서 휴거에 대해 다음과 같은 견해를 밝히고 있다(박형룡, 203-4).

휴거에 대해 구체적으로 언급하는 유일한 성경 구절은 데살로니가전서 4장 14-17절이다. 휴거는 라틴어 성경에서 보면 17절에서 발견되는데 영어로 보면 'caught up'이고 우리말로는 '끌어올리다'이다.

휴거는 오직 아래의 두 가지 의미만을 가지고 있다.

- 휴거의 의미는 그리스도를 영접함에 있고 그 영접의 처소에 있지 않다. 공중에 치중하는 것은 쓸데없는 일이다
- 휴거의 의미는 신체의 변화, 곧 부활체와 같이 썩지 않을, 영광스러운, 능력 있는, 신령한 몸으로 변화되는 데 있다(고전 15:42-44).

휴거의 시간에 치중하여 대환난 전에 들려 올라간다고 상상하는 것은 공연한 일이다. 대환난 전에 교회가 세계로부터 휴거된다고 주장하는 이론이 의지하고 있는 성구들을 보면 그것들이 오해되고 있음을 알 수 있다.

1) 데살로니가전서 5장 9절

데살로니가전서 5장 9절에서 "노하심에 이르게 하심이 아니요"라고 한 말씀은 휴거나 대환난에 관심을 둔 것이 아니다. 이것은 교회가 최종 심판 때 하나님의 진노를 면할 것을 의미한 것일 뿐, 대환난을 피하게 될 것을 가리키지 않는다(롬 2:5). 설혹 "노하심"이 대환난을 포함한다 하더라도 이것은 교회가 세계로부터 이전될 것을 암시하는 것이 아니라 구출

받음을 뜻할 뿐이다.

2) 계시록 3장 10절

계시록 3장 10절에 "시험의 때를 면하게 하리니"라는 말씀은 대환난 전 휴거를 뜻하는 것으로 보일 것이다. 이 말씀이 대환난에 대해 언급함은 사실이다. 그러나 이 표현은 요한복음 17장 15절의 말씀과 같이 "저희를 세상에서 데려 가시기를 위함이 아니요 오직 악에 빠지지 않게 보전하시기를 위함"이다. "시험의 때를 면하게 하리니"는 원어로 볼 때 '악에 빠지지 않게 보전하시기'와 언어의 표현 방식이 비슷하다. 이런 표현은 주기도문과 갈라디아서 1장 4절에도 있는데 모두 악한 세상으로부터의 이전을 뜻하지 않고 그것의 관할로부터의 구출을 가리킨다.

3) 누가복음 21장 36절

누가복음 21장 36절에서 "장차 올 이 모든 일을 능히 피하고"라 한 것을 대환난 기간에 발생할 모든 일로 생각하는 사람이 많다. 마태는 적그리스도에 의한 말세적 핍박에 대해 기록했으나, 누가는 주후 70년의 예루살렘 멸망에 관해서만 언급하고, 25-28절에서 재림 직전에 발생할 사변들을 열거했을 뿐이다. "장차 올 모든 일"은 26절에서 말하는 '세상에 임할 일,' 곧 그리스도의 재림 때 행해질 신적 심판들이다. 따라서 누가복음 21장 36절은 교회의 휴거와는 아무 상관이 없다.

4. 휴거에 대한 우리의 태도

지금까지 휴거에 대한 여러 주장들을 소개했지만 각 주장에 대한 비판도 만만치 않음을 알 수 있다. 이처럼 휴거는 신학적 정립이 어려운 문제임에도 불구하고 우리의 주변에서는 어떤 신학적 논의조차 거르지 않은 채 휴거를 공공연히 이야기하고 있다. 이것은 휴거에 대한 우리의 태도가 얼마나 피상적인가를 알려 준다. 우리는 지금까지의 논의를 통해 다음과 같은 몇 가지 사실들을 끌어낼 수 있을 것이다.

1) 시기는 알 수 없다

하나님의 백성을 모으는 종말론적 회합 측면에서의 휴거는 종말론적 환난에 대한 분명한 시기가 성경에 명확히 밝혀져 있지 않기 때문에 그 시기를 인간으로서는 알 수 없다. 이런 점에 비추어 하나님만 아시는 비밀로 둔 재림을 계시를 받았다는 명목으로 또는 자기 나름대로의 인간적인 계산 방식에 따라 휴거의 날짜를 명시하는 일은 명백히 비성경적이다.

2) 구원의 측면을 고려할 필요가 있다

바형룡이 지적처럼 우리는 휴거를 단지 환난을 면하려는 것에 치중하기보다는 악으로부터의 구원이라는 면에서 생각해 볼 필요가 있다. 진정한 휴거는 악을 떠나는 것에 있는 것이지 몸만의 피신에 있는 것이 아니기 때문이다. 휴거의 근거가 되고 있는 데살로니가전서 4장은 무엇보다 우리로 하여금 적 그리스도에 속하지 않도록 경고하는 태도로 기록하고 있음에 유념할 필요가 있다.

3) 휴거의 목적은 주님을 영접하는 데 있다

휴거는 우리가 주님을 영접한다는 데 기본적인 목적이 있다. 그리스도인이 된다는 것은 예수님을 나의 구주로 영접하는 순간부터 주님과 함께 영원히 거한다는 의미를 가지고 있다. 그러므로 우리는 사나 죽으나 주님과 한 몸 된 주안에서의 한 형제들이다. 이보다 더한 휴거는 없다. 우리는 모두 주님의 품으로 돌아가야 할 하나님의 피조물이다. 휴거는 바로 우리가 주님께 돌아간다는 엄연한 사실 속에서 우리 자신이 이해되어야 한다는 것을 가르쳐 준다.

4) 재림과 종말에 대한 경각심을 일깨워 준다

휴거는 그리스도의 재림과 종말에 관한 우리의 경각심을 일깨워 준다. 휴거가 자주 거론되는 것은 우리 사회가 그만큼 악해졌다는 것을 의미한다. 우리는 휴거론자들을 비판만 할 것이 아니라 보다 종말론적 삶을 살아야 한다는 각오를 더 할 필요가 있다. 주님이 언제 오실 지 알 수 없기 때문이다. 우리는 언제나 준비된 삶을 살아야 한다.

도움말
Consult a document

〈휴거 10월 28일의 광기〉

바야흐로 휴거 소용돌이가 막바지에 다다르고 있다. 일부 이단 종파가 주장하고 있는 종말의 날이 드디어 100일 앞으로 다가오고 있기 때문이다. 이들은 요즘 가정을 버리고 심지어 직장과 학교까지 그만둔 채, 오로지 지구 종말의 날에 재림할 예수를 따라 하늘로 들려 올라가는 휴거를 기다리며 광열적인 기도로 그들의 삶을 보내고 있다. 어떤 신자는 선택된 14만4천 명 안에 들어가기 위해서는 모든 것을 남김없이 바쳐야 한다는 것을 실천하려고 전셋돈을 빼내어 바치고 있다. 또 어떤 사람은 북한 선교에서 순교할 각오를 다지고 순교 번호를 교부 받고 있다고 한다. 자신을 핍박하는 자들과 싸우기 위해 킥복싱 등 무술을 단련하는 사람들도 있다.

그러나 우리가 주목할 것은 이같이 신앙으로 무장하여 순교마저 각오한 사람들이 거의 10대 청소년들이며 이들은 시한부 종말론에 빠진 나머지 부모의 설득에도 막무가내일 뿐 아니라 이들을 데려가기 위해 찾아온 부모들을 집단의 힘으로 방해하고 있다는 사실이다. 예수가 재림하지 않고 휴거도 없을 때 이들은 자신의 그릇된 믿음의 실상을 깨닫는 순간 너무 많은 것을 잃어버린 자신을 발견하게 될 것이다. 그리고 절망 끝에 극단적인 행동을 할지도 모른다. 어쩌면 시한부 종말론자들은 과거에도 그랬던 것처럼 사정이 있어서 날짜가 늦어졌다고 변명할지 모른다. 우리는 이런 그릇된 신앙 행태가 우리 사회를 파괴하지 못하도록 적절한 대책을 강구해야 할 것이다(조선일보, 1992년 7월 23일 사설).

제5부
신학, 역사를 만들다

제25장 영적 예배, 영적 삶

로마서 12장은 우리가 교회 안에서 신앙생활을 어떻게 해야 하는가를 잘 가르치고 있다. 1절은 우리의 몸가짐에 대해서, 2절은 마음가짐에 대해서, 3-8절은 받은 은사 사용에 대해서, 그리고 9-21절은 사랑에 대해서 당부하고 있다.

1. 너희 몸을 거룩한 산 제사로 드려라

바울은 우리의 몸을 하나님께 드리라고 말한다. 성도는 언제나 자신을 하나님께 드리는 생활을 해야 한다. 자신을 드림에 있어서 성경은 특히 두 가지를 강조한다.

하나는 하나님이 기뻐하시는 제물이 되어야 한다는 것이다. 우리는 제사를 드리면서 때로는 '하나님이 어떻게 생각하실 것인가' 보다 내가 기뻐할 수 있는 방향으로 생각하는 경우가 많다. 자기가 기쁘면 하나님도 무조건 기뻐하실 것으로 착각하는 사람들도 있다. 그러나 우리는 우리 자신의 육신의 기쁨보다 '하나님이 과연 기뻐하실까' 를 먼저 생각하는 사람이 되어야 한다. 다른 하나는 죽은 제사가 아닌 산제사를 드려야 한다는 것이다. 그리스도인은 신앙생활에서 영적으로 살아있는 모습을 드러내야 한다. 거룩함도 우리가 살아있음을 보여 주는 것이다. 현대 사람들에게서 거룩성이나 경건성이 사라져 가는 것은 그만큼 영적으로 건강하지 못하다는 것을 뜻한다. 거룩함과 경건함이란 우리의 생각과 행동에서 하나님이 드러나는 것을 뜻한다. 하나님이 우리 속에 살아 역사하고 계심을 다른 사람들에게 보여 주어야 한다. 이것이 참된 거룩이자 경건이며 산 모습이다.

바울은 이 두 가지 요소가 충족될 때 비로소 참다운 영적 예배가 될 수 있다고 말한다. 몸가짐과 영적인 문제는 서로 분리되어 있는 것이 아니라 깊은 관련 속에 있다. 우리는 흔히 영으로 예배를 드려야 한다고 하면서 영성이 문제라고 말한다. 진정한 영적인 예배는 우리의 실제 생활 속에서 거룩함이 나타나는 것이다. 즉, 주일에만 영적 예배를 드릴 것이 아니라 매일의 생활에서도 우리 몸을 산제사로 드려야 한다.

2. 마음으로는 하나님의 뜻을 분별하여 행동하라

성경은 "이 세대를 본받지 말고 오직 마음을 새롭게 함으로 변화를 받아 하나님의 선하시고 기뻐하고 온전하신 뜻이 무엇인지 분별하도록 하라"고 가르친다(롬 12:2). 이 세대의 흐름과 하나님의 뜻이 무엇인지 확실하게 분별하여 행동할 줄 알아야 한다는 것이다. 성경은 이 세대를 본받지 말라고 단호하게 명령하고 있다. 본받지 말라는 것은 우리로 하여금 더 이상 세상의 틀 속에 들어가지 말고 성경의 의식 구조, 곧 그리스도의 틀(mould)로 재편성하라는 것이다. 그리스도의 틀로 재편성되기 위해서는 우리의 근본이 변화되지 않으면 안 된다. 과거의 모든 것을 완전히 해체하고 온전히 새로워지지 않으면 안 된다. 성경은 "오직 마음을 새롭게 함으로"라고 말하고 있다. 부패한 마음을 그리스도의 힘을 얻어 새로운 마음, 주님과 일치하는 마음, 거듭난 마음으로 바꾸는 것이다.

그리스도의 틀로 변화된 사람은 삶을 대하는 태도가 달라진다. 하나님의 선하시고 기뻐하시고 온전하신 뜻이 무엇인가를 항상 생각하게 된다. 악한 생각 대신 선한 생각, 나의 기쁨보다 주님의 기쁨, 자기의 뜻보다 주님의 뜻이 무엇인지를 생각하며 살아간다. 이것이 바로 우리가 주님을 위해 살아가야 하는 삶의 방식이다. 나아가 주님을 위해 사는 사람들은 자신의 영혼뿐 아니라 이웃의 영혼을 구하는 일에 앞장선다.

3. 형제에 대해서는 지체 의식을 가지라

바울은 "마땅히 생각할 그 이상의 생각을 품지 말고 오직 하나님께서 각 사람에게 나눠주신 믿음의 분량대로 지혜롭게 생각하라"고 권면하였다(롬 12:3). 여기서 "그 이상의 생각을 품지 말고"란 교만하지 말고 겸손하라는 말씀이다. 그리고 "믿음의 분량대로"란 성도들 각자가 해야 할 일들을 감당할 수 있도록 하나님께서 주시는 능력을 모두 실천으로 옮겨야 할 것을 말한다. 바울은 무엇보다 하나님께서 각 사람에게 나누어주신 믿음의 분량(measure, portion of faith)이 다르다고 말한다. 분량이 다르다는 것은 어느 양적인 차이를 나타내는 것이 아니라, 각 사람에게 믿음을 나타낼 수 있는 것의 형태와 성질을 달리 하셨음을 의미한다. 따라서 다른 사람들의 신앙생활을 획일적인 기준으로 평가하고 판단한다. 그러나 성경은 이런 차별적 의식은 교회 안에 문제를 일으킬 뿐이라고 말한다. 성경은 이와 같은 미숙한 태도를 갖지 않기 위해서는 지체 의식과 은사에 대한 정확한 이해가 필요하다고 강조한다.

성경은 또한 "우리 많은 사람이 그리스도 안에서 한 몸이 되어 서로 지체가 되었느니라"고 선언하고 있다(롬 12:5). 우리 몸의 지체가 여러 가지이고 그 기능이 각자 다르듯이 교회 안에서 성도 한 사람 한 사람이 지체이며 그들이 하는 역할과 기능이 다르다는 것이다. 그러므로 팔이 눈에게 "왜 너는 나처럼 생기지 않고 나처럼 행동하지 않느냐?"고 말해서는 안 된다. 무엇보다 중요한 것은 각 지체의 기능을 존중하고 그 지체들이 각 영역에서 최고의 기능을 발휘할 수 있도록 서로 돌보아 주는 일이다. 성도는 그리스도 안에서 지체됨을 인식하고 서로 돌보아야 한다. 특히 연약한 지체를 돌볼 책임이 있다. 우리의 몸을 살펴보면 강한 지체들(가슴뼈)이 약한 지체들(심장이나 간 등)을 감싸고 보호하고 있음을 알 수 있다. 약하게 보이는 지체들이 그 기능을 제대로 발휘하려면 강한 지체의 보호가 필요하기 때문이다. 마찬가지로 그리스도인들도 각 은사에 맞게 그 은사가 필요한 사람들을 도와주어야 한다. 그리스도 안에서는 필요하지 않는 존재란 없다. 하나님께서는 모든 사람을 의미있는 존재로 창조하셨다. 우리는 흔히 맹장은 아무런 필요가 없는 장기라고 생각한다. 그러나 맹장은 우주에서 몸의 균형을 잡아주는 역할을 한다. 그래서 우주여행 때 맹장 수술을 한 사람은 제외된다. 우리는 그리스도 안에서 한 몸이라는 것을 잊지 말고 지체를 사랑하고 아끼는 생활을 해야 한다. 예수님은 이웃을 네 몸과 같이 사랑하라고 명령하셨다. 우리가 이웃을 자신의 몸만큼만 사랑한다면 이 세상에는 많은 변화들이 생길 것이다.

바울은 은사(달란트)라는 것을 가지고 이 지체 의식을 생활 속에서 실제로 나타낼 것을 말하고 있다. 성경은 하나님이 각자에게 주시는 은사는 각각 다르며 그 은사를 사용할 때는 믿음의 분수대로 할 것과 성실과 부지런함과 기쁨으로 할 것을 가르치고 있다(롬 12:6-8). 성경은 각자에게 주신 은사가 다르다고 말하고 있다. 주어진 은사가 다르기 때문에 받은 은사를 최대한 살려 주님의 영광을 드러내야 한다. 각 사람들은 그들이 주님으로부터 받은 은사가 무엇인가를 확인하고 그것을 최대한으로 발휘할 수 있도록 해야 한다.

은사를 나타냄에 있어서 주의해야 할 것은 다른 사람이 내가 가진 은사를 가지지 않았다고 해서 비판해서는 안 된다는 것이다. 자기의 기준으로 다른 사람의 신앙을 비판하는 것을 성경은 금하고 있다.

성도마다 갖고 있는 은사의 종류와 성격은 모두 다르다. 그러나 그 모두가 하나님을 영광을 위해 사용된다는 점에서는 공통된다. 주님으로부터 받은 은사가 봉사라면 그것을 열심히 봉사하는 데 사용해야 하고, 교사면 가르치는 일에 사용해야 한다. 자기가 받은 은사가 무엇인지를 깨달아 그 은사를 주님의 영광을 위해 적극적으로 활용하는 것이 무엇보다 중요하다. 은사에 대한 불필요한 욕심은 오히려 교회와 공동체를 혼란스럽게 할 뿐이다.

4. 서로 사랑하라

성경은 성도가 어떻게 사랑을 보여야 할 것인가에 대해 여러 가지로 말하고 있다.

성도가 보여야 할 사랑은 평화의 사랑이다. 성경은 할 수 있거든 모든 사람과 더불어 평화하라고 말한다(롬 12:18). 평화에는 히브리식 평화와 로마식 평화가 있다. 히브리식 평화(shalom)는 하나님 안에서 서로 감싸줌으로 참 평안을 심어 준다. 로마식 평화(pax)는 지배를 통한 평화이다. 성경이 말하는 평화는 지배를 통한 평화가 아니라 감싸 주는 평화이다. 그래서 성경은 핍박하는 자를 저주하지 말고 오히려 축복하라고 말한다(롬 12:14).

또한 선으로 악을 이기는 사랑이다. 성경은 원수에 대한 사랑을 통해 이를 더욱 강조한다. 그리스도인이라 할지라도 원수를 사랑하기는 어렵다. 개인이든 국가든 당대에 원수를 갚지 못하면 자기 후손이 갚아 줄 것을 기대하기도 한다. 그러나 성경은 하나님께서 모든 선과 악을 판단하여 갚으실 것이므로 우리로 하여금 원수 갚는 일에 세월을 허송하지 말라고 명령한다. 하나님은 원수 갚는 일은 내게 있으니 내가 갚으리라고 말씀하신다(롬 12:19). 나아가 "아무에게도 악을 악으로 갚지 말고 모든 사람 앞에서 선한 일을 도모하라"(롬 12:17), "네 원수가 주리거든 먹이고 목마르거든 마시우라 그리함으로 네가 숯불을 그 머리에 쌓아 놓으리라"(롬 12:20), "악에게 지지 말고 선으로 악을 이기라"(롬 12: 21)고 권하고 있다. 이것이 바로 선으로 악을 이기는 그리스도인의 사랑이다. 로마서 12장 9절은 우리가 사랑을 함에 있어서 악과 거짓이 있어서는 안 된다는 것을 가르치고 있다. "사랑에는 거짓이 없나니 악을 미워하고 선에 속하라"(롬 12:9). 원수를 사랑함에 있어서도 위선적으로 사랑을 해서는 안 된다는 것이다.

존경의 사랑이다. 로마서 12장 10절은 형제를 사랑하되 서로 우애하고 존경하기를 서로 먼저 하라고 말한다. 성경은 겸손한 삶을 강조하고 있다. "서로 마음을 같이하며 높은 데 마음을 두지 말고 도리어 낮은데 처하며 스스로 지혜 있는 체 말라"(롬 12:16), "모든 겸손과 온유로 하고 오래 참음으로 사랑 가운데 서로 용납하고"(엡 4:2), "아무 일에든지 다툼이나 허영으로 하지 말고 오직 겸손한 마음으로 각각 자기보다 남을 낮게 여기고"(빌 2:2)라고 말씀하심으로써 겸손할 것을 말하고 있다. 그리스도인 중에는 다른 사람이 자신을 알아주지 않는 것에 대해 섭섭함을 갖는 경우가 많다. 이러한 마음의 원인은 바로 교만이다. 교만한 생각이 들기 때문에 섭섭함이 생기는 것이다. 성도는 비록 말석에서라도 감사하다는 생각을 가지고 서로 겸손의 모범을 보여야 한다. 또한 서로 높아지려 할 때 주님은 낮아지게 되고, 우리가 낮아질 때 주님은 높아지게 된다는 것을 인식해야 한다.

마지막으로 봉사의 사랑이다. 봉사는 사랑의 또 다른 표현이다. 성도에게는 두 가지 봉사가 있다. 하나는 하나님에 대한 봉사요, 다른 하나는 이웃에 대한 봉사이다. 하나님에 대한 우리의 봉사는 "부지런하여 게으르지 말고 열심을 품고 주를 섬기"는 것(롬 12:11)과 "소망 중에 즐거워하며 환난 중에 참으며 기도에 항상 힘쓰"는 것(롬 12:12)이다. 그리고 이웃에 대한 봉사는 "성도들의 쓸 것을 공급하며 손 대접하기를 힘쓰는 것"(롬 12:13)에 있다.

주님께서 손수 제자의 발을 씻기신 것처럼 우리도 서로 발을 씻기는 사랑의 모습을 보여 주어야 한다. 먼저 믿은 성도일수록 고개를 숙이고 다른 사람의 발을 씻기는 자세를 가져야 한다. 높은 사람일수록 겸손해야 한다. 그 겸손은 마음과 행동으로 나타나야 한다. 그것이 바로 그리스도인의 사랑이다.

제26장 교회가 걸어온 길

1. 교회의 시작

예수님께서 부활하신 후 일곱째 주일은 오순절이었다. 제자들이 다락방에 모여 예수님이 약속하신 성령을 사모하며 기도할 때 마침내 성령이 제자들에게 임했고, 변화를 받은 제자들은 전도하기 시작했다. 로마 제국의 정치적 압박과 보수적이며 의식적인 유대교의 굴레에 얽매어 있던 수많은 민중들이 복음을 듣고 회개하는 마음으로 주님 앞에 나오기 시작했다. 그들이 함께 모여 기도하고 가르침을 받으면서 그리스도를 중심으로 한 교회가 이뤄지기 시작했다. 오순절을 계기로 일어난 그리스도 운동이 열두 제자에 의해 각 곳에 퍼지게 되었다. 사도들이 전하는 교훈은 유대교 사상과 모세의 율법에 어긋나지 않았기 때문에 사람들은 이들이 전하는 것을 유대교의 한 분파로 생각했다. 그러나 이들이 성전에 대한 비판을 가하자 박해가 시작되었다. 핍박을 받기 시작하면서 신자들이 각지로 흩어지게 되었다. 예루살렘을 비롯하여 에베소, 고린도, 안디옥 등 교회가 서고 각처에 집회소가 생기게 되었는데, 이것을 가리켜 초대 교회라 한다.

초대 교회에서 사도들은 가르치는 일을 전담하고, 장로는 교회의 질서를 유지하고 예배를 주관하는 일을 맡았으며, 집사는 가난한 사람을 구제하는 일을 맡았다. 성경을 읽고 이에 대해 간단한 해석을 한 다음 권고 혹은 간증을 하고, 만일 사도들에게서 온 편지가 있을 경우 회중 앞에서 읽어 주는 순서로 예배가 진행되었다.

2. 로마 교회

로마 교회는 원래 오순절 사건 때 예루살렘에 온 로마 사람들이 세운 교회이다. 이 교회는 로마 정부가 기독교를 국교화하면서 로마의 중심 교회로 자리를 잡게 되었다. 개신교는 종교 개혁을 통해 로마 교회에서 분리되었다.

개신교는 로마 교회를 그리스도 안의 한 형제로 보면서도 그 교회가 가지고 있는 믿음과 태도들 때문에 비판적이기도 하다. 개신교에 대한 로마 교회의 입장도 마찬가지다. 그러나 예수 그리스도를 구주로 고백한다는 점에서는 공통되고 있다.

다음은 개신교와 다른 로마 교회의 여러 특징들이다.

1) 마리아

로마 교회는 마리아는 예수를 잉태한 즉시부터 의와 거룩함을 얻어 죄가 전혀 없다고 믿는다. 이들은 '하느님을 흠숭(latria)하고, 마리아를 상경(hyperdulia)하며, 성인들을 공경(dulia)한다'고 말한다. 위나 아랫사람에 따라 예우가 차등이 있듯이 공경의 정도가 다르다는 것이다. 나아가 마리아를 은총의 중재자, 기도의 중재자, 구원의 어머니로 간주한다.

2) 교황권

그리스도는 보이지 않는 교회의 머리이며 교황은 보이는 교회의 머리로 본다. 천주교는 교황을 로마의 주교, 그리스도의 대리자, 베드로 사도의 계승자, 교회의 최고 통치자, 하나님의 종들 중의 종으로 간주하고 있다. 교황은 오류가 없다고 믿으며(교황무오설) 죄에 대한 형벌까지 면제해줄 수 있는 권리(면죄권)를 가지고 있다고 믿는다.

3) 사도계승권

베드로는 그리스도께서 승천하신 후 그의 대리자로서 교회를 다스렸으며 로마 교황은 이 대리권을 계승하고 있다. 로마 교회는 교황권의 근거를 마태복음 16장 15-19절에 두고 있다. 베드로가 "주는 그리스도시요 살아 계신 하나님의 아들이시니이다"라고 신앙 고백을 했을 때 주님께서 "너는 베드로라 내가 이 반석 위에 교회를 세우리니 음부의 권세가 이기지 못하리라 내가 천국열쇠를 네게 주리니 네가 땅에서 무엇이든지 매면 하늘에서도 매일 것이요 네가 땅에서 무엇이든지 풀면 하늘에서도 풀리리라"고 하셨다.

이에 대해 로마 교회에서는 다음과 같이 주장한다.

- 반석 위에 교회를 세운다고 했으니 이 반석은 베드로이다. 그러므로 그리스도는 자기의 교회를 베드로 위에 세우신 것이다.
- 그리스도께서 베드로에게 천국열쇠를 주셨다는 말은 그리스도를 대신하여 세상 교회를 다스릴 권한을 부여했다는 것이다. 그러므로 교황은 베드로의 후계자로서 절대권을 가지고 있고 그리스도의 지상 대리자이다.
- 베드로가 목회하다가 로마에서 순교했기 때문에 로마의 주교인 교

황이 베드로의 후계자가 된다.

개신교에서는 주님께서는 반석(페트라) 위에 교회를 세운다고 하셨지 베드로(페드로스) 위에 교회를 세운다고 하시지 않았으며 반석은 베드로를 가리킨 것이라기보다 베드로가 고백한 진리를 말한다고 주장한다.

4) 보편 교회

로마 교회는 민족과 국가를 초월한 세계 인류 전체를 위한 보편 교회이다. 카톨릭(catholic)이란 원래 공교회(보편 교회)를 뜻한다. 이것은 사도신경의 '거룩한 공회'(holy catholic church)에 바탕을 두고 있다. 로마 교회뿐 아니라 개신교도 이 고백을 함께 사용하고 있다.

5) 성경 외의 다른 권위들

로마 교회는 신구약 66권 외에도 외경 및 구전을 성경과 똑같이 믿고 있다. 구전은 기록되지 않고 말로 전해 오는 예수님의 말씀이다. 구전에는 사도들의 유전과, 로마 교회 회의의 결정과 교황의 선언 등이 포함된 교회의 유전 두 가지가 있다.

6) 화체설

화체설은 1215년의 라테란 회의와 1551년의 트렌트 회의에서 교리로서 채택된 것으로 신부가 성만찬의 떡과 포도주를 놓고 축사하는 동안 그것들이 실제로 예수 그리스도의 몸과 피로 변한다는 주장이다. 이 설의 근거로 마태복음 26장 26-28절, 누가복음 22장 19-20절, 그리고 요한복음 6장 47-51절을 들고 있다. 예수님께서 최후의 만찬석상에서 떡을 가리켜 "이것은 내 몸이다."라고 분명하게 말씀셨기 때문에, 떡과 포도주는 그 속성들이 그대로 남아있기는 하지만 그 본질은 예수님의 살과 피로 변한다는 것이다.

따라서 로마 교회는 성만찬 때 사용된 떡을 예수 그리스도의 몸, 곧 성체라 믿고 그것이 신부의 손에 들려질 때 "내 주시여, 내 천주시로소이다." 하고 경배한다. 나아가 그들은 거기에 절하며(성체조배), 복을 빈다(성체강복). 이와 관련하여 루터는 공재설을, 쯔빙글리는 기념설을, 칼빈은 영적 임재 및 기념설을 주장하였다.

7) 교황의 면죄권

교황의 면죄권은 하나님을 대신해 사람의 죄를 용서할 뿐 아니라 모든 죄의 형벌을 면제해 준다. 죄는 크게 아담으로부터 유전되는 원죄와 자기가 범하는 자범죄로 구분된다. 자범죄는 구원을 잃어버리게 하는 대죄와 영혼을 아프게 하는 소죄로 나뉜다. 소죄가 반복되면 대죄가 된다. 죄와 벌은 별개 문제로 고해성사를 통해 죄는 용서받아도 그 죄에 대한 형벌은 받아야 한다. 대죄를 지으면 지옥에 떨어지는 형벌을 받게 되고, 소죄를 지으면 이 세상과 연옥에서 형벌을 받게 되는데 이것이 바로 잠벌이다. 대죄를 지어 영벌을 받게 된 사람은 고해성사를 통해 죄를 용서받고 영벌이 면제되지만 소죄로 인한 잠벌은 고해성사로 면제될 수도 있고 안 될 수도 있다. 연옥에서 소죄로 인한 잠벌을 당치 않기 위해서는 살아 있을 때 금식, 자학, 성지순례, 선행, 기도 등으로 보상을 해야 한다. 이것을 가리켜 보속이라 한다. 무엇으로 보속해야 할지는 고해성사 때 신부가 가르쳐 준다.

교황의 면죄는 잠벌, 곧 죄로 인해 이 세상에서나 연옥에서 받아야 할 형벌을 사면해 주는 것을 말한다. 이것을 대사라 한다. 대사에는 전대사와 한대사가 있다. 전대사란 보속 또는 잠벌을 전부 없애 주는 것이고,

한대사는 일부만 없애 주는 것이다. 한대사로 40일, 1년, 또는 수년간의 형벌을 면제받게 된다.

로마 교회는 면죄의 성경적 근거를 주님이 베드로에게 "네가 세상에서 무엇이든지 풀면 하늘에서도 풀리라"라는 마태복음 16장 19절에 두고 있다. "무엇이든지"라고 했으므로 영벌이든 잠벌이든 무슨 죄든 사해 줄 수 있다는 것이다. 하늘에는 그리스도와 성인의 공로가 가득 차 있고 하나님은 면죄의 보물 창고의 열쇠를 교황에게 위임하여 나눠 주도록 했기 때문에 교황이 신자들에게 그 공로 일부를 나눠 주어 벌을 사하거나 벌의 양을 경감할 수 있다고 말한다. 개신교에서는 우리의 죄를 용서하실 수 있는 분은 하나님뿐이라고 믿는다. 교황의 면죄권은 믿음으로 의롭게 됨(롬 5:20, 28)과 하나님께 자백하기만 하면 하나님은 죄를 용서하시고 모든 죄에서 깨끗이 해주신다는 말씀(요일 1:9)에 어긋난다고 주장한다.

8) 연옥설

로마 교회는 천국과 지옥 외에 연옥(purgatory)을 두고 있다. 사람이 죽은 다음에 죄의 그림자도 없는 깨끗한 영혼은 천국으로 가고, 대죄 중에서 하나님과 영영 등을 진 사람들은 지옥으로 간다. 소죄나 죄에 대한 적당한 보속을 완료하지 않은 영혼들은 연옥에서 그 나머지를 보속해야 한다. 연옥에서 죄를 충분히 속량 받거나 합당한 형벌을 충분히 받기까지 불 가운데서 고통을 받게 된다. 그러나 그 고통의 기간은 살아있는 사람들이 그들을 대신해서 드리는 미사와 기도와 헌금과 그 밖에 경건한 행위로 단축될 수 있다. 면죄부가 이것을 대신하기도 했다. 면죄부란 돈으로 보속을 대신하도록 한 것으로 이것을 사는 순간 연옥에 간 친척이나 친구의 형벌이 경감되거나 제거될 수 있다고 본 것이다.

로마 교회는 연옥의 근거를 유전(구전)에서 찾고 있으며 그 밖에 마카

비하서 12장 43-45절 등에 두고 있다. 연옥설은 무엇보다 죽은 후에도 다른 사람의 공덕이나 교황의 면죄권, 그리고 면죄부 등으로 구원 얻을 기회가 주어짐으로써 사후 기회를 제공한다. 개신교에서는 연옥설을 거부한다.

9) 성인

'성인' 칭호는 교황이 주는 것이다. 교인 중 덕이 높은 사람 가운데서 그가 죽은 후에 그와 관련하여 기적을 나타내는데 그를 통해서 기적이나 은혜를 받은 사람이 많으면 그를 복자로 선언하고, 그 후에도 기적이 두 번 이상 있을 경우 시성식을 통해 그를 성인으로 선언한다.

3. 장로 교회

장로교의 기원은 두 가지로 생각할 수 있다. 하나는 초대 교회 시대에 장로를 두어 교회를 치리하게 하던 것이고, 다른 하나는 16세기 종교개혁 시대에 칼빈에 의해 설립된 것이다. 오늘날 장로 교회라 하면 주로 칼빈주의에 입각한 교회를 뜻한다. 교회에 장로를 둔 것은 말씀을 바로 세우고 교회를 민주적으로 운영하기 위해 세운 제도이다. 당시 로마 교회의 형식주의에 염증을 느낀 칼빈은 종교의 자유를 위해 제네바로 망명했다. 그에게는 로마 교회뿐 아니라 루터의 신교 사상에도 수긍되지 않은 점이 있었다. 따라서 그는 신구 양파를 비판하며 자신의 신학 체계를 구축해 나갔다.

1643년에 앵글리칸 공동기도서를 의무적으로 사용해야 한다는 데 대한 분쟁을 해결하기 위해 웨스트민스터 회의가 열렸다. 여기서 대교리문답과 소교리문답, 공중 예배에 관한 규범, 정치의 형식과 그 밖에 웨스트민스터신앙고백을 정했고, 많은 교리가 확정되었다.

칼빈주의는 수많은 많은 교리를 가지고 있다. 이 가운데 대표적인 다섯 가지를 택하면 다음과 같다. 영어의 첫 자를 따서 'TULIP'이라 부르기도 한다(Palmer, 1982).

- 인간의 전적 타락(total depravity): 인간은 아주 타락되어 스스로는 도저히 자기를 구원할 수 없다. 하나님의 은혜로 구원을 받는다.
- 하나님의 무조건적 선택(unconditional election): 각 사람의 구원은 그리스도 안에서 하나님의 절대적 주권으로 이루어진다.
- 제한된 속죄(limited atonement): 하나님은 그의 뜻에 따라 구원받을 자를 예정하셨다.
- 불가항력적 은혜(irresistible grace): 구원은 인간으로서 감당할 수 없는 하나님의 거룩한 은혜이다.
- 성도의 견인(perseverance of the saints): 그리스도인은 계속해서 예수를 구주로 믿어야 한다. 그러면 주님은 언제나 우리의 구주가 되시고 성도에 대한 하나님의 보호는 확실하다.

이것은 하나님께서 세상의 만사를 주관하시고, 사람은 오로지 하나님의 통치를 받으며, 아주 타락하여 스스로는 도저히 구원받을 수 없었으나 하나님의 은혜로 구원을 받게 되었다는 것이다. 칼빈주의는 기본적으로 성경이 모든 것이요(Scriptura tota), 오직 성경(Scriptura sola)이라는 생각을 가지고 있다. 즉, 칼빈주의는 모든 성경과 오직 성경만을 나타내려고 노력한다. 따라서 칼빈주의를 5대 교리로 한정시키는 것은 잘못이다.

5대 교리 이외의 주장을 살펴보면 다음과 같다.

- 성례관: 영적 임재설을 믿는다.
- 윤리관: 교리를 생활화한다.
- 교회와 국가: 교회와 국가는 분리한다.
- 교회관: 교회를 떠나서는 구원이 없다.

  칼빈주의자들은 예정론을 믿는다. 예정은 하나님의 영원한 결정으로 하나님은 모든 개개인의 장래를 정해 놓으셨다는 것이다. 하나님은 어떤 이는 영원한 생명에, 또 어떤 이는 영원한 멸망에 이르도록 창조되어 있다. 이것은 예수님을 진정 구주로 영접하고 그분의 뜻대로 사는가에 달려있다. 유형 교회 안에도 거짓 교인이 포함될 수 있기 때문이다. 칼빈의 신학 체계 위해 프랑스에서는 유그노파가, 화란에서는 개혁 교회가, 영국에서는 장로파가, 스코틀랜드에서는 요한 낙스를 중심으로 장로 교회가 생기게 되었다.

  웨스트민스터 회의 후 영국에서는 공화 정치가 와해되고 군주 정치가 복귀되는 가운데 신교파에 대한 핍박이 있게 되자 장로파 교인들은 청교도들과 함께 미국으로 피신하게 되었다. 1611년 알렉산더 휘데이커 목사는 버지니아에 미국에서 최초로 장로 교회를 설립했고, 1683년 프랜시스 마케미 목사가 메릴랜드 주에 교회를 세웠다. 1706년에 필라델피아에서 장로교회연합 형식의 회의가 열려 공식적으로 장로회가 조직되었다. 1729년 총회에서 웨스트민스터신앙고백과 대소교리문답을 공식적으로 채용했다.

  장로 교회가 한국에 소개된 것은 1885년 북장로교 선교사 언더우드 목사가 한국에 온 것에서 비롯된다. 그 후 남장로 교회, 호주 장로 교회에서 선교사를 파송했다.

4. 감리 교회

감리 교회(methodist church)는 요한 웨슬리와 그의 형제 찰스 웨슬리에서 비롯되었다. 성공회 목사의 아들로 태어난 요한은 옥스포드에서 공부하면서 동생 찰스와 함께 종교 모임을 만들어 영성을 키워 나갔다. 이 클럽은 엄격한 경건을 실천하였기 때문에 다른 학생들로부터 거룩한 클럽, 성경벌레들, 감리주의자(방법주의자)라는 별칭을 얻었다. 감리 교회라는 명칭은 이것에서 비롯되었다. 본격적인 선교를 시작한 요한은 사역의 초기에 고전을 면치 못하다가 1738년 5월 24일 요한 웨슬리의 회심이라는 사건을 통해 변화하게 되었다. 그리고 찰스는 같은 해 5월 21일 중병을 통해 회심을 하게 되었다. 회심을 경험한 웨슬리 형제는 많은 일을 감당하였다. 하지만 아직 감리교가 정식 교파로 분리되지 않은 상태에서 성공회와의 마찰은 피할 수 없었다. 요한은 성공회 안에서의 회복을 위해 감리교로 분리해 나가고자 하는 사람들을 비난하기도 했지만 공존은 이미 불가능했다. 1791년 요한이 세상을 떠나자 감리교는 독립 교단으로 분리되었다.

감리교의 특징은 체계적인 조직에 있다. 속장을 리더로 12명이 모여 '속'을 이루고 이 속들은 다시 모여 '회'가 된다. 또 여러 회들이 모여 '구역'을 이룬다. 이 구역의 책임자가 감리사이다. 이들 모임을 통합하는 정기적인 모임인 '연회'가 있고, 연회가 감리사를 임명하고 재산을 관리케 한다.

- 무차별적 하나님의 은혜: 하나님은 모든 사람을 구원하시기 원하시고 아무도 멸망시키시기를 원치 않으신다. (예정론 거부)
- 개인 책임: 하나님은 은혜를 값없이 모든 사람에게 공평하게 주신

다. 억지로 주시려 하지도 않는다. 그 은혜를 받느냐 안 받느냐 하는 것은 각 사람의 태도에 달렸다. 하나님은 모두 그리고 누구나 와서 구원받기를 원하고 기다리고 계신다. 따라서 사람이 죄를 짓고 지옥으로 가게 되는 것은 각 사람의 책임이다.

• 도덕적 생활 요구: 하나님은 그리스도인의 완전을 위하여 도덕적 생활을 요구하신다. (예정론 반대 이유 가운데 하나이다)

• 구원의 자기 확증: 자기의 구원받음에 대하여 성령의 확증을 요구하며 확실한 증거를 얻을 수 있다.

• 완전 타락 불신: 원죄는 믿지만 인간의 완전 타락은 믿지 않는다. 누구나 그리스도만 믿으면 구원을 얻을 수 있다.

• 계속적인 성화 노력: 믿음으로 의롭다 하심을 경험한 자도 온전히 거룩하게 되기 위해서는 끊임없이 노력해야 한다.

감리교와 다른 교파간의 두드러지는 교리적 차이는 예정론에 있다. 웨슬리는 칼빈주의적 예정론으로는 도덕이 마비된다고 보았다. 모든 개개인에 생명 또는 멸망 두 가지 운명 가운데 어느 하나로 창조되었다고 보는 칼빈주의의 예정 교리에 따를 경우 도덕에 대한 필요성이 사라지게 된다는 것이다. 칼빈주의 입장에서 볼 때 인간 행위와 의지는 구원과는 아무 상관이 없고 오직 하나님의 선택만이 영향을 끼치게 된다. 이에 반해 웨슬리는 인간의 선택권, 곧 인간의 의지를 인정하고 있다. 예정론을 놓고 웨슬리와 칼빈이 서로 입장을 달리하고 있지만 다른 교리들에서는 서로 같은 의견을 가지고 있는 것도 많아 양자를 대립시킬 필요는 없다.

5. 순복음 교회

순복음(full gospel)은 '충만한 복음'이라는 뜻으로 오순절 성령 충만의 복음을 내용으로 한다. 어의상으로는 만복음이나 전복음에 가깝지만 처음부터 순복음으로 불리워 그대로 사용되고 있다. 근세사적으로 볼 때 순복음은 20세기 성결 운동 당시 웨슬리 교리의 오순절적 개혁과 중생, 성결, 신유, 재림 등 네 가지 주제의 순복음에 대한 관심에서 비롯된 것이다.

한국의 순복음 교회는 1928년 3월 미국인 럼시(M. C. Rumsey) 선교사가 내한하여 선교하던 중 박성산, 허홍, 배부근 목사와 함께 1933년 조선오순절교회를 세운 것으로 시작된다. 일본의 신사참배를 반대한 이유로 선교사들이 강제 출국 당하자 교회는 문을 닫고 성도들은 흩어지게 되었다. 해방 후 전남 목포 지방에서 오순절 교회 재건 운동이 활발하게 이루어졌으나 6·25사변 이후 전국에 8개 교회만 남았다. 1953년 미국 하나님의 성회 소속 선교사인 오스굿 목사와 체스넛(A. B. Chestnut) 목사가 입국해 허홍, 박성산, 배부근 등 오순절 교회의 지도자와 만나 기독교 대한 하나님의 성회를 창립하였다. 그리고 오순절 신학 교육을 위해 순복음 신학교가 설립되었다. 이 신학교를 졸업한 조용기 목사에 의해 여의도 순복음교회가 설립되었다.

순복음 교회는 오중복음과 삼중축복을 교리로 삼고 있다. 중생, 성령 충만, 신유, 형통, 재림의 오중 복음과 삼중 구원(축복)을 교리화한 것이다(박정렬, 475). 오중복음이란 성경을 기반으로 예수님을 믿으면 구원을 얻고 성령을 받으며 하나님이 주시는 평화, 새 생명의 기쁨을 누리며 천국과 재림의 소망으로 가득 차게 된다는 사도적 케리그마를 중심으로 복음의 핵심적 내용 5가지를 집약, 요약한 것이다. 그리고 삼중 축복은 예수님께서 인간을 구원하실 때 단지 영혼만을 구원하는 것이 아니라 그의 삶 전체와 육체까지 구원하신다는 것을 믿고 오중복음이 실제 삶 가운데 적용되는 원리를 요약한 것이다. 이를 삼중 구원이라고도 한다.

6. 침례 교회

침례 교회(Baptist church)는 영국 국교도들의 박해 때문에 네덜란드로 망명해 온 청교도들이 1608년 스미스(J. Smith) 목사 아래 침례 교회를 설립했다. 메노나이트파와의 합동을 반대한 헬위스(T. Helwys)가 영국으로 돌아가 침례 교회를 세웠으며, 미국에서는 윌리엄(R. William)과 클레이크(J. Clake)가 1639년 같은 해에 따로 침례 교회를 세웠다.

침례 교회는 개인의 자유와 신앙의 자유를 원칙으로 삼고 있다.

- 각자 양심에 따른 성경 해석: 누구나 각자의 양심에 따라 그리고 각자 최선의 판단 아래 성경을 해석한다. 과학과 교육에 의해 새로운 해석이 생길 때는 그에 따라 신앙을 수정할 수도 있다.
- 성경 권위: 성경만을 유일한 권위로 삼는다.
- 전신 침례: 신자에게만 세례를 베풀어야 하며 그 방법은 전신 침례뿐이다.
- 유아 세례 거부: 유아 세례는 비성경적이므로 실시해서는 안 된다.
- 신앙의 자유: 모든 신앙 문제에 있어서 종교적 자유가 있어야 한다.
- 개교회 독립: 각 교회는 독립해야 한다.
- 교회와 국가: 교회와 국가는 완전히 분리해야 한다.

7. 성결교

성결교는 일본인 나가다 시게하루(中田重活)가 무디성경학원에서 유학하고 있는 동안 어느 집회에서 특별히 영감을 받은 뒤 일본으로 귀국하여 열심히 전도한 데서 비롯된다. 그의 친구 카우만 등이 일본에 합류했다. 1901년 중앙복음전도관을 세우고 순수한 복음을 동양 각 국에 전하기 위한 운동을 전개했다.

1907년 서울에 동양선교회 복음전도관이 세워졌고, 해방 후 성결 교회로 이름을 바꾸었다. 다음은 성결교의 주요 교리이다.

- 성경을 교전으로 하되 특히 중생, 성결, 재림, 신유를 성경 해설의 요제로 한다.
- 교파주의에 편립하지 않고 그리스도를 중심으로 하는 교회를 설립한다.
- 사도신경을 신앙의 근간으로 하고 성경을 진리의 대해로 하여 영적 발전을 도모한다.
- 경건한 지와 성결한 정과 견실한 의지에 기초하여 신앙을 계발적으로 지도한다.
- 선교에 주력하고 실생활로서 모범을 보인다.

도움말
Consult a document

〈하나님인가 하느님인가〉

개신교와 천주교가 합작으로 만든 『공동번역성경』은 '하나님'을 '하느님'으로 번역했다. 두 단어 모두 신을 토착화시켜 만들어낸 말이기는 하지만 뜻은 다르다. 일반적으로 개신교에서 강조하는 하나님은 오직 한 분뿐이신 '여호와 하나님'을 의미하고, 로마 교회에서 강조하는 하느님은 '하늘님(천주님)'을 뜻한다.

제27장 보수주의 신학과 자유주의 신학

1. 보수주의

보수주의(orthodox)는 신본주의이며 말씀이 곧 하나님 자신임을 믿는
다. 보수주의는 우파와 좌파, 그리고 중립으로 나뉜다. 우파에는 신근본
주의와 세대주의가 있고, 좌파에는 신복음주의와 신비주의가 있으며, 중
립에는 보수적 개혁주의가 있다.

1) 근본주의와 신근본주의

근본주의(fundamentalism)는 1910-1912년에 현대주의 신학에 대항
하기 위한 하나의 저항 운동에서 유래되었다. 근본주의라는 명칭은 1919
년 5월 '필라델피아세계대회'에서 9개의 근본 원리를 채택한 데서 비롯
되었다. 9개의 근본 원리는 다음과 같다.

(1) 성경의 축자적 영감론과 무오류성
(2) 삼위일체 교리
(3) 그리스도의 신성과 동정녀 탄생
(4) 인간의 창조와 타락
(5) 대속적 속죄

(6) 그리스도의 육체 부활과 승천

(7) 신자의 중생

(8) 그리스도의 임박한 재림

(9) 부활과 마지막 심판

워필드(B. Warfield), 메이첸(J. G. Machen), 오르(J. Orr), 파커(J. Parker), 뮬(H. Moule), 몰갠(G. Morgan) 등이 사상적 지도자이다. 신근본주의는 1930년대 이후 신근본주의에서 발생했다. 그 대표로는 맥킨타이어(K. McIntyre)이다. 그는 반문화적이고 반지성적인 태도, 분파적 완전론, 세대주의적 종말론 등을 제창하면서 폐쇄적이고 분리적 입장을 취했다.

이에 반대한 근본주의자들은 다른 명칭을 사용하기 시작했다. 아시아의 보수주의(conservatism), 유럽의 에반젤리칼리즘(evangelicalism)은 그 보기이다. 신근본주의에 반항해 신복음주의가 출현하기도 했다.

2) 세대주의

세대주의(dispensationalism)는 19세기 영국과 화란에서 일어난 성경 해석 운동이다. 창시자는 다아비이며, 넬슨(J. Nelson)이 조직화했다. 이름에서 사용되는 세대라는 말은 'oikonomia'를 번역한 것으로 하나님은 세대에 따라 구원과 은혜의 방편을 달리했다고 본다. 스코필드는 8세대로 분류했으나 대부분 다음과 같이 7세대로 분류한다.

(1) 무죄의 세대: 선악과를 따먹지 않아 구원을 받음

(2) 양심의 세대: 선행에 의해 구원받음

(3) 인간 행정의 세대: 하나님을 대신한 정치를 통해 구원받음

(4) 약속의 세대: 하나님이 주신 땅에 머물므로 구원받음

(5) 율법의 세대: 시내산에서 갈보리까지의 세대로 율법을 행함으로 구원받음

(6) 은혜의 세대: 오순절에서 재림까지의 세대로 믿음으로 구원받음

(7) 천년왕국의 세대: 아들에게 순종하고 경배함으로 구원받음

세대주의는 다음과 같은 문제로 비판을 받고 있다.

- 성경의 세대를 일곱으로 나누고 그때마다 구원의 방법을 달리한다고 주장함으로써 성경의 통일성을 무시했다(엡 2:8).
- 하나님의 나라를 순전히 미래적인 것으로 강조했다. 그리스도의 초림과 함께 지금도 그를 영접하는 자마다 임하는 영적인 면을 무시했다(마 12:28).
- 문자적 해석만 강조해 성경의 영적 해석을 망각했다. 보기를 들어 아모스 9장 12절은 사도행전 15장 15-20절에서 영적으로 해석되고 있다.
- 세대주의의 윤리관은 문제가 있다. 보기를 들어 십계명은 율법 세대에 주어진 것이므로 은혜 시대에 사는 우리와 상관없다고 말하거나 산상수훈은 종말론적 메시아 왕국 윤리이므로 우리와 상관없다고 말하는 것은 바르지 못하다.

3) 개혁주의

- 성경(하나님)의 계시를 신앙의 유일한 표준으로 삼는다. 이것은 기준이 개인의 주관이 아님을 의미한다.
- 신앙생활의 목적을 하나님의 영광에 둔다. 이것은 우리의 신앙생활

이 한갖 도덕주의가 아님을 의미한다.

- 하나님의 권위를 강조한다. 이것은 우리가 하나님의 뜻에 복종하며 산다는 것을 의미한다.
- 과거의 십자가 사건과 현재의 임재 사상을 동시에 중시한다.
- 개인적 구원을 확신한다. 구원은 어디까지나 개인적이다.
- 전인격적 구원을 통해 하나님 나라를 건설한다. 하나님 나라와 상관된 집단성을 강조한다.
- 하나님의 주권뿐 아니라 인간의 책임을 동시에 중시한다.

개혁주의는 지정의를 통한 전인격적 반응을 요청한다. 정에 치우치면 신비주의로 나아가고, 지에 치우치면 회의주의로 나아가며, 의에 치우치면 도덕주의로 전락되기 쉽다. 따라서 성경적 균형성이 필요하다.

4) 보수적 개혁주의

- 개혁주의 안에도 자유주의적 성향이 포함되어 있다고 믿고, 보다 보수적 성향을 강조한다.
- 하나님의 절대주권주의에 선다. 삶의 중심을 오직 하나님의 영광에 둔다. 하나님으로부터 시작해서 하나님으로 끝난다.
- 성경주의에 선다. 인간의 지혜나 경험보다 하나님의 말씀에 무조건 순종한다.

5) 신복음주의

신복음주의(neo-evangelicalism)는 1940년대 이후 복음주의 사이에서 일어난 하나의 운동이다. 1948년 풀러(Fuller) 신학교의 설립, 빌리 그래햄의 초교파적 복음 전도, *Christianity Today*, *Eternity* 등의 잡지 발간 모두 이 운동과 연관된다.

신복음주의는 자유주의와 신학적 대화를 모색하고, 성경적 보편 교회론(ecumenicity)를 지지하며, 협동이라는 이름 아래 자유주의와 서슴없이 함께 하는 특징을 가지고 있었다. 신복음주의는 현대 과학과의 관계를 강조한 나머지 성경의 무오류성을 포기하고, 포괄주의로 교회의 순수성을 상실할 위험성을 안고 있다.

6) 신비주의

신비주의(mysticism)는 신플라톤 철학에 바탕을 두고 있으며 독일 신학에 적지 않은 영향을 주었다. 이 신학에서 이원론적 혼합주의인 영지주의(gnosticism) 성향이 나타난 것은 그 보기이다. 또한 몬타니즘적 성령 운동의 성향을 띠어 지혜와 표적을 구하기도 했다. 이 사상은 보수주의 교회와 신흥 종교에 영향을 주었다.

신비주의는 결국 인간의 경험과 감정에 근거한 신학으로 성경에 근거를 두지 않음으로 인해 인본주의를 탄생시킨 결과를 초래했다.

2. 자유주의

자유주의(liberalism)는 신학적으로 인본주의이다. 자유주의에도 구자유주의와 신자유주의로 나뉜다. 구자유주의는 칸트의 관념론에 근거한 합리주의 신학을 발전시켰다. 쉴라이에르마커가 이에 속한다. 신자유(정통)주의는 케에르케고르의 실존주의에 바탕을 둔 비합리주의적 신학을 발전시켰다. 칼 바르트가 이에 속한다.

자유주의는 지성, 감성, 의지를 강조한다. 지성은 합리주의와 관념을, 감정은 신비주의를, 의지는 기독교를 사랑과 정의의 윤리로 간주한다.

자유주의의 전제는 신성불가침한 것은 없다는 것이다.

카우텐(K. Cauthen)은 자유주의의 3대 원리를 다음과 같이 제시했다.

- 계속성(continuity)의 원리: 자연과 초자연의 구별을 없애고 신과 인
  간, 계시와 이성 사이의 연속성을 강조한다.
- 자율(autonomy)의 원리: 인간을 척도로 삼는다. 인간의 이성과 종
  교적 체험을 표준으로 한다.
- 동태성(dynamism)의 원리: 모든 우주 현상은 자연력의 작용에 기
  인한다. 세상과 인간은 되어져 가는 과정에 있을 뿐이다. 절대무오
  의 진리란 없고 상대적 진리만 있을 뿐이다.

교조적(신조적) 루터파 정통 교회에 대한 반동으로 태어난 경건주의는
종교적 감정과 경험을 강조하고 신조보다 생활을 강조함으로써 자유주
의 신학을 태동시키는 데 도움을 주었다. 자유주의 신학이 주관적이고
경험적이며 윤리적인 성격을 지니게 된 것은 경건주의 영향이다.

다음은 경건주의의 주장들이다.

- 현세를 외면하고 내세를 강조한다. 따라서 현세 도피의 영혼 구원관
  을 가지고 있다.
- 십자가 사건을 과거의 사건으로 인식한다.
- 신앙의 감정을 중시한다.
- 영혼 구원을 믿는다.
- 주관주의에 선다. 계시의 객관적 권위를 무시한다.
- 도덕주의에 선다. 교리보다 생활을 강조한다.

다음은 자유주의의 몇 가지 주장들이다.

- 인간의 자율적 사색을 계시보다 중시하는 인본주의 운동이다. 신앙보다 이성을 강조한다. 신앙의 지적인 면을 중시하며, 계시의 객관적 권위를 무시한다. 따라서 주관주의에 선다.
- 교리보다 생활을 강조한다. 따라서 도덕주의에 선다.
- 내세보다 현세를 강조한다.
- 하나님의 현재적 임재(Missio Dei)를 강조한다.
- 사회 구원을 강조한다. 세속적 사회 구원론으로 간주된다.

3. 보수주의와 자유주의의 차이

1) 신학 방법의 차이

보수주의는 연역법을 택한다. 성경의 원리를 통해 현실 문제를 바라본다. 이 방법은 성경에서 출발하므로 그릇될 가능성이 없다는 장점이 있다. 그러나 현실 분석이 약하다는 단점이 있다. 자유주의는 귀납법을 택한다. 현실 문제가 먼저이고 성경은 나중이다. 피임이나 낙태 등 현실 문제를 먼저 보고 그것을 합리화할 근거(proof text)로 성경 원리를 찾는다. 성경은 합리화의 도구에 불과하다. 현실 문제에 강하다는 장점이 있으나 성경 원리와는 거리가 멀다는 단점이 있다. 기독교 용어만 빌어 세상 철학을 합리화했다는 비판을 받고 있다.

기독교인은 현실 문제에 관심을 가지고 그 해결을 위해 노력하되 분석과 적용 모두에서 성경의 원리를 바탕으로 해야 한다.

자유주의 신학자와 그들의 주장

신학자	주장
칼 바르트(K. Barth)	신정통주의에 속한다.
	역사적 예수 연구와 신약분석 결과에 도전
	자연과 은혜를 조화시키는 인본주의 반대
	인간의 전적 타락 주장
	변증법 사용
	저서: 『로마서주석』, 『나인』(Nein)
브룬너(E. Brunner)	성경과 하나님의 말씀 동일시는 제2계명을 어기는 것
	하나님은 자연을 통해서도 말씀하신다
	저서: 『자연과 은혜』
니버(R. Niebuhr)	도덕적 이상주의의 부적합성 지적
	기독교인의 적극적 사회참여 역설
	인간 이성이 사회에서 도덕적 승리를 가져올 것 믿어
	인간의 전적 타락성 등한시
	저서: 『인간의 성격과 운명』
틸리히(P. Tillich)	철학적 신학, 문화신학(신학을 다른 학문과 폭넓게 연결)
	실존주의 철학에 따른 존재론적 이해
	저서 『조식신학』
불트만(R. Bultmann)	비신화화(demythologizing)
	양식비판(form criticism)을 신약학에 도입

급진 신학

신학자	사상과 저서
본회퍼(D. Bonhoeffer)	종교성 없는 기독교
	이웃을 위한 사람
	세속화 신학의 사상적 기초 제공
	저서: 『윤리학』, 『감옥서신』
로빈슨(J. Robinson)	교회와 세상 사이의 장벽제거 주장
	이웃을 위한 삶이 신의 존재에 참여하는 것
	새 기독교의 모토:

콕스(H. Cox)	"하나님을 사랑하고 네가 원하는 것을 하는 것"
	저서: 『신에게 솔직히』
	세속화는 복음의 열매
	세속화는 사회를 교회와 폐쇄적 형이상학적 제도에서
	구원해주는 역사적 과정
	저서: 『세속도시』
플레처(J. Fletcher)	상황윤리
	계명에 의한 도덕률 부인, 그때 그때의 상황 강조
	목적만이 수단을 정당화한다
	아가페의 사랑을 에로스의 사랑으로 타락시켜
	저서: 『상황윤리』
밴뷰렌(P. van Buren)	언어분석적 사신론
	하나님(God)이란 단어의 무의미성 주장
	저서: 『복음의 세속적 의미』
알티저(T. Altizer)와	신의 죽음은 역사적 사건
해밀턴(W. Hamilton)	신의 존재를 믿는 것은 무의미하고 불가능
	저서: 급진신학과 신의 죽음
쇼올(M. Shaull)	사회의 혁명에 교회가 참여해야
	인간화 운동
몰트만(J. Moltmann)	마르크스주의 철학에 근거, 사회 참여 주장
	저서: 『희망의 신학』

2) 성경관의 차이

보수주의는 '성경(Bible)은 하나님의 말씀(Word of God)이다(B=W)' 라는 전통적 견해를 가지고 있다. 하나님의 말씀은 인격화된 말씀(logos) 이고, 기록되어진 하나님의 말씀(Bible)이며, 설교(kerygma)이다. 계시 의 객관성을 강조한다. 보수주의는 객관성을 강조함으로 인해 주관성을 등한시하고, 하나님보다 성경 그 자체를 우상화시킬 우려가 있다.

자유주의는 구자유주의와 신자유주의 견해로 양분되지만 결론적으로 성경을 하나님의 말씀이 아닌 것으로 본다(B≠W). 구자유주의는 성경은 하나님의 말씀을 포함한다고 말한다(B〉W). 이것은 성경에 하나님의 말씀이 아닌 다른 것이 포함되어 있다는 말이다. 그들은 성경의 케리그마만 인정한다. 따라서 그들에게는 성경이 표준이 아니라 인간의 이성이 마지막 표준이 된다. 신자유주의에 따르면 성경은 하나님의 말씀이 된다(B → W). 성경을 읽을 때 말씀에 감화를 받을 때 그 말씀은 하나님의 말씀이 되지만 감화를 받지 않으면 그 성경의 말씀은 하나님의 말씀이 되지 않는다. 즉, 주관적으로 작용하는 그것을 말씀으로 본다. 이것은 '주관이 진리이다'는 키에르케고르의 사상에 기반을 두고 있다. 성경 계시의 객관성을 무시하고 주관성(subjectivity)만 강조한다.

4. 최근 신학

1) 과정 신학

과정 신학은 기독교 신앙과 현대 과학 사상을 중재하고 종합하려고 한다. 진화, 상대성, 유기체, 창조성 등 자연과학적 개념들을 신학에 도입하여 기독교 신앙을 현대 지성인이 수용할 수 있는 방식으로 재해석한 것이다. 전통 신학은 존재와 절대성을 근본적인 것으로 간주하는 플라톤이나 아리스토텔레스의 철학을 사상적 기반으로 하고 있다. 이에 비해 과정 신학은 과정과 관계성을 근본으로 취급하는 화이트헤드의 유기체 철학을 사상적 기반으로 하고 있다. 화이트헤드는 하나님과 세계는 불가분의 관계가 있다고 주장한다. 과정 신학자들은 이에 영향을 받아 영원불변하고 무감각한 전통 신학의 하나님관을 동적인 신관으로 변형시켰다. 하나님은 성도의 기도에 따라 행동하실 뿐 아니라 후회도 하신다. 하나님도 진화와 변화의 과정에 있다고 본다. 창조도 완성된 것이 아니라 계속 진행되고 있다고 본다. 따라서 하나님은 완결된 존재가 못된다.

결국 과정 신학은 하나님의 영원성과 불변성, 세계 창조를 부정하고 그리스도의 신성, 구속적 죽음, 부활 승천, 삼위일체와 육체적 부활의 교리까지 부정하거나 재해석함으로써 전통 신학으로부터 강한 비판을 받고 있다. 하나님을 말하지만 그것이 기독교의 하나님의 하나님이 아니어서 기독교와 연결될 수 없기 때문이다.

2) 종교다원주의

지금까지 전통적 기독교는 기독교만이 참 종교요 절대 종교라고 믿는 기독교 절대주의(Christian absolutism)를 유지해 왔다. 그러나 현대에 들어와 종교다원주의(religious pluralism)가 나타나 종교는 하나가 아니라 여럿이며 절대 종교란 있을 수 없고 모든 종교는 상대적이라고 주장했다. 따라서 다원주의는 기독교에 큰 도전과 위협이 되고 있다.

- 19세기 종교사학파 대표자인 트뢸취는 기독교 절대주의를 거부하고 종교상대주의를 주장했다. 그에 따르면 모든 종교는 상대적이며 제각기 진리의 요소를 가지고 있으므로 어느 종교가 다른 종교보다 더 훌륭하다고 말할 수 없다.
- 세계대전 후 다른 신앙과 정면으로 대결하고 있던 선교사들은 다른 종교를 인정하고 그와 대화하려는 움직임이 일어났다.
- 세계교회협의회의 종교연합운동의 영향을 받은 선교사들과 비교종교학자들에 의해 종교다원주의가 제시되었다.
- 과학의 발전과 함께 동서 교류가 활발해지면서 다른 종교권의 사람들과 접촉이 빈번해지면서 기독교와 다른 종교의 문제가 긴급하게 일어났다.

배타주의	기독교만 참된 종교이자 절대 종교이다.
	오직 예수 그리스도를 통해서만 구원을 얻는다.
	바르트, 브룬너, 크래머, 바이엘하우스, 린드셀, 칼 헨리
포괄주의	다른 종교에도 하나님의 계시가 있으나 구원은 기독교를 통해서이다.
	구원의 길은 많으나 규범은 하나. 그것은 기독교다.
	기독교절대주의와 종교다원주의를 절충
	다른 종교나 문화권의 경건한 사람들을 기독교인으로 인정
	콥, 판넨버그, 한스 큉
다원주의	하나의 중심이 이르는 길은 많다.
	오직 예수 이름으로만 구원 얻는 것 아니다.
	진정한 종교는 하나가 아니라 여럿이다.
	절대 종교란 있을 수 없고 모든 종교는 상대적이다.
	스미스, 힉, 트뢸취, 사마르타, 파니카, 니터

종교다원주의는 기독교를 유일한 참 종교가 아닌 여러 종교 가운데 하나로 간주하고, 하나님이 계시 대신에 인간이 이성과 인도주의에 바탕을 두며, 영생에 이르는 유일한 길과 좁은 문을 넓히려 한다. 이에 대해 기독교의 절대성을 강조하는 배타주의, 다른 종교를 인정하면서 자기 종교의 우월성을 주장하려는 포괄주의(inclusivism), 그리고 종교 간의 상대성을 통해 타종교를 인정하는 다원주의로 삼분되고 있다.

3) 생태 신학

생태 신학은 생태학적 관점을 신학에 도입하여 환경의 위기를 극복할 수 있는 대안을 모색하려는 학적 노력이다. 1970년 세계교회협의회가 이 문제에 관심을 가진 이래 자연 보전에 대한 신학적 토론과 실천 과제가 대두되었다. 이 과정에서 예수 그리스도가 생명의 주이심을 재확인하고 생명의 존엄성에 대한 관심을 불러일으켰다.

1990년 '세계교회협의회'가 서울에서 열렸다. 이 때의 주제도 '정의, 평화, 창조 질서의 보전'이었다. 창조 질서의 보전은 생태계의 위기를 체계적으로 해석하고 해결하기 위한 모색이었다.

주요 생태신학자들로서 베스터만(C. Westermann), 몰트만, 링크(C. Link), 콥(J. Cobb) 등이 있다. 생태신학자들은 전통신학의 인간중심적 세계관이 생태계의 위기를 초래했다고 비판하고 창조 본문과 개념을 새롭게 해석하여 그 본래적인 의미를 파악하려 한다. 이들은 인간과 자연의 분리를 부정하고 양자의 사귐에 강조점을 두면서 신학적 관심의 초점을 인간으로부터 우주로 전환했다(목창균, 1995: 447).

〈창조와 섭리 신앙〉

기독교는 하나님이 우리를 창조하시고, 과거에도 그러하듯 현재나 미래에도 우리의 삶을 주관하시고 섭리하신다는 창조 신앙과 섭리 신앙에 바탕을 두고 있다.

기독교는 이신론, 숙명론, 우연론, 악 지배론 등을 거부한다.

- 이신론은 하나님이 천지를 창조하기는 했지만 그 후 관심을 두지 않고 창조 원리대로 저절로 굴러가게 내버려 두셨다고 믿는다.
- 숙명론은 인과율의 법칙을 따진다. 원인과 결과만 있을 뿐이다. 스토아주의자들은 숙명론을 강조했다.
- 우연론은 법칙을 거부한다. 순간 순간의 우연이 우리의 삶을 지배한다. 에씨큐리안들은 우연론을 강조했다.
- 악 지배론은 악이 우리의 삶을 지배한다는 사고이다.

이러한 사고들이 우리 가운데 많이 나타난다. 그리스도인이라고 예외는 아니다. 팔자소관이라고 숙명론자처럼 말하기도 하고, 운을 따지고 재수가 어떠니 하며 우연론자처럼 말하기도 한다. 그러나 이 모든 것은 하나님과 전혀 상관없이 팔자나 운에 맡긴다는 점에서 문제가 있다. 성경은 여러 곳에서 섭리 신앙을 강조하고 있다. 친히 만물을 지으시고 지금도 다스리신다는 것이다. 하나님께서 전권을 가지고 통치하시는 것이다. 하나님은 결코 우리를 떠나 멀리 계시지 않는다. 우리는 순간순간 그를 힘입어 산다. 그분은 우리의 회개를 요청하고 심판하겠다고 말씀하신다. 하나님은 결코 세상과 무관한 하나님이 아니시다. 그분의 주권적 사랑과 능력으로 세상을 다스리신다(욥 3:33; 히 1:3; 느 9:6; 역29:19; 시 113:6-9; 행 17:22-31). 그리스도인은 하나님의 선한 뜻에 따라 사는 사람들이다. 하나님의 은혜와 섭리가 놀라와 항상 "하나님 은혜 감사합니다."라고 말하는 사람들이다. 그리스도인들은 무절제한, 순간적인 쾌락을 추구하지 않는다. 무당, 토정비결, 점은 섭리 신앙을 모독하는 것이다. 기복적으로 예언 기도를 받는 것도 이와 맥락을 같이하는 것이므로 배척되어야 한다.

그리스도인은 하나님의 보존·동반·인도하심을 믿는다. 하나님이 우리를 지키고 함께 하고 인도하기 때문에 우리는 "지켜 주옵소서, 붙잡아주옵소서, 인도하여 주옵소서"라고 기도한다. 하나님은 우리가 하는 일을 때로는 허락하심으로 인도하시고, 때로는 막으심으로 인도하시고, 때로는 막지 않고 내버려 두심으로 인도하신다. 막지 않고 내버려 두심의 경우로 요셉이 애굽에 팔린 것을 들 수 있다. 요셉을 판 것은 하나님이 간섭하지 않으심을 보여 준다. 그러나 하나님은 그 방향을 바꾸셨다. 요셉은 후에 그 형제들에게 이렇게 말한다. "형제들은 나를 해하려 했으나 하나님은 선으로 바꾸셨다."

따라서 섭리 신앙을 가진 그리스도인들은 지금 일이 내 뜻대로 되지 않는다고 해서, 지금 이해가 되지 않는다고 해서 낙심하거나 의심, 좌절, 절망, 원망, 비난을 하지 않아야 한다. 하나님이 보호하시고 책임져 주실 것이라는 것을 믿고 안 되는 일이 있어도 하나님이 보호하시기 때문이라고 믿고 감사하는 삶을 살아야 한다. 이해가 되지 않을 때도 오히려 감사하고, 역경 속에서도 오히려 인내하는 것이 바로 섭리 신앙을 가진 자의 태도이다.

제28장 개혁주의 신앙과 청교도 정신

1. 개혁주의 정신

1) 개혁주의 5대 슬로건

그리스도인의 신앙의 중심이 되는 것은 무엇인가? 우리가 본받고 따라야 할 것은 무엇인가? 끊임없이 개혁되어야 하는 우리는 어떤 태도로 신앙생활을 해야 할 것인가? 그리스도인은 항상 이런 저런 질문에 부딪히게 된다. 개혁수의자들의 5대 슬로선은 이런 질문에 내해 멍확한 답을 제시한다. 슬로건은 표어와 같은 것으로 믿는 바와 믿어야 하는 바의 길을 함축적으로 나타내고 있다. 현재 한국 교회에서 가장 많이 사용하고 있는 슬로건은 무엇일까? '성령 충만, 믿음 충만'이 아닌가 생각된다. 한국 교회의 신학 사상을 개혁 신학이라고도 하는데, 개혁자들은 다음과 같은 5대 슬로건 아래 하나님의 주권 사상을 폈다. 이 슬로건 모두를 하나로 모으면 '우리 모두는 하나님의 주권 아래 있으며 그 아래서 말씀대로 살자'는 것이다.

다음은 5대 슬로건의 내용이다. 이것은 아무리 세대가 바뀌어도 우리가 본받고 따라야 할 믿음과 생활의 내용이다.

(1) 오직 하나님께 영광(Soli Deo Gloria)

학생들은 '희망,' 또는 '노력' 등 여러 짧은 구호를 책상 위벽에 붙여 놓고 공부를 한다. 그러다가 하나님을 믿게 되면 자연히 그 구호는 '하나님의 영광을 위하여' 라는 말로 바뀌어진다. 그리스도인의 삶 속에 가장 자리를 많이 차지하는 구호가 바로 이 구호이다. 성도의 바른 신앙생활은 '오직 하나님께만 영광' 을 돌리는 삶이어야 하기 때문이다. 헤롯 왕은 하나님께 영광을 돌리지 않고 자신을 높이다가 충이 먹어 죽는 결과를 빚었다(행12:23). 성도는 언제, 어디서 무엇을 하든지 하나님께 영광을 돌리는 것을 목적으로 삼고 그 중심에서 벗어나서는 안 된다. 예배를 드리거나 기도를 하거나 사업을 하거나 공부를 하거나 자기의 달란트를 개발해 나가거나 심지어 먹거나 마실 때도 하나님의 영광을 위해서 해야 한다(고전 10:31). 신앙이란 오직 하나님께만 영광을 돌리는 데 마음을 다하고 뜻을 다하고 힘을 다하는 것이다. 바울의 말처럼 이는 만물이 주에게서 나오고 주로 말미암고 주에게로 돌아가기 때문이다. "영광이 그에게 세세에 있으리로다 아멘"(롬 11:36). 우리는 이 땅에서의 삶뿐 아니라 하나님의 나라에서도 오직 하나님께 영광을 돌리며 살게 된다.

(2) 오직 성경(Sola Scriptura)

칼빈은 "성경을 버리고 다른 방법으로 하나님께 도달할 수 있다고 생각하는 사람은 '과오를 범했다' 라고 말하기보다 '미친 사람' 이라고 말할 수밖에 없다."고 하였다. 개혁주의자라면 누구나 성경 말씀을 등한시해서는 안 된다. 부지런히 성경을 읽고 깨달아서 그 말씀을 실행에 옮겨야 한다.

이런 말이 있다. "성도는 성경이 가는 데까지 가고 성경이 머무는 곳에 머문다. 성경이 말하는 데까지 말하고 성경이 침묵하면 우리도 침묵한다." 성경 말씀이 우리 생활에 기준이 되어야 한다는 것이다. 성도의 생각과 행동은 성경 말씀 그 이상도 그 이하도 아니다. 성경은 인류 구원을 위한 완전한 계시이다. 그러므로 우리는 오직 성경 말씀만을 상고하고, 마음 속에 받아들이고, 붙잡는 생활을 해야 한다. 말씀을 '에페코' (epeko)라 하는데 이것은 '굳게 붙잡는다' '굳게 소유한다' 는 뜻을 가지고 있다. 우리가 소유하고 붙잡아야 할 말씀은 오직 생명의 말씀이다. 우리는 오직 성경 말씀만을 믿고 그 말씀대로 살아야 한다. 말씀을 깨닫고, 그 깨달은 말씀을 마음에 새기며, 믿는 바 그 말씀을 손과 발로 옮겨야 한다. 성경은 말씀에 철저할 것을 가르칠 뿐 아니라 일점일획의 변경 및 가감도 허락하지 않고 있다. "만일 누구든지 이 책의 예언의 말씀에서 제하여 버리면 하나님이 이 책에 기록된 생명나무와 거룩한 성에 참예함을 제하여 버리시리라"(계 22:19).

최근 성경 외에 성경이 따로 있는 것처럼 말하는 책들이 쏟아져 나오고 있다. 심지어 예수님은 인도에 가서 그곳의 철학과 비법을 배워 온 분이라는 주장을 하는 사람도 있다. 어떤 사람은 성경 외에 전통, 꿈, 영음 등을 통해서 하나님의 말씀을 듣는다고 말하기도 한다. 그러나 개혁 교회는 이러한 모든 주장들을 배격한다. 오직 성경 66권의 말씀만을 믿는다.

(3) 오직 그리스도(Solo Christo)

성도는 나사렛 예수 한 분 외에는 다른 그리스도가 없음을 믿는다. 이 그리스도는 유대교도들이 지금도 기다리는 메시아도 아니고, 이단들이 주장하는 다른 예수도 아니다. 하나님의 보내심을 받고 우리를 위해 십자가 위에서 피를 흘리시고 죽으셨으며 사흘 만에 부활하고 승천하시어 다시 오시리라 약속하신 그 주님이시다. 오직 예수님만이 우리의 구주가

되시고, 우리를 온전케 하신다. 따라서 성도는 예수님을 깊이 생각하고
(히 3:1), 예수님을 항상 바라보면서(히 12:2) 예수님을 따라가야 한다(벧
전 2:21). 참 성도는 예수님만을 마음에 영접한 자요, 예수님 안에 거하
는 자요, 예수님께 속한 자요, 예수님께 붙은 자요, 예수님의 소유된 자
들이다.

(4) 오직 은혜(Sola Gratia)

성도들이 신앙생활을 하면서 은혜를 받는 길은 말씀, 성례, 기도, 찬송
등 여러 가지 방법이 있다. 이 모두는 필요한 것이고, 어느 한 쪽으로 기
울어져도 안 된다. 날마다 말씀의 신령한 양식을 먹고, 그 말씀 속에서
생활하며, 그 말씀을 붙들고 열심히 기도하며, 그 말씀 속에서 찬송하며,
말씀과 함께 성찬에 참여해야 한다. 말씀이 모든 활동에 있어서 기본이
되어야 한다. 왜냐하면 말씀 속에 믿음이 있고(롬 10:17), 말씀 속에 마음
의 뜨거움이 있고(눅 24:32), 말씀 속에 거듭남이 있고(벧전 1:23), 말씀
속에 즐거움이 있고(시 119:14), 말씀 속에 기도와 응답이 있고(시
119:145), 말씀 속에 성령과 그 충만이 있기 때문이다.

성령은 언제나 말씀과 함께, 말씀을 통하여, 말씀 안에서, 말씀을 따라
서 역사하는 것을 잊어서는 안 된다. 개혁자들에 따르면 성령은 '말씀과
더불어'(Cum Verbum) 역사한다. 특히 칼빈은 말씀과 성령을 중시했다.
성도는 성령을 받아야 하며 성령의 도우심이 필요하다. 그러나 그 성령
은 항상 말씀과 함께 있다. 말씀에서 벗어난 감정만의 성령은 있을 수 없
다. 성령은 인간에 바탕을 둔 것이 아니고 하나님에 바탕을 두고 있기 때
문이다.

많은 그리스도인들이 중요한 점을 간과하고 마음이 뜨겁기만 하면 성
령을 충만히 받은 것으로 생각하고 있다. 이러한 것은 하나님으로 성령

을 받은 것이 아니라 자기의 감정이 만들어 낸 성령일 뿐이다. 하나님은 말씀을 사모하는 자에게 은혜를 주시며, 그 은혜에 감격하는 자에게 함께 하신다.

(5) 오직 믿음(Sola Fide)

개혁주의 교회에는 오직 믿음밖에 없다. 믿음으로만이 생명의 구원, 은혜의 축복, 기도의 응답, 하나님의 뜻을 이룰 수 있기 때문이다. 인간의 노력과 선행은 매우 중요한 것이지만 그것만으로 구원은 불가능하다. '오직 믿음', 이것은 하박국 선지자의 외침이자(합 2:4), 바울의 외침이다(롬 1:17).

루터는 "오직 의인은 믿음으로 말미암아 살리라"고 하신 말씀에 의지하여 타락한 중세 교회를 개혁하기 위한 기치를 높이 들었다. 이 기치를 계속 고수하고 있는 교회들이 바로 개혁 교회이다. 우리에게 믿음이 있어야 하나님을 기쁘시게 할 수 있고, 영광을 돌릴 수 있다. 믿음은 가장 좋은 제물이며(빌 2:17), 보화이며(마 13:44), 금보다 귀한 것이며(벧전 1:7), 무기이며(엡 6:16), 불가능을 가능케 하는 것이다. 성도들은 오직 믿음을 통해서만이 구원을 얻을 수 있고, 축복을 받을 수 있으며, 죄악된 세상 가운데서 승리할 수 있다. 우리가 믿음을 가지고 있어야 하나님을 기쁘시게 할 수 있고 영광을 돌릴 수 있다(히 11:6).

2) '셈뻬르 리포르만다'

개혁주의자들은 개혁 교회는 하나님의 말씀의 궤도에 따라 "언제나 개혁해 나가는 교회가 되어야 한다."고 주장한다. 이것을 가리켜 'ecclesia reformata semper reformanda'라 한다. 이것은 개혁주의 교회의 모토이기도 하다. 이 개혁은 교회에서만 일어나야 하는 것이 아니라 나 자신으로부터 시작해서 가정, 교회, 그리고 사회로 뻗어 나가야 한다. 그래야 하나님의 나라가 확장될 수 있다. 개혁의 출발점은 어느 누구보다 나 자신이다. 개혁주의에 입각한 성도라면 하나님을 우선하고, 하나님의 일을 우선해야 한다. 그래서 개혁주의자들은 성도를 가리켜 '하나님 안에 숨기를 잘하는 사람, 하나님만으로 만족하는 사람'이라고 말한다. 성도는 하나님에 매이기 원하고, 하나님의 말씀에 자신을 묶어두기를 원한다. 하나님의 일이라고 생각되면 그 일에 대해 소명감을 가지고 그 일을 우선적으로 수행하고자 한다. 자기의 잘못된 것을 말씀에 비추어 바르게 고치고 자기의 삶을 하나님의 뜻에 초점을 맞춘다. 이를 위해서는 성도는 하나님의 뜻이 무엇인가를 잘 알 필요가 있다. 그 뜻을 잘 알기 위해 성경 말씀을 상고하는 것이다.

말씀을 바르게 이해하기 위해서는 바른 교회를 택할 필요가 있다. 이 땅에 많은 교회가 있지만 바른 교회를 찾기는 매우 어렵다. 바른 교회를 찾지 않았을 경우 말씀보다는 잘못된 목사 혹은 교주의 말에 맹종하여 오히려 잘못된 길에 들어서게 된다. 바른 교회에 의한 바른 양육이 무엇보다 필요한 시대이다. 계속적인 개혁을 위해서는 남을 개혁시키려 하기보다 자기 자신에 대한 개혁을 철저하게 수행해 나가야 한다. 자기는 실천하지 않으면서 다른 사람에게 그것을 실천하도록 강요하는 것은 바람직하지 않고 결과도 좋지 않다. 우리 모두에게 필요한 것은 무엇보다 자기 자신으로부터의 변혁이다.

개혁은 가정으로 뻗어 나가야 한다. 우리는 개혁자들이 개혁에 바빠 가정생활에 무관심하거나 등한했을 것으로 생각하지만 실제는 정반대이다. 루터는 매우 다정다감하여 종교개혁의 와중에서도 자녀들에게 편지를 써 하나님을 붙들도록 가르쳤다. 위대한 교사, 개혁자가 되기 이전에 가정에서 고생하는 아내를 위로하는 남편, 어린 자녀에게 성경을 가르치는 아버지가 되어야 한다. 가정은 사회를 이루는 가장 중요한 단위이다. 이 단위가 주안에서 건강하지 못하면 개혁은 불가능해진다.

개혁을 위해 교회는 무엇을 해야 하는가? 많은 사람들은 가장 개혁이 필요한 곳이 교회라고 말한다. 개혁을 외치는 정부에서도 교회가 스스로 정화되도록 요청하고 있다. 교회가 개혁되기 위해서는 무엇보다 교회가 하나님 앞에 바로 서야 한다. 바른 신학을 세우고, 말씀을 바로 이해하고 가르치며, 목회자부터 말씀 앞에 바로 서야 한다. 아무리 엄청난 신앙 체험을 했다고 해도 그것이 말씀에 맞지 않으면 그것은 인간적인 체험일 뿐 하나님이 원하시는 것이 아니다.

개혁을 위해 무엇보다 요청되는 것은 믿음과 행위에 관한 바른 이해이다. 많은 사람은 믿음과 행위를 구분하여 개혁주의는 행위보다 믿음을 더 강조하는 것으로 이해하고 있지만 개혁주의 신학은 믿음과 행위를 구분하지 않는다. 믿음은 곧 행함이요, 행함은 곧 믿음으로 간주한다. 어느 하나를 강조하여 다른 하나를 약화시키는 것은 바르지 못하다. 믿음만 강조하면 율법폐기론자(antinomian)의 오류에 빠지게 되고, 행위만 강조하면 율법주의자(nomian)의 오류에 빠지게 된다. 믿음으로 의롭다 함을 얻는 것은 사실이지만 그 믿음에는 행함이 따라야 한다. 하나님의 은혜는 매우 중요하다. 그 은혜로 우리가 구원을 받았기 때문이다. 그러나 은혜 받은 자가 해야 할 일이 있다. 그것은 행함이다. 개혁은 바로 믿음과 행함이 함께 있어야 성공할 수 있다.

2. 청교도 정신

믿음에 관한 한 청교도 정신(puritanism)을 빼놓을 수 없다. 그들이 누구이고, 어떤 생각을 가지고 있었으며, 실제 어떤 생활의 모습을 보여 주었는지 알고 배우는 일은 매우 중요하다.

청교도들에 관해 여러 정의가 내려지고 있지만 주로 영국 혁명 당시 칼빈주의적 장로 교회, 조합 교회, 독립 교회에 속했던 사람들을 지칭한다. 청교도 정신은 하나님이 계시하신 성경 말씀을 토대로 성령의 인도하심을 받은 사람들이 교회를 순화하고 그것을 신성한 영적 공동체로 승화시킴으로써 국가와 사회를 그 기초 위에 건설하려고 헌신한 모든 사람들의 이념이라 말할 수 있다. 그들은 많은 파란과 역경을 겪으면서 그들의 정신을 발전시켜 왔다. 영국의 청교도 운동은 튜더(Tudor) 왕조 말기에 즉위한 엘리자베스 여왕 치세 아래 발생했다. 헨리 8세에 의해 단행된 영국의 종교개혁은 정치적 동기에서 추진된 것이어서, 교리와 예배 의식은 구태의연한 카톨릭적 영국교회주의(Anglicanism)에 불과했다. 이 불완전한 교회 체제에 반기를 든 사람들이 청교도들이었다. 그들은 영국 교회주의에 반대하면서 다음과 같은 주장을 했다.

- 로마 교회가 시행하고 있는 일체의 형식과 예배 의식의 잔재를 일소시킴으로써 영국 교회를 정화한다.
- 교회의 전통 대신 성경과 이성을 권위의 최고 근원으로 삼는다(이성을 강조하는 것은 청교도들이 계몽주의 사상의 영향을 받았음을 보여 준다.)
- 청교도신학은 칼빈주의적 신학을 지향한다.
- 영국 국교의 미온적 내지 제한적 개혁을 배격한다.
- 신자의 철저한 윤리적 행동과 생활을 강조한다. 극장 관람, 카드 놀이, 춤(무도회)을 금한다.
- 주일을 거룩하게 지키고 세속적인 행동을 일체 금한다.

1603년 엘리자베스 여왕이 사망하고 왕위가 스코틀랜드의 제임스 1세에게 돌아가자 청교도들은 그가 장로 교회의 발상지 국왕으로서 누구보다도 청교도들의 입장을 이해해 주리라 기대했다. 그리하여 교회 개혁을 기대하고 천인청원(millenary petition)을 제출했다. 1604년 1월 햄튼 코트(Hampton Court)에서 가진 영국 국교회 측 대표와 청교도 측 대표가 회의를 할 때 제임스 1세는 국교회 측을 옹호하여 "주교 없이 국왕은 없다."고 선언했다. 그리하여 1620년에 일부 청교도들(Pilgrim fathers)이 미국 대륙으로 이주하여 오늘의 미국을 이룬 것이다.

한 나라가 잘 되려면, 한 조직이 잘 되려면, 한 교회가 잘 되려면 구성원이 정신적으로 변화되지 않으면 안 된다. 특히 생활 면에서 크게 달라지지 않으면 안 된다. 청교도 정신은 바로 생활에 변혁을 가져다 준다. 그러면 청교도 정신이란 무엇인가?

그 정신을 몇 가지로 요약해보면 다음과 같다.

1) 근면과 성실

청교도들은 일을 사랑했다. 우리는 일은 단지 생계를 위한 수단일 뿐이라는 생각을 가지고 있다. 그러나 청교도들은 달랐다. 일을 하나님께서 그들에게 부여하신 생의 임무로 생각하였다. 그들은 못을 박을 때도 하나님의 일로 여기고 하나님이 하시는 것처럼 하였다. 그래서 청교도들이 지은 집은 아무리 오래 되었어도 튼튼한 것으로 이름이 나 있다. 그들은 일을 함에 있어서 열심히, 성실하게, 그리고 많이 했다. 하나님이 주신 사명이었기 때문에 최선을 다했다. 이처럼 그들의 삶은 곧 신앙이었고, 노동 그 자체는 신앙생활이었다.

2) 검소

청교도들은 땀으로 쌓여진 부를 자기 욕구대로 불필요하게 사용하는 것을 죄악시했다. 하나님의 것을 낭비하는 일은 하나님의 백성으로서 도리가 아니기 때문이다. 필요한 곳에만 사용했고 하나님이 기뻐하시는 일에만 사용했다. 그러므로 그들은 검소를 당연한 것으로 알았고 육신의 즐거움을 위해 사용하는 것을 금기시하였다.

3) 저축

청교도들은 성실한 노동과 검소한 생활은 자연스럽게 저축을 하도록 만들었고, 저축으로 인해 생활은 자연 윤택해지게 되었다. 저축을 많이 할수록 다른 경쟁자보다 유리한 위치에 서게 된다. 높은 금리를 부담하지 않고서도 투자를 할 수 있기 때문이다. 저축과 바른 투자는 미국을 부하게 만들었다. 미국 동부 지역에 살고 있는 에미쉬들은 지금도 평균 5만 평 정도의 크지 않은 농장에서 열심히 일하며 검소하게 살고 있다. 이 덕분에 그들은 저축도 하며 상당한 부를 누리고 있다.

4) 주는 삶

사람들은 저축을 최종 목표로 삼는 사람이 많다. 저축이 최종 목표라면 구두쇠와 다를 바 없다. 청교도들은 하나님께 드리는 삶, 이웃과 나누는 삶을 중시하였다. 그들에게 있어서 저축은 목적이 아니라 이러한 삶을 위한 수단이 되었다. 저축이 수단이 되고 나누는 삶이 목적이 될 때 하나님으로부터 축복 받는 삶을 누리게 된다. 하나님은 나누며 사는 자에게 더 많은 부를 이루게 하신다. 왜냐하면 그는 하나님의 청지기로서 바른 삶을 살기 때문이다.

미국은 지난 200여 년 동안 이러한 청교도 정신을 이어받아 열심히 일하고, 기쁘게 일하고, 검약하고 저축하며, 전 세계에 걸쳐 풍성하게 나누는 삶을 살았다. 그러한 삶을 살았기 때문에 미국은 정신이 살아있는 나라로 인정을 받았고, 세계의 지도적인 나라로서 군림할 수 있었다. 그러나 지금의 미국은 청교도 정신으로부터 멀어지고 있다. 풍요로움이 지나치자 미국은 학교로부터 하나님과 성경을 몰아내었다. 텅 빈 교회가 늘어나기 시작했다. 사람들은 청교도 정신을 창고에 쳐박아 두고 이제 그런 정신은 구차하고 필요 없는 것으로 여기게 되었다. 지금 미국은 청교도 정신의 쇠락으로 인해 급격히 타락해가고 병들어 있다. 말씀보다는 마약과 술이 더 가깝고, 폭력과 살인이 난무하고 있다. LA와 같은 대도시 사람들은 불안하다고 말한다. 미국은 아직도 넓은 땅, 풍부한 지하 자원, 많은 인구를 가지고 있지만 다른 나라에 뒤지고 있다.

미국의 소설가 드라이저는 이미 그의 소설 『미국의 비극』에서 신앙과 일 그리고 물질에 균형 감각을 가지고 있었던 청교도 정신이 무너져 신앙보다 물질에 더 비중을 둔 이기적이고 개인주의적인 미국인의 비뚤어진 모습을 고발하였다. 미국은 점점 타락하고 있다.

많은 사람들은 이제 미국보다 일본에서 더 배울 것이 많다고들 한다. 일본을 들여다 보면 많은 점에서 청교도들을 닮았다. 일에 대한 자세가 남다르다. 열심히 일하고, 많이 일한다. 장인정신을 가지고 있어 자기 방면에서 최고가 되고자 한다. 그래서 그들은 세계에서 제일 많이 저축한 나라로 손꼽힌다. 그러나 그들에게는 치명적으로 부족한 것이 있다. 그것은 바로 일본인들이 하나님을 알지 못한다는 것이며 그로 인해 남에게 나누어 주는 삶이 부족하다는 점이다. 그들의 목적은 저축이다. 그래서 최고의 저축률을 자랑한다. 하지만 그들 안에서 하나님을 발견할 수 없고, 나누는 삶이 없어 세계인들은 일본을 별로 신뢰하지 않는다.

우리나라는 1960년대 이후 청교도 정신을 강조해 왔다. 그래서 이 땅의 그리스도인들도 열심히 일했다. 결국 우리나라는 저축도 많이 했고, 부해졌다. 세계적으로 인정도 받고 있다. 그러나 우리나라 역시 그 정신을 잃어가고 있다. 무엇보다 돈이 목적이 되어 가고 있다. 돈 때문에 일하고, 돈 벌어서 사치하고 즐기는 데 바쁘다. 나누는 정신은 턱없이 부족하다. 나중에는 하나님까지 잃지 않을까 염려될 지경에 이르렀다. 따라서 우리에게 필요한 것은 무엇보다 청교도 정신을 회복하는 것이라 아니할 수 없다.

그러나 문제는 청교도 정신을 어떤 식으로 회복할 것인가 하는 문제이다. 과거 청교도들이나 그 정신에 입각해 열심히 일했던 사람들은 물건이 부족했던 시대, 만들면 바로 팔리던 생산자 및 공급자 위주의 시대였다. 그러나 지금은 생산자 위주의 시대가 아니라 소비자 위주의 시대이다. 물건도 많고 삶도 윤택해졌다. 이런 상태에서 청교도 삶으로서의 도전은 별 호소력이 없다. 문제는 과거와는 판이하게 다른 상황에서 청교도 정신을 새롭게 해석하고 적용하는 일이다. 이 시대뿐 아니라 앞으로의 시대에도 청교도 정신은 필요하다. 삶에 대해 바른 태도를 갖고자 하는 사람에게는 누구나 필요한 것이 이 정신이다. 일에 임하는 태도, 근검해야 할 이유, 그리고 성실하게 살아야 할 자세, 소비에 대한 태도, 그리고 이웃에 관한 우리의 자세 등을 말씀 안에서 새롭게 세워 나가야 한다. 이른바 신청도교 정신(neo-Puritanism)의 실현인 것이다.

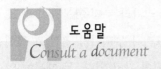 도움말
Consult a document

 〈하버드 정신〉

　미국의 청교도들은 젊은이들이 그들이 알고 있는 성경적인 기초를 가지고 있지 못한다면 교회나 국가는 그들의 후손에게 어떤 것도 물려 줄 수 없다는 것을 잘 알고 있었다. 1637년 경건한 청교도이자 학문을 사랑했던 하버드(J. Harvard) 목사의 유산 가운데 재산의 절반과 그의 모든 도서를 한 대학에 기증했다. 그 대학이 훗날 하버드 대학으로 변경되었다. 당시 이 대학이 삶과 학문의 목적으로 삼았던 글이 발견되었다. 다음은 그 내용이다(박영호, 1983: 99).

　"모든 학생으로 하여금 분명하게 가르침을 받게 하며 진지하게 생각하게 하시오. 삶과 공부의 주된 목적은 요한복음 17장 3절에 있는 대로 영원한 생명이신 하나님과 예수 그리스도를 아는 것입니다. 그러므로 모든 발견된 지식과 학문의 유일한 기초로서 그리스도로 하여금 그 기초에 놓이게 하십시오."

참고문헌

김세윤, 『그리스도 부활, 인류의 소망』. 기독신문 4월 11일, 2001.

목창균. 『현대신학논쟁』. 두란노, 1995.

박정렬. 『오순절신학』. 순신대학교 출판부, 1996.

박영호. 『청교도신앙』. 기독교문서선교회, 1983.

박형룡. 『박형룡박사 저작전집: 교의신학 내세론』. 한국기독교 교육연구원, 1983.

신성종. 『신약신학』. 기독교문서선교회, 1983.

양창삼. 『그리스도인의 신앙생활 어떻게 할 것인가』. 풍만, 1991.

임기건. 『세상을 변화시키자, 한국을 성서 위에』. 두레성서연구모임, 1991.

제임스 사이어. 『기독교 세계관과 현대 사상』. 김헌수 옮김. IVP, 1995.

탁명환. 『주요이단종파비판』. 국제종교문제연구소, 1991.

탁명환. 『기독교이단연구』. 국제종교문제연구소, 1990.

홍정길 외. 『세상에서 최고로 축복 받은 사람들의 5가지 영성 법칙』. 규장, 1999.

Adams, J. E. *Shepherding God's Flock*. 목회연구. 기독교문서선교회, 1998.

Archer, G. L. and Reiter, R. R. *The Rapture: Pre, Mid, or Post-Tribulation?* MI: Zondervan, 1984.

Augustine. *St. Augustine's Confessions I & II*. MA: Harvard University Press, 1960.

Barclay, W. *The Letter to the Romans*. Edinburgh: The Saint Andrew Press, 1964.

Beecher, W. J. *The Prophets and the Promise*. MI: Baker Book House, 1975.

Berkhof, I. *Systematic Theology*. MI: Wm. B. Eerdmans, 1996.

Chafer, I. S. *Systematic Theology. IV*. IL: Scriptuer Press Publications, 1988.

Copleston, F. *A History of Philosophy*. London: Burns and Oates, 1961.

Gay, P. *Deism*. NJ: D. Van Nostrand, 1968.

Jewett, R. *Jesus Against the Rapture*. PA: Westminster John Knox Press, 1979.

Kaiser, Jr., W. C. *Toward an Old Testament Theology*. MI: Zondervan, 1978.

Ladd. G. E. *The Blessed Hope*. MI: Wm. B. Eerdmans. 1971.

Lewis, P. *The Genius of Puritan*. AL: Carey Publications, 1975.

Palmer, E. *The Five Points of Calvinism*(칼빈주의 5대 교리). 성광문화사, 1982.

Schlegel, D. B. *Schaftesbury and the French Deists*. NY: Johnson Reprint Corp, 1989.

Sire, J. *The Universe Next Door*. IL: Inter Varsity Press, 1988.

Strong, A. H. *Systematic Theology*. PA: Judson Press, 1985.

Wallace, R. S. *Calvins's Doctrine of the Christian Life* (칼빈의 기독교 생활 원리). 기

　　독교문서선교회, 1988.

Walvood, J. F. *The Rapture Question*. MI: Zondervan, 1979.

Williams, N. P. *The Idea of the Fall and of Original Sin*. NY: AMS Press, 1980.